走在教书的路上
——特级教师的修养与境界

大夏书系·教师专业发展

刘建琼 / 著

华东师范大学出版社
全国百佳图书出版单位
·上海·

目 录

序言　生命个性就在其中 | 1

辑一　教师生趣之本色滋味

梓里追忆 | 3

独为梦魂惜澄池 | 8

听着音乐，慢慢地变老 | 10

因为，惦念着 | 13

落花一瞬与蓝天永恒 | 15

辑二　教师情怀之文学审美

孔子中庸思想对中国文化性格之影响 | 19

忧生意识：宋词的文学特质 | 22

徐渭心理畸形对其艺术创作的影响 | 27

李贺诗歌中病态倾向原因探析 | 36

庐隐小说和散文的意境之别 | 41

辑三　教育书籍之审慎阅读

教育公平，一个永恒的追求｜51

寻找中国教育困惑的"文化"源头｜55

回到原点去思考｜61

务实·致用·有效
　　——《有效学校管理》（第4版）汉译本评析｜65

现代性道德教化问题的深度审理｜70

21世纪，质量的世纪
　　——《教学全面质量管理：理念与操作策略》是本好书｜74

那些缤纷的思想之花
　　——《新教育的精神——重温逝去的思想传统》给予你的｜78

辑四　教育元素之浅近思考

社会分化与教育公平｜87

英美教师专业化建设的特征和着力点呈现｜97

平易：为辉煌教育生命寻找注解｜108

基于课堂的学科教学专业化之思考｜115

研究：当成为语文教师的一种风格 | 123
知识美感靠什么彰显 | 127

辑五　教师课堂之艺术构建

把准体式与课堂学习的交融法则
　　——《柳永词两首》教与学设计的故事性辨析 | 133
戏剧课堂文体意义需要凸显
　　——对《长亭送别》两个戏剧教学案的剖析 | 140
教材与学生：一个永远没法固定的元素共同体
　　——在江苏扬州中学教读《人是能思想的苇草》| 152
课程意识，单元优质教学的核心元素
　　——以人教版高中语文教材必修（二）第一单元为例 | 158
母语文化意蕴：语文课堂教学的永恒追求
　　——基于语文学科课堂教学的整体追求 | 169
问渠那得清如许？为有源头活水来
　　——点评两位语文特级教师的公开课 | 173
多结合多渗透多选择
　　——从一套语文教材的编写意图去领悟课程的价值和意义 | 184

辑六　教育智慧之真诚传播

读书：应该成为教师生命的一种文化状态｜193

个性特色：名特优教师寻求持续发展的文化归属｜203

微型课题：我们可以这样做｜216

春秋笔法：教育史志鉴撰写之重要方法｜226

后记　朝圣路上，淡淡地走着｜233

序言　生命个性就在其中

所有的惯性思维当中，基于基础教育的特级教师群体，在大多数情形之下，被人们看作真正的既会教书亦会育人的专家，应该是一种常态，因为特级教师本是以"师德表率、育人模范、教学专家"为依据评审出来的。但研究这个群体或者说这个群体自研的情形，还是不多见的。随着课程改革的不断深入，尤其是《国家中长期教育改革和发展规划纲要》（2010—2020年）颁布实施以来，在教育研究者们关注研读这个特别群体的时候，特级教师群体中的极少部分人，也在基于自我的实践与反思作严格的剖析。在那些不经意的实践努力和文字表达里，能够很好地传达出这个群体关于教育的关怀、教师的自育、读书的精致、教书的精到和言论的精辟等等的，是少之又少；当然，这类自研的成果也就弥足珍贵。

建琼君，属于教授群体更应归属于特级教师群体，亦此亦彼的情况很少。他一直以来都在研究特级教师群体，是擅长自研的代表。他的学科专业背景是汉语言文学，30年来他自始至终植根于这个专业的实践与研究。当然，他在不断地拓展实践领域，直接地走进编辑出版和学术传播，体验性地研究教育人力资源和教育史，创新性地践行学术传播，在此陌生之地有作为和影响。《走在教书的路上》是建琼君作为教师、教育科研工作者的生命因子的集合，在书中他为自己的教育生命个性的形成寻找理由，向近处远处伫立观瞻的同行外行作出恰当的注解。

要找到这样的理由尤其是那些亲力亲为的事例，恐怕要用一辈子的艰辛。走在崎岖的小径之上，还需要基于上帝某种特地的偏爱，才可能找到这样的一个事与理，成为对属于特级教师群体之佼佼者的完好注解。一刻不停地思考教育的本质、教学的真谛，企图以自己不长的时间之路，来践行教育的快乐与美满；一刻不停地琢磨教师的德行与良知、育人与教学的艺术之巧，尝试着在不同时段的教学，都愿是春泥护花、万紫千红；一刻不停地坐拥书城，审读那些言语的智慧与缺欠，批评那些表达的严谨与散漫、有味与无道，恨不能将可读之书读尽，读他个一字不漏，读他个彻夜不眠，读到情怀丰满，读到仪容庄严，读到天下事了然如斯……如此这般，不知是否可以作为这个特定的特级教师生命个性的注解呢？

这本呈现在眼前的佳作，应该是对教育生命个性的最切实且最美的解说。建琼君将自己的思考假于眼前文字，涉及的范围十分开放，但只要你细心读他的作品，确实是在行、精密、味道足足。王沛清[①]曾经这样评说他："丰富的教学体验、真切的政策研制和深入的理论构建的交融，加之精思妙想，凝聚智慧，仅此一点，其中的智慧必然让他鹤立鸡群。"教师生命的个性，千姿百态，作为学者型教师的建琼君之生命个性会是怎样的呢？

热爱自然，热爱生活，热爱艺术；喜欢读书，喜欢教书，喜欢著书；乐于思考，乐于表达，乐于帮助。就是这样的一个教育人：深切感受过学校教学，教中师、教中学、教大学，还参与博士生培养；深切感受过科研管理，做教育学术期刊主编、做湖南省教科院教育人力资源研究所副所长和教育史志研究所所长；深切感受过学术团体的业界服务，担任全国中语会理事和湖南省中语会副理事长、湖南省特级教师学会常务副会长和秘书长、湖南省学校史志研究会副会长和秘书长等职务；深切感受过荣誉鞭策的力量，曾拥有教育部"国培"专家、湖南省政府新世纪首届"121人才工程"入选专家、长沙市政府"有显著贡献"专家等荣誉。足矣！试着思考，建琼君的教师生命个性的内涵是有丰富性和深刻性的。建议您细细地读读这本著作，有机会去翻翻他之前的著述，一定会更好地领略智者的深邃。

本书共有六辑，涉及他的生趣书趣、身界心界、学理术理，每一组文字都值得细细咀嚼——

"教师生趣之本色滋味"，给予您的是本色的、自在的、真实的生活细

[①] 王沛清（1940—），全国著名特级教师，曾为湖南第一师范学校高级讲师。1992—2009年任湖南省政府参事，1993—1997年任湖南省政协常委，1998—2007年任全国政协委员，2008年始任湖南省文史馆馆员。现兼任湖南省特级教师学会会长。

节和感悟。喜欢自家的月亮、小溪、大山，因为那里是生命的起始；那里曾有父母、乡亲的善良与淳朴，有仿佛隔绝于世而演绎的生命故事。喜欢念旧，"澄池"的声响时刻地牵挂，又像是敲打木鱼的虔僧和深巷里的老妪，点点滴滴地思念。聚居在那座让人乐坏的音乐之城，唱歌、听歌，美妙得无语自赏。那些音乐之人的细腻内心和美妙倾诉，让他感动得一塌糊涂，让他一沉而无知岁月年轮。在那些关于爱子、乐师等等的文字里，散发着作为教师的宽容与慈善，无限的生趣！

"教师情怀之文学审美"，其研究的视角和思想，其达于人前的思路和文字，是很见功力的。李山林[①]曾经说，建琼君"最见其语文功底的是他对古代文人和文学的研究文字"，不无道理，但是他的其他文字也自成一格。从孔子中庸思想对中国文化性格的影响而宋词的忧生意识，从徐渭心理畸形对文学的影响而李贺创作病态，又及庐隐创作文体融合，无不显示出读书之用心用力。意义延伸，也可以算是给教师立范。

"教育书籍之审慎阅读"，让听观者感受作为好老师的痴好。建琼君喜欢读书，尤其精到于"教育"和"艺术"两词。被他读过的书籍，总是会被他解说、剖析、开掘，从文化意义而实践价值，从理论阐述而操作陈介，从学理巨著而常识教材。他会把那些书中味道评头论足，与其他读者分享。

"教育元素之浅近思考"，虽说"浅近"，其实精到独特，合情合理。"教育公平"苦于哪里艰难而行？"英美教师专业化建设"活力在哪里？"名师"背后的故事到底昭示了什么真谛？"学科教学专业化"为何应这样行进？"研究"，怎样才会成为教师的一种生活状态？教师传播知识如何讲求"美感"？……诸多学术论证和精巧随笔，就是这个生命的质量与水准。

"教师课堂之艺术构建"，有课程文化研究，有教材文化研究，有课堂文化研究。他深思熟虑后阐述道：课程意识的强弱正可说明课堂质量的高低。在语文教学中，强调母语意识，重视文体教学，突出单元组合。他的语文教材观，强调多结合、多渗透和多选择。这一切，不是嬉皮玩耍就可以建构于心的。他的课堂正如周庆元评价的——"建琼的激情和诗意在于他能够把课堂变成一道美的景致，吸引学生灼热的目光，让求知的心飞

---

① 李山林，湖南科技大学教授，硕士生导师。

翔;建琼的激情和诗意在善于引领,把语文课雕琢成不变的永恒,一处一精彩,一处一回味,给自己增添魅力的指数,抢占学生们心里最爱的位置。"①

"教师智慧之真诚传播",是建琼君的部分演讲文字。他一直关注教师如何成长,如何读书,怎样形成个性特色。他重视教师的教学研究,他以为,唯有研究才可以救教师出浅薄泥坑。他研究教育史,特别选入一篇"春秋笔法",其中的道道不浅。他的演讲是传播教育思想文化,也是现身说法——一个优秀教师生命的意义铸就的缘由。

言长纸短,再多的介绍文字也比不上这本书那样能够彻头彻尾地注解建琼君,挂一漏万,也会得到谅解。就此辍笔!

肖 川②
2015年夏于北京

---

① 周庆元. 做一个有味道的语文人[M]// 刘建琼. 语文的境界与追求. 长沙:湖南大学出版社,2007.
② 肖川(1963—),湖南望城人,教育学博士,教授,北京师范大学教育学部教育基本理论研究院博士生导师,著名教育学者,公共知识分子,生命教育倡导者。

辑 一
教师生趣之本色滋味

你们若不回转,
变成小孩子的样式,
断不得进天国。
——《马太福音》(第18章第3节)

　　"保持童稚"可算是人生的奢侈品。人生始终皆有孩子般的趣味,一种痴痴的"痴"。对待人生过于世故,便会打坏了其中的滋味,生命之"道"也会瞬时而蒸发。为人之师更应蕴涵乐山乐水、饱赏风俗、热爱艺术的洁好,这样的渴望也算不上什么奢侈。若为师如此,则更具有化融智慧、直觉的心灵和仪容。借拥此,思想可能会更加深入干练,情绪可能会更加淡定从容,言语可能会更加惠风和畅,点化之道可能会更加入木三分。《梓里追忆》《独为梦魂惜澄池》《听着音乐,慢慢地变老》《因为,惦念着》《落花一瞬与蓝天永恒》就是一个教师生趣的本色滋味,赠您消遣。

梓里追忆[①]

> 孩子的成长，需要贴近大地，离开大地的孩子会因失去力量的援助而变得脆弱憔悴……
>
> ——题记

思 月

更多的时候，还是喜欢：在出生的地方，清晨走石板路，中午喝清泉水，傍晚看夕阳斜照。偶尔地，伴着母亲慈祥的面容，委婉地发呆，间或被山间的天籁叫醒。随时都有的可能：不需要记忆路口，任双脚信步；不需要读书写作，只管胡思乱想；不需要记住时间的相貌，任意地把它想成一个安静的孩子，让她靠在自己的肩上，回头去嗅那美丽的发，被淡淡的野茉莉气息诱惑。

心，装得太满了，自己都走不动了。走上电梯，才发现……

偶然间，你会很想摆脱。这不是什么推理，只是一种感觉，一种思考，也许就是智慧。"智慧把我们带回到童年。"[②] 故乡，习惯月亮从山的右

[①] 梓里，故乡之义。笔者家乡为湖南省宁远县。此地有闻名于世的九嶷山。舜帝便葬于九嶷山。毛泽东有诗句曰"九嶷山上白云飞，帝子乘风下翠微"。查《湖南教育史》，唐代宁远之地谓之延唐，教育启蒙早而繁茂。整个唐代湖南省域进士25人，延唐6人，其中状元1人，便是延唐之李郃。李郃亦是两湖两广江西的首位状元。

[②] [法]帕斯卡尔.帕斯卡尔思想录[M].何兆武，译.武汉：湖北人民出版社，2007：92.

峰角出现，那样，躺在床上用被窝砌一个小小的窗眼经由墙上的旧窗，看她由浅浅的黄色变成暗灰而自染成白色而后是娇柔洁白的过程。我喜欢这个无法替代的情结，看月亮演绎的历程，一个悄悄的夜山村，一股熏得心发软的泥土气味儿，一个母亲静静地守候时的优雅……村前的小河汩汩的轻流音，和着山顶射下来的月光，把孩子和母亲的依恋一同揉进梦乡，还枕着那不快不慢的节奏和乐律；风是一阵阵的、细细的、慢慢的，水田里吹来的泥味是湿湿的，蔬菜地里送来的依稀刚刚出锅的新鲜菜，山坡土的味儿就像唱戏的鼓点，寻找空隙一溜烟，快到喉咙的时候喝一口泉水就是一种没法修改的国画细节；那些母亲，哼着小曲，自编的，惬意得让怀里的孩子仿佛被月光裹着。这般去设置，好像不分春夏秋冬，月光依旧，美丽如同从前。

猛然间也可以发现：无数个月夜总是伤感地埋葬！而那些记忆却永远地顺着年轮推进，泛起无数幸福的涟漪。假想没有月的亲近，可能岁月的伤痛和甜蜜就一定感觉不到。

跟孩子讲起这些已去的时光，多留下些惬意，促成他们心灵深处的色彩墙。

恋　溪

盛夏时分回到家乡，就升起对屋前溪水的依恋。

村前约莫一里路远的小溪，我的家乡父老叫她"河"。两岸间平均不足十米，水域大多浅显，照科学一点的说法应该是小溪。我离开家之后好长一段时间，也还一直称呼她为"河"。以后有机会见过真正的河，就知道那是小溪。不过家乡人至今仍旧叫她"河"，在那样的宁静之地——九嶷山余脉，那青岭绿山之间，的确就是"河"。只有把她的名字确定为"河"，水的概念才会牢固地确定在人们的心中，村子的那种幸福感才会坚守不移，没有水的滋润，一个生命的灵性就会消失，那是怎样一种生活的干涸啊。

我就是在那条河里长大的。

夏天到来了。一般年纪的男孩子，像发了疯似的泡在河里。河的其中一段，水域宽一点，实际也不到十五米，但是水深了很多，又是那样清冷，可以让人脚抽筋而致淹死，岁数不足又不熟悉水性的孩子是不能够去的。有一年的夏天，邻村一个男孩子来此洗澡真是淹死了。大人们说：淹死的人就是水鬼，水鬼若要还生，就得找到替身，这是下一个被淹死的人的可靠理由。我那时害怕水鬼，那一个夏天是老实却伤心地度过的。家里规定：没有大人去洗澡，不准一群小孩下河。真的，我没有下去过一次，难受的样子让母亲可怜起我来，尽管平时她是极力反对我下河洗澡的。母亲看见我的可怜，亲自陪我去洗过两次。下到河里的感觉，真是可以把心爽透。洗后回到家里，我的魂魄才有皈依，夜里做梦总是笑着、奔跑着、叫喊着。

家乡的小溪水，常年唱着歌，水量不减，论起水质来，真是清爽纯甜。这拥有蜜丝的溪水，流向泠江而潇水而湘江。按理，走在省城湘江大道的沿江风光带，家乡的水就在湘江之中，但是，半点故里溪水的感觉都没有。只是望江兴叹，洋洋兮若一片混沌，期盼之心渺渺茫茫。有时自己也会发疑问：小溪何以滋养心灵？因为溪水干净透明啊！

不能忘记那刻写了生命体验的家乡溪水，那是永远的圣洁。

想起北野的诗——《回乡之路》。

请允许我把你的故乡／也当作我的故乡／请允许我把你的闺房、葡萄藤和月亮／也当作我的天堂

哦，我愿走在你的回乡之路上／我愿和你一起／分享你童年的幸福时光

请不要拒绝我这可怜的幻想／请不要理睬别的人会怎样想／带上我回你的故乡／让你童年的月光也洒在我身上

哦，我愿走在你的回乡之路上／我愿和你一起／分享你童年的幸福时光

我没有童年也没有故乡／好像一股风把我刮到这世界上／回乡的道路多么使人神往／亲人们的爱足以抵消一世悲凉

哦，我愿走在你的回乡之路上／我愿和你一起／分享你童年的幸福时光

美丽善良的姑娘啊／请带上我这无家可归的人／请允许我和你一同前往／在你童年的月光下大哭一场

眷 山

空山不见人,但闻人语响。

返景入深林,复照青苔上。

——王维《鹿柴》

从前,总以为这一生最最热爱的诗人应是苏轼无疑,他一会儿这,一会儿那,自由自在,由心信意。晓来爱恋却变了卦,是夜,心殿却有个摩诘,把少儿时候背得烂熟的《鹿柴》捣来捣去……我是咋的啦!来扣自家心思,究出个"空山"和"青苔"。

我搬过五次家,屋内家什愈搬愈新,居屋的感觉愈搬愈少。先前住过一处,居屋的后面是山,绵绵迤迤,径直地接上了原始大瑶山。有时我会对着山大声地喊"你——回——答——我——",喊过无数次,没有得到一次回音。有一次,母亲住在我的家里,见我老喊没回应,对着我说:"那么远,喊不应的。"那以后,我才不再喊。不,喊儿子时,偶尔会对着后山,"儿——子——,吃——饭——了——",儿子在好远的地方玩,听到了,回音——"好——",山就静默了。

我一个人闲坐,就会想,我同山没有缘分?摩诘的世界里却存有好多的山童话,个个不一样。想想,"空山新雨后,天气晚来秋",好似雨后空明;"人闲桂花落,夜静春山空",仿佛夜来幽静;"木末芙蓉花,山中发红萼",点染落寂情愫;"山中相送罢,日暮掩柴扉",布满稠密惆怅;"山路元无雨,空翠湿人衣",悬挂似真似幻。摩诘是懂得山的,那么多的感受,我却无法比拟,自己大概不懂吧,只好不做强求,也渐渐地淡薄。可是,后来搬家离开的时候,对着山,我噙着泪,一路从山心穿过……不去想她了。

说说居屋的前面,好吧,虽然没有山,却有树,极像那山上的树!

两个好大的桂花厅,全是桂花树。上厅足足有两亩地,下厅三亩多,中间一个走廊连着,地上尽是石板,四周都是青砖青瓦的屋子——单身老师的宿舍。农历七月时分,正闷热得让人远离文明,这时候,学生都放了学，只有空荡荡的厅和桂花树留下。说空荡荡，不准确，早开的桂花已经弥漫；那香气，跟着斑斑驳驳的日影月影摇曳，像放烟花一般地变化莫测啊。有时候，真想抬头去寻找，伸手去触摸，可是，似乎一溜烟全都不在，又像是真的空空。闭上眼，空与不空的韵味全现在面前，鼻屋，耳室，口堂，处处都拥挤着这撩人痒勺，真要是去掬扪手心，到处也没了倚靠，又担心摔倒在这长满青苔的厅中。儿子还小的时候，就在这厅中弄了个人仰马翻，可要特别地在意才是。

  黄昏时候，老师来厅里饮桂凉。口里心里都赞着这桂花的好。我想：好桂花啊！又想：左侧黄土山的桂花没有这般的清凉香。喔……恐怕是因为这厅还有块块青石板，湿润嫩青苔吧！有一年的一个夏日，去黄土山饮桂凉，忘记不得。想起那黄泥顿起满脚灰埃，想起那弥漫泥气口鼻莫开，哪能比那厅中凉。坐在这桂花厅里的石墩上，一边饮桂香，一边用脚底与青苔搓擦，轻松地就磨掉了那些该退休的脚皮，脚变得光滑滑的，左右脚掌亲昵，舒服极了。那滋味，似牧笛吹归。烈日当空，影下青苔，自由自在，它却不愿跟魔影赛红黄蓝白，它有自家的绿。清辉之夜，娥袖拂过，它闪眸绵缠；面娥而去，夜半则琴瑟不止。多好看多好听啊！想得起一个浅浅的夜，青苔淡淡的，披着影纱，真是新娘，羞涩难当。青苔，美丽不美丽，高兴不高兴，是全由了它的。不过，掐掐手指，桂花拌青苔的韵晚，多久没有啦？……都记不清了。

  青苔啊，我要不来山的宽浑，因为没有王摩诘的才情，不会诠释山味种种。现今客居闹市，但我有一个小小的院落。我知道院落的惬意，今夜，盼伊到俺院落来。要你的绿色涵养生机，要你的汁液蕴藏滋润，要你的遐想抚养境界！

  你，肯不肯呢？

独为梦魂惜澄池[①]

> 生命里,总会有一些物件让人怜而不舍,刻在骨上抑或流淌在血液里。眼见着长郡校园里的"澄池"被搬走,旧故事亦或依依消除,借此,写下短瞬间的感受,作为纪念……
> ——题记

沧桑百年的澄池转瞬去矣,耳闻之时我竟木然。

眼见扶疏的枝叶,如车盖的杂树搬离院落,顿悟旧落难目数日,牵魂萦魄的老事即在半夜深更渗入纸中。

四合院屡而伴我。蒙学在故里的四合院墙内,印得最深的是叔师的皱纹、堂井里回响的"童谣"、手举语录顶礼虔诚的人们的嗫嚅。尔后入"清明田款"营建的新民学堂,记忆深处是青瓦墨墙,回廊延绵。偶梦信游:院里桂影依然,石柱依然;半墙明月姗姗而入,依依不离,素裹银装。再后十几年未见四合院,小青砖、大灰墙但为大意。然旋窥澄池,默诵读解,积淀就唤醒了。

轮值护校的秋夜,凝视幽雅的澄池,猝然依稀拥抱住了一抹姿色。一

[①] 本文写于1998年9月,署名"山疑",乃笔者曾用笔名。其时主编长郡中学文学刊物《澄池》,在第2期上撰文发表,同期相似主题文章,有《"澄池"要拆了》《"澄池"来时》《致"澄池"》及卷首语。当时在湖南长郡中学教高中语文、担任语文教研组长,学校大兴土木,校园内很有故事的韩玄墓、四合院、澄池等皆被拆除,感于此情此景,作文纪念。尔后,校友来信诚请补填旧物,学校一一恢复,现今校园内仍有相应景点存在。

念之间，卷起一缕伸手抚她、探鼻嗅她、翘唇吻她的痴念，须臾又没注在血液里。

　　仰望院落的上穹，清朗隽永，撒落的雨水胜似千百回滤透的天堂玉液，流淌在蜿蜒曲致的檐前浅沟里，成了血液、精髓。原本而知流，掏出"源头活水"的奇蕴，便明晓清新奇崛与挺拔超然。院落西坐东向，通底开阳，阴气该无处躲藏。然而，我素向惮怵臆想，便满院落去寻找阴霾，然苔藓的踪影亦不见，我确信了日光紫外线的能耐。看着院落转移和我的操心不快，一位朋友告诉我："澄池应是十分滋润，老屋过于干燥，改向更似摇篮，利于孩子读书听讲。"我才安心些许，但至今未弄懂其中说法，只是"夏暑冬寒"皆畅快了不少。

　　深夏极至，蔓得满院青春的是南墙的爬屋草藤、东台阁上的青葡萄，密密挨挨，蓊蓊郁郁，兜着一份醉人的神秘。揭起翡翠缀点的裙罗，满以为是腻人的肤肌，原是灰色的泥沙、模糊的砖线和深沉的迹印。绿意掩映深处，以心窥，是坎坷和忧患，是摧折和傲然，是文化和生命，是古潭韵、蓝田魄、郡庠魂……

　　澄池所剩确无几，我真想小住澄池。

　　面前的澄池在消瘦……

　　满池的净水，弥院的日光，通院的绿色，永久地沉浸长郡学子。

　　顾首瞻仰，澄池已刻入梦魂。

听着音乐，慢慢地变老

世界上最美的音乐，听着便会忘却了自我。依稀那些歌者的灵魂便是与自家的心纠缠一起，无法分离。听着音乐，慢慢地变老，静静地离去，伴着晚霞……

——题记

音乐的科学规则，让所有不同母语源流的生命共舞，和着节拍而律动。但是，那些音乐的灵魂之士，谨严地劝告：只有凭着生命的感觉在音节的准确与不准确中，寻求和谐的歌唱，才是最美好的。这样的感觉，水中月一般，但就是这种奇妙的辩证法，有了让人心碎的效果。真是"天青色"和"烟雨"偶遇而不可求啊！

我所居住的城市——长沙，就是这样一座音乐之都！

"田园音乐""天缘音乐""凤凰歌巴""天意乐唱""天籁歌声""山水音乐""溪格歌韵"……那些音乐茶座的名字玲珑剔透，歌者也是无法分出专业与不专业，听赏的效果绕梁不绝。音乐茶座一般是 30 平方米左右，也就是江南农家一间堂屋大小，屋形则千姿百态。瞧那些屋子的装点，精致奇异，借助灯光就会让你兴奋眩晕。这样的音乐茶座，大都还悬有大型屏幕，放映与歌相配的故事和图片。图歌并茂，常常让人流连忘返。所以，掌柜的往往是在屏幕上告知——"晚场音乐时间至 23:30，谢谢您的合作！欢迎您下次光临！"

那些音乐茶座里，几个小桌子，摆放着茶壶茶杯，这些饮具，实在是讲究，为避免歌者端错杯子，特地编号辨认。时尚摩登的服务女性，虽说年纪大了些，也可见出当年的风韵和标致。有时候，那些专门的播放，也会时不时与歌者和着对唱，常常让你感觉服务者的专业地道。我认识长沙"山水音乐"的掌柜，她那曾经美妙的声音和姿势，雷倒过不知多少善歌善舞的音乐痴人。她有时会用极为轻细而又柔远的真假混合声，舒唱那种依稀从山间飘来的自然之声，那么闲适、那么惬意、那么可以让你记住。因为爱，大约从35岁开始，她一直一个人生活，对了还一个远离她读大学的女儿。但是，她除了回忆人生无常时，会留下记忆的泪水，其他时候转而幸福地歌唱。

一个研究生从事音乐教育，是美妙的钢琴知音。她演唱那些生活化的歌曲，其中，催人泪下的音乐之点，总会让歌场十分安静。张惠妹的那首《解脱》，这种蓝调布鲁斯，带点慵懒忧郁的演唱，发自肺腑，传递撕心裂肺之后的无奈，还存丝丝不愿回顾的洒脱。我听过的几次，都感染到了我心尽头。她说："有了某种情绪，似乎好多的曲韵，都流淌相同的音乐之血。"我们师生讨论学习主题的时候，她也会谈及音乐作为艺术的精妙。那样的表情、那样的节奏，那样的转瞬间的眼神、那样的心内心外的和谐，就是音乐在慢慢地俘虏你，就是拥你入怀的难忘。

真的，热爱音乐的人，甚而可以说热爱艺术的人，不会狭隘地去争辩什么，更多的时候，会不愿意觉察。他们的心灵之墙，涂抹了人类艺术之美，美在其中，也美坏他人。从这样的视角，很好理解杨绛①先生翻译的英国诗人——兰德的那句平常话："我和谁都不争，和谁争我都不屑，我爱大自然，其次就是艺术"。音乐作为艺术的首选，没有国界、没有族类、没有贵贱，自始而终传递爱，还有因爱而恨的永恒主题。

如果人的一生没能直接亲睐音乐，也算是大遗憾！

在这座有着悠久的文明之史、艺术之史的古城。在七里搭三分的古城里，渲染的是完全意义的魅力！看看那些音乐大厅，可比中央电视台演播

---

① 杨绛，1911年7月17日生于北京，本名杨季康。江苏无锡人，中国著名的作家、戏剧家、翻译家。通晓英语、法语、西班牙语，由她翻译的《唐·吉诃德》被公认为最优秀的翻译佳作，到2014年已累计发行70多万册；她早年创作的剧本《称心如意》，被搬上舞台长达60多年，2014年还在公演；93岁为完成女儿心愿写了回忆一家三口数十年风雨生活的《我们仨》，风靡海内外，再版达100多万册；96岁成书哲理散文集《走到人生边上》；102岁出版250万字的《杨绛文集》8卷。

厅。比如"红太阳音乐大厅""琴岛音乐大厅""田汉大剧院"等等。据说这个城市大小音乐厅上百座，大厅座位几近千个。一座城市，怎么会有如此众多的歌者与听者？谁可以弄他个水落石出呢？我也想过，难道音乐的美感，在这里，早早地胜过了金钱！但愿就是这样！

  这类音乐大厅每晚 9:00 开始演出，11:00 结束。听歌者常常是座无虚席。听歌之时，也有互动环节，你带着亲朋好友来到这里，可以从囊中掏出个几百元，请求演唱者特别演唱一首歌，为他们献上你的爱心与敬意。

  不可小觑大型音乐厅的演员，有的真是明星大腕，即便是未入流之辈，小丑到极处，也是含泪获众，一片笑声。也不可小觑那些节目，以歌为主，穿插小型剧、小品相声。通俗、民族、美声，还会存在原生态，都是生活的艺术裹着艺术的生活。一台节目演一个月，轮回交叉，颇为新鲜，吸引听众。最有意思的是节目主持，那可是能歌善舞、能逗嘴贫，典型的叫人眼花缭乱的奇葩。

  生活总会要求你选择，比如选择居住的城市，于我，那就选择长沙。如同意大利人热爱威尼斯的水城一样，我已经将自己投向了容我于心的去处——这座音乐之城。

因为，惦念着①

> 当大江大海将咱仨隔离
> 长久的厮守和并不起眼的短暂感动
> 顷刻间
> 就像墨汁不小心滴在棉花堆里
> 波纹般散失在远处……
>
> ——题记

　　眨眼功夫，每天都能看得见的儿子，追寻一个遥远梦，离家远洋了。那是 2010 年 2 月 2 日 19 点 10 分（农历 2009 年腊月十九），离我执笔来记录事实的时候并不那么久远，但压根儿神经末梢都难以触及记忆，只觉儿子走了好久。清楚地记得那天，儿子挥手，作别故土细雨，家里的天使两眼发红、抽泣、泪流满面，我赶紧拉着她离开机场送客厅……回城的路上，这个操心的天使，因为小雨绵绵天空灰灰，尽管她努力地去回头且仰头向南面的天空凝望，也始终没看见那架载着她的儿子的飞机，哪怕是声音也都没有听见。天使异常难过。

　　儿子在家待学的日子，还算安静，只是他的卧室显得有些乱，事实上不脏。天使按照衡量格局和卫生标准将儿子房间核定为"不卫生"！儿子辩护：不是"不卫生"，只是"不整齐"，我们同济大学检查卫生也是"脏"归"脏"，"乱"归"乱"。争辩有时还发生"台湾式"的议会格局。我静静地听，思考："不卫生"与"不整齐"是一个极不相同的概念，"不

---

① 刘巍，乃笔者之子。此文为送别儿子留学时所作。

卫生"是脏乎乎,"不整齐"是乱糟糟。同济大学这所中国名校的指标判定,科学!有道理!但是,我还是以为:天使针对房间卫生判断有误,儿子针对批评争辩无理。因为,"脏、乱、差"虽然经常并联使用,但内涵仍然不等啊。而乱糟糟的房间,在别人看来却又显出了"不卫生"迹象,房间装修挺好的,整个屋里乱放乱置,"乱"就会牵连"脏"。这个不符合天使管理家庭的游戏规则。

我站出来评理,遭到围攻,儿子说我"各打五十板不对"。

天使说:"你也差不多,一屋子有你的影子就堆一堆书,卫生没法搞。"

好好好,我远走美洲大陆,不参与大战。这时我这个所谓的教授真像是肚脐眼,一点用也没有,最后只好退却。

送走儿子的第二天晚上10点30分,天使给我发了条信息——"你快点回家吧!"收到信息时,我已经到家。天使用被子蒙住脸,嚎啕大哭。她说:她走到儿子房间,看见整整齐齐,就是想哭。看官你想想:什么道理?平常嫌房间脏乱,这下又嫌房间整整齐齐。看来整齐不整齐,关系不大,意义在于有一个关心对象,这个房间才会变得有价值。人,人的情绪,人的内心,这是一个多么令人疑惑的哲学问题啊!

儿子离开家里,现在正好两天加上两个小时,天使告诉我。我看看表,北京时间21点20分,这时的悉尼应该是2010年2月5日的凌晨0点20分。打开QQ,儿子在线,互问情况,一切皆好!发来照片:居住环境照、饮食等六张。天使凑过来看,看见一碗饭,上面盖着些在中国湖南人看来猪猡食品一般的东西。天使又差点流泪了。"还是家里好啊!"自言自语,走开了。

有一部分woman,所有的母亲,真是一个"温情"的语词啊!man,也是,只是他们"顽皮"。因为顽皮,暂时忘却了一些细节,似乎是无情,就这样显出粗狂。儿子是man,我想应该与我相同。不需惦念,就是惦念。天使,就只有"作别西天的云彩""潜泪思念"了。不过,只要有着"惦念"的份儿,一切就说不清楚了!

悉尼,一个好地方!

那里有悉尼歌剧院就够了。

悉尼的大学名校!

儿行其中,不就够了。

落花一瞬与蓝天永恒

> 落花一瞬,蓝天永恒,都是一种美!
>
> ——题记

一朵花开,美艳之极,或因阳光,或因劲风,抑或一种意想不及的东西,将她顷刻间撕裂,花瓣随即飘散在贫瘠的地里,后来可能就见不到了,再后来可能被人忘记……但也许有人将这个印象久久地刻写在心墙上,心墙上就有了一行行的字。心灵敏感的人读着那些字,细细地回想自己的经历,就会觉得那就是自己的经历,接着彼此间虽不曾相识,但相通就在心与心的路桥上。多情的孩子,不只面对落花一瞬,会引起无尽的缠绵,好多事情都会让自己惊奇、联想。因为花的这种故事,木、石、竹、草、樱、菊、梅、藤等等,也会因了落花给自己的感受,变得通达人性,成了自己的朋友。自己可以与它们对话了,交谈里发现人与物之间有着好多的相同,从此,便用笔来向它们倾诉,倾诉里有故事,有体验,有情绪,有感慨。倾诉的,就是回忆的那些事情,似乎是自己和父母,自己和朋友,自己和陌生人,似乎是一团乱乱的麻,但是,花却懂得。呵呵,看到花怎么会想到那么多啊?写下来的为何那么动人啊?这些都是一瞬的落花引起的。

蓦然回首,原来自己就是作家了!

蓝天多美啊!昨天的蓝天、明天的蓝天都把蓝镶嵌在自己的面上,蓝得叫你永远地记住它。有时你会觉得是一种假象,蓝得一点变化都没有;不对,白云靠过来时,蓝天不是变化了吗?只是一会儿就恢复原状。比如在我的心里,蓝天就是永恒的,不变!也会想到人世间有些事儿就是那样，不变！有了这样一个概念，可以把好些事情想通。

思考的人，写作的人，都因为这个不变，变出好多感人的故事！像学者作家钱锺书的《围城》，就表现这样的不变：城外的人想冲进去，城内的人想冲出来，对爱情也罢，事业也罢，人生的愿望大多如此！又像大文豪列夫·托尔斯泰在《安娜·卡列妮娜》里说道：幸福的家庭是相似的，不幸的家庭各有各的不幸！这个不变的概念，实际上，就是我们说到的一件重要事情的题旨。没这种提炼是不行的，没有题旨就不会具有蓝天之美，不变之美，思情之美！

惊讶发现，自己原来就是思考者！

落花一瞬，会引起自己的情绪冲动；蓝天永恒，同样会引起某种概念的形成。有很多冲动的细节是那么的美丽，有很多的思想光亮在闪烁，那是体味和思考。读到孩子们的那些文字，让我也想起了自己好多的童年事儿……

我也像你们，就是一个孩子。

辑 二
教师情怀之文学审美

艺术存在的目的，在于使人恢复对生活的感受；它的存在，在于使人感知事物，在于使石头显示出石头的质感。艺术的目的，在于让人感知这些事物，而不在于知道这些事物。

——俄国小说家、文学评论家　什克洛夫斯基

　　喜欢艺术的根源是因为着魔幻想的缘故。人的心底里是有符号性①的,哪怕从来没有读书的机会,也没法逃脱这种痴爱。形塑新的人生,免不了借助文学、音乐、美术、雕塑、戏剧,或者干脆是建筑等艺术样式,去感染、去藻雪、去融化。可以设想,一个以培养人作为职业的幸福者抑或悲哀者,没有对一门艺术的痴爱,那样易于对无味人生不自醒,苟延残喘间,便把毫无生趣的癖好,灌输给孩子。自己没有了孩童的艺术之气,也就消解了那些正在发展的孩子灵气。笔者感悟深思语言艺术奇妙,一直继续着……

---

① 人是符号性动物的观点,是卡西尔《人论》一书的基本主张。全书分为两个部分,上篇阐述人的符号性,下篇阐述各种不同的艺术形式之符号意义。

孔子中庸思想对中国文化性格之影响[①]

【摘　要】文本意旨在于阐述孔子之"中庸思想"的表现及其对中国文化性格之影响。中庸哲学就其最终目标的角度而言，是一种致力于使每一个中国人都中规中矩后而成为君子的道德哲学。道德的约束虽是一个民族由野蛮走向文明的标志，但一个民族如果文明到了以受限制为人生的最高自由时，它的活力必然会因过度的道德化而日益萎缩。

【关键词】孔子；中庸之道；文化性格

孔子极为推崇中庸。在其意念里，社会、人生都是由一系列两极对立的概念范畴构成的，如刚柔、善恶、美丑等。人应"执其两端用其中"，即应在两极之间寻找一个可以左右兼顾的中介点，以防止执其一端而陷入认知的误区和价值认同的偏执。《论语》[②]中，孔子关乎此的论述很多。

子贡问："师与商也孰贤？"子曰："师也过，商也不及。"曰："然则师愈与？"子曰："过犹不及。"（《先进》）

[①] 本文参考文献如下：
　[1] 徐志刚. 中学生课外文学名著必读：论语通译 [M]. 北京：人民文学出版社，1997.
　[2] 杨道涛. 孔子与苏格拉底教育理念比较研究 [J]. 中国报业，2011（10）.
　[3] 王澍. 谈孔子如何办学 [J]. 上海教育科研，2011（8）.
　[4] 江丽娜. 孔子修身思想及其教育启示 [D]. 浙江师范大学，2009.
　[5] 刘利新. 孔子的教育哲学思想及其现代价值 [D]. 山东大学，2008.

[②] 本文中所引用的《论语》语句皆摘自人民教育出版社出版的《中学生实用论语读本》。

"吾有知乎哉？无知也。有鄙夫问于我，空空如也；我叩其两端而竭焉。"(《子罕》)

"攻乎异端，斯害也已。"(《为政》)

"君子和而不同，小人同而不和。"(《子路》)

凡此种种言论，皆蕴含中庸之道。这里的中庸之道，就是对矛盾的驾驭和超越，其精义就是居于两端又不改变自己的立场，中立而又不失原则。

这种有着辩证智慧和价值论意义的中庸思想，浸润在了中国文化的长流之中：汉代的天人感应思想；南北朝时儒道的相互宽容；唐代三教的融合、统一；宋代周敦颐、张载、二程、朱熹提倡的以"中"为理想状态的思想；"五四"前后中西文化由对峙、冲突走向"援洋入儒"的转变；现代新儒家对待异域文化的态度和探寻中外文化融合的可能性。这些都是以寻中的态度、庸常的见解为心理基础的。如此，中国文化就在总体上保持了千年一贯的中正、中和、不温不火的个性，获得了一种稳健、从容的人生姿态。中国文化中的"和而不流，中而不倚""用之则行，舍之则藏""达则兼济天下，穷则独善其身"等，都是在群体和个体间求得折衷、调和的认识态度，是对中庸之道的一种合乎人性的理解。

具体到在中庸思想影响下塑造起来的性情中人而言，在不如意甚而是苦难的现实面前，他们大都不会走极端，而多是用一种豁达旷然的心境来迎接新型人生方式的到来，由陶渊明而李白而白居易而柳宗元而苏东坡。也因乎此，中国文学史上，能像屈原那样以强行掐断生命进程来追逐、祭奠人生理想的人很少，毕竟"千古艰难惟一死"。但这也并非就意味着他们苟且偷生，他们只是选择了别致百态的方式来与当下疏离或隔膜。他们那种不逃避人类社会而本性又能保持原有快乐的人生实践，就是一种极高明的中庸实践。毋庸置疑，这样的中庸思想与实践，对提升和调解过分褊狭的思想与人格形态、维护社会稳定是有一定作用的。

但是，中庸思想对中国文化及中国人精神世界的保守性也负有一定的责任。它的主内敛、求稳固、不偏激、反极端，容易导致封闭与保守，并在一定程度上促成了中国文化的自我压抑性格。在漫长的封建统治环境里，在中庸思想的浸染下，中国文化"忍为上，和为贵"的性格逐渐形成并稳固化。这在文学作品中表现得尤为明显，在许多文人的笔下，他们无论情感多痛苦思想多矛盾内心的大潮如何汹涌，表露出来的大多是浅斟吟唱，潜含深蓄，千回百转，如李商隐的《无题》（相见时难别亦难）、柳永的《雨霖铃》（寒蝉凄切）、辛弃疾的《采桑子》（少年不识愁滋味）。鲁迅先生也曾言：中国民族心理、性格本性之中原本就具有的"好动"性质，"因了……压抑"，只向"静"的一方发展，"驯良、拘谨"，"低眉顺眼"，显出不死不活的"萎缩"相。先生之言，应该说不算偏激，这等现象的出现，若要来个追根溯源的话，孔子的中庸思想恐怕难逃"罪责"。

另外，孔子的中庸思想对中国文化的进取精神也产生了一定的制约作用。中庸哲学就其最终目标而言，是一种致力于使每一个中国人都中规中矩后而成为君子的道德哲学。道德的约束虽是一个民族由野蛮走向文明的标志，但一个民族如果文明到了以受限制为人生的最高自由时，它的活力必然会因过度的道德化而日益萎缩。一个很能让人产生这种感觉的事实是：在很为强调道德的中国文化史上，很少出现鲁滨逊、唐·吉诃德式的英雄。原因何在？笔者想，中庸思想对人们的或显或隐的钳制与渗透不无责任。

忧生意识：宋词的文学特质[①]

【摘　要】文学主题的特性常常是社会形态格式的表征，忧生意识是宋词的文学特质。文本试图从创作时代的社会特性出发，依词人心灵世界的构建来追溯宋词忧生意识的种种表现，寻找文学创作的根由以及作品和作家的价值所在，为宋词的欣赏和文学的创作提供思考的指标。

【关键词】宋词；宋代士人；忧生意识

王国维《人间词话手稿本全编》云："'我瞻四方，蹙蹙靡所骋'，诗人之忧生也。'昨夜西风凋碧树，独上高楼，望尽天涯路'似之。"已然语涉忧生的文学主题。所谓忧生意识，是人们在追求美好人生和理想生活的一切现实处境中，因受到各种势力的阻碍而引发的诸如焦虑、痛苦、愁闷、悲怆、感伤等情绪体验，它包括对个人生计、前途命运等具体问题的忧念，也包括对人类生活不得不有所欠缺的共同命运的焦虑。中国人的忧生意识，源远流长，早在《诗经》《周易》等典籍中就已有所表述。如《诗经·小雅·小旻》云："战战兢兢，如临深渊，如履薄冰。"《易·乾卦·九三》云："君子终日乾乾，夕惕若厉，无咎。"这些所表现出来的，就是一种普

[①] 本文参考文献如下：

[1] 王国维.人间词话手稿本全编[M].吴洋，注释.呼和浩特：内蒙古人民出版社，2003.

[2] [德]恩斯特·卡西尔.人论[M].甘阳，译.上海：上海译文出版社，1985.

[3] 周振甫.全宋词[Z].合肥：黄山书社，1999.

[4] 乔万民，吴永哲.唐宋八大家欧阳修[M].天津：天津人民出版社，2001.

[5] 周汝昌，等.唐宋词鉴赏辞典（南宋辽金）[M].上海：上海辞书出版社，1988.

遍存在的忧生意识，是人们在自然界及社会现实面前执著而警惕的生存心态。至汉末魏晋时期，伴随着人的觉醒，文学中所表现出来的忧生意识也就俯拾皆是了。《古诗十九首》中所谓的"生年不满百，常怀千岁忧"，以及所写游子思妇的离愁别恨等，就是这种忧生意识的典型。这些诗实质上是祈求社会安定、家世团圆，祈求能过上正常人的生活，但由于政治混乱、社会动荡，此等愿望通常是难以实现甚而是无以实现的，所以，这些诗中常常流露出浓郁的感伤愤激情调，蕴含着对社会政治的强烈不满。建安时期，在文学作品中阐发对个人生命流离不定、朝不保夕的慨叹颇多。两宋之际，特别是南宋几与内忧外患相始终，所以宋代的文学作品有壮怀高歌之作，亦有低吟哀伤忧世之作。它直接反映了宋代文学的特质。在宋代词人之作中，忧生意识寄托了他们的审美价值和精神追求。

宋词在承载宋人那种幽深细婉的情绪方面，得天独厚，所以，当我们细细体味宋词时，总是为一种无以排解的忧生意识所感染。人的本质是什么？按照西方学者的观点，人的本质应当是不断探究他自身的存在物，一个在他生存的每时每刻必须查问和审视他自身的生存状况的存在物。但在中国传统社会，每个人都被要求将治国平天下作为应尽的责任与义务，个体的精神受到拘牵，这是封建时代的一种并非宿命的宿命性存在。然而，在宋人的文学作品中，特别是宋词中，充满了对自我生存方式与生命终极意义的追求和思考。"细算浮生千万绪"（晏殊《木兰花》），"世路无穷，劳生有限"（苏轼《沁园春》），"叹人生，不如意事，十常八九"（辛弃疾《贺新郎》）等等，深切关注着生存与生命的宋人，其忧生意识是何其浓烈与沉重！

首先，因觉生命之短暂而怀惜时心态。宋人对时光的感受是非常敏锐的，常常引发无限感慨，并进而引发对生存价值进行认真的思考。如柳永的《尾犯》："似此光阴催逼。念浮生、不满百。虽照人轩冕，润屋珠金，于身何益。"在他看来，浮生百岁倏然而逝，名利都是身外之物，人生唯一值得珍视的是自己有限的生命。人称太平宰相晏殊的词作，虽能给人以雍容富贵的感觉，却时时透出一种面对时光流逝而无可奈何的感叹："把酒看花须强饮，明朝后日渐离披。惜芳时。"（《酒泉子》）。他还有一首著名的《浣溪沙》："一曲新词酒一杯。去年天气旧亭台。夕阳西下几时回？无可奈何花落去，似曾相识燕归来。小园香径独徘徊。"此为怀人之作，但惜时之意亦颇浓。"一曲新词酒一杯"的闲适生活方式,是在"去年天气旧亭台"这一环境气氛中进行的;而到了今年,往日欢情不见。"夕阳西下几时回",蕴含着一种哲理的沉思:时光流逝,一去不返。其中也蕴含着词人对生命递变的感受。词中所流露出的无可奈何的情绪,实际上正是词人忧生意识不自觉的外露,在小园香径中独徘徊的不正是特立独行的忧生者形象吗?此种惜时心态,与晏殊同时代的张先、欧阳修等人也莫不如此。张先的《天仙子》词云:"《水调》数声持酒听,午醉醒来愁未醒。送春春去几时回?临晚镜,伤流景。往事后期空记省。沙上并禽池上暝,云破月来花弄影。重重帘幕密遮灯。风不定,人初静。明日落红应满径。"乍一看词人是在感叹春天的流逝,然而深深品味,却又实在是在感叹那一去不复返的人之生命中最为宝贵的青春年华。春意阑珊时节,云破月来花弄影,但一夜狂风之后,明天所能见到的则只能是落红满径了。人的生命又何尝不是如此呢?同样的对生之忧愁的情绪也表现在欧阳修的《浪淘沙》词中:"把酒祝东风,且共从容。垂杨紫陌洛城东。总是当时携手处,游遍芳丛。聚散苦匆匆,此恨无穷。今年花胜去年红。可惜明年花更好,知与谁同?"欧阳修在《秋声赋》中也曾抒发过此等深沉的人生感慨:"嗟乎!草木无情,有时飘零。人为动物,惟物之灵。百忧感其心,万事劳其形,有动于中,必摇其精。"人生易老,正是欧阳修的百忧之一。在宋人绝大部分的词作中,诸如聚散匆匆、岁月如梭、青春易逝、好景不再的感慨,皆时时流露于外。

其次,因感人生之艰难而具叹老情怀。叹老是宋人忧生意识的又一个方面。宋代文人士大夫没有汉唐士人那种豪气干云的精神和气魄。如果说汉唐士人就像飒爽英姿的游侠少年的话,宋代士人则一如忧喜不惊练达老成的长者,偶有振作,也不过是"老夫聊发少年狂"而已。略览宋词,我们不难发现,"老"字在宋词出现的频率非常高,如在苏轼词中59次,黄庭坚词中33次,晁补之词中38次,朱敦儒词中54次,辛弃疾词中149次,张炎词中95次,其义项大部分又与叹老内容相关。一般而言,叹老或者是生命里程已过大半后的一种情怀,是人在垂暮之年对已逝青春的怀恋,或者是饱尝人生艰辛后的一种无可奈何的感慨。宋人的叹老基本上不外乎这两种情况。但也有例外者。以晏殊为例,应该说,他是一个时代的幸运儿,一生风平浪静,富贵荣华,几乎没什么大的波折,但他却是一个有着浓郁的叹老情怀的人。我们虽未能将其词作做严格的编年划分，但可以肯定的是，充溢他词作中的那种叹老情绪，绝非都是垂暮之年的产物，而主要是词人因外物所感而生的一种时光易逝、人生易老的慨叹。流光容易把人抛，这是人生中很无奈的感慨。晏殊《珠玉词》中的叹老情结，也总与感叹时光的流逝紧相关联，如"不觉星霜鬓边白，念时光堪惜"（《滴滴金》），"春花秋草，只是催人老"（《清平乐》），等等。晏殊一生富贵，诗酒风流，自然觉得欢娱时光过得特别快，但他又多愁善感，善于理性思考，所以，他之叹老实际上是沉潜于中的忧生意识的外在表现形态。南宋时期，江山社稷风雨飘摇，在爱国词人那里，叹老的意义指向很为明确，那就是英雄壮志未酬。如辛弃疾的老去情怀："了却君王天下事，赢得生前身后名。可怜白发生。"（《破阵子》）"不念英雄江左老，用之可以尊中国。叹诗书、万卷致君人，番沈陆。"（《满江红》）如陆游的叹老意绪："胡未灭，鬓先秋，泪空流。此生谁料，心在天山，身老沧州。"（《诉衷情》）此等词人，志在报国，行在兼济，却请缨无门、献身无路，其愤激之情、忧生之念，自难平抑。当然，此中的生命之"忧"与国事之"忧"是紧密相连的。

还有，因感人生之不易而求突围之策。由惜时、叹老情绪所引起的另一种心态是及时行乐，这是宋人忧生意识的另一种外在表现形式。略览宋史可知，宋代对士人的思想束缚与精神压抑是双重的。重内轻外的国策、中央集权的高度强化、仕进道路的狭窄，使宋代士人几乎只有科举一条路子可走，且是帝王实行殿试，士人要想飞黄腾达，就不得不入帝王的彀中，受其控制，最终成为维持国家机器有效运转的一部分。而理学等思想的影响，亦使得士人们生活在一种有形或无形的精神枷锁之中。

那些思想敏感的宋代士人，在痛感人生之不易的同时，也未曾忘记寻求突围之策，其中最为突出的，就是他们的及时行乐思想。翻开宋人之词作，"人生行乐耳"（方岳《风流子》）的行乐思想随处可见。如唐圭璋编纂的《全宋词》中，含有"行乐"的词句就达150多处。比如，"一瞬光阴何足道，但思行乐常不早"（张昇《满江红》）；"行乐直须年少，尊前看取衰翁"（欧阳修《朝中措》）；"人生无事须行乐，富贵何时且健身"（米芾《鹧鸪天》）；等等。宋代士人不管是人生得意还是失意，都在寻寻觅觅着人生之快乐，都在不约而同地唱着一个调子——"及时行乐"。本来，由人生短促的逻辑起点，可以引发多种思维取向。很多人想到的是求仙学道，企求长生不老，但实践的结果使理智的文人很快就发现此路不通，羽化登仙、长生不老的祈望与努力一如镜中花、水中月般虚无缥缈，远不如在有限的生命过程中尽情享受人生的快乐来得实在。"人生几何，如何不自，珍重此生"（陈著《沁园春》）即是宋代士人对人生不易之普遍心态与思维取向。当然，宋代士人的及时行乐思想，或多或少带有消极、颓废的成分。其及时行乐式的生活，大多并不潇洒、轻松，而只是一种阅尽人间沧桑、唯恐老之将至而又无可奈何的选择，是深沉的忧生意识异化而成的一种略带畸形的生命形态。关怀世事，以悲天悯人的忧患意识入世是中国古代大多数文学家最基本的生活方式，与此相一致，中国古代文学中绵延着一种剪不断、理不清的政治情结和悲天悯人的忧患意识。这种忧患意识在不同时代、不同作家和作品中有不同表现。有些作品直抒胸臆，表现为一种壮怀激烈的爱国情怀和献身精神。如屈原的《离骚》："长太息以掩涕兮，哀民生之多艰"；范仲淹的《岳阳楼记》："居庙堂之高，则忧其民；处江湖之远，则忧其君"，表达了一种"先天下之忧而忧，后天下之乐而乐"的人生观；龚自珍的《己亥杂诗》："九州生气恃风雷，万马齐喑究可哀。我劝天公重抖擞，不拘一格降人才"；等等。面对国运的衰微，国土的沦丧，忧国忧民之情如喷泉一般涌出。这种爱国情怀，在国家存亡之际，又常常表现为一种大无畏的献身精神。文天祥抗元被俘，面对死亡高呼"人生自古谁无死，留取丹心照汗青"（《过零丁洋》），这是忧患意识最突出的表现。有些作品深沉含蓄，或托物言志，或寄寓理想情怀，但在宋词中，更多的是借古讽今，通过抒写兴亡之感传达对时代的忧患，如蔡伸的《苏武慢》："雁落平沙，烟笼寒水，古垒鸣笳声断。青山隐隐，败叶萧萧，天际暝鸦零乱。"作者为北宋末南宋初人，从词中的"古垒鸣笳"可以洞见乱世的悲怆气息。而吕本中的《南歌子》词中的"只言江左好风光，不道中原归思转凄凉"，更道尽家国沦亡的悲痛。再如辛弃疾的《念奴娇》："虎踞龙蟠何处是？只有兴亡满目。"这一类作品，更具有一种历史批判精神。

徐渭心理畸形对其艺术创作的影响[①]

【摘　要】庶出的地位、畸形的家庭、坎坷的经历、多舛命运的折腾以及所处的变异社会环境的压抑与逼仄，日积月累，导致徐渭畸变心理。这种畸变心理进而影响徐渭的艺术创作：诗文、书画、戏曲等无不激越、反叛，极尽宣泄之能事。

【关键词】徐渭；艺术创作；心理畸变

徐渭，初字文清，改字文长，号天池山人、青藤道人，山阴（今浙江绍兴）人。出身于破落的官僚家庭，富于天才，个性孤傲倔强。他少负才名，八次应试，连个举人也考不上；早年家难屡作，在婚姻上也数遭挫折。后入胡宗宪幕府参与抗倭军务，又因胡氏在政治上的失败而面临危险。恶劣的社会环境和不幸命运导致他精神崩溃，以至多次自杀，后又在狂病发作时杀死继妻，下狱多年。后以布衣身份在"几间东倒西歪屋，一个南腔北调人"的境遇中结束了一生。明人梅国桢在给袁宏道的信中说徐渭是"病奇于人，人奇于诗，诗奇于字，字奇于文，文奇于画"，袁宏道也曾称："予谓文长无之而不奇者也，无之而不奇，斯无之而不奇（畸）

---

① 本文参考文献如下：

　[1] 徐渭.徐渭集[M].北京：中华书局，1983.

　[2] 宋克夫.论徐渭的狂狷人格[J].湖北大学学报：哲学社会科学版，2003（2）：52—57.

　[3] 王慧林.封建制度下的病态人格[J].牡丹江教育学院学报，2005（5）：8—9.

　[4] 周群.儒释道与晚明文学思潮[M].上海：上海书店出版社，2000.

　[5] 贺圣遂.徐渭文学的个性精神[J].复旦学报：社会科学版，1989（1）：56.

也哉，悲夫！"（《徐文长传》）而徐渭在晚年为自己编年谱时，亦将之命名为"畸谱"。一个"畸"字，包含了其生命中多少的痛苦和屈辱，郁愤和抗争。笔者拟结合其身世经历、人生遭际及其所处的时代、社会环境等，来对徐渭心理畸变的原因及对其创作所产生的影响作简要探究。

一、徐渭心理畸变及其原因

徐渭出生于一个封建小官僚的家庭，生母是婢妾出身，在家庭中没什么地位，庶出的徐渭其地位也就可想而知。而且，在他出生后不久，其父就撒手归天了，他自幼没有得到父亲多少的庇护。父亲去世后，家庭急剧败落，再加上家中人心不和，徐渭幼小的心灵里就留下了一层难以抹去的阴影。10岁那年，因家道衰落，出于生计考虑，其嫡母苗氏遣散了家中的奴仆，并将其生母也卖了出去。"悲莫悲兮生别离"，骨肉亲情给活生生地拆开了，这对于一个年仅10岁的孩子来讲，实在是生命中难以承受之重，无疑，它给童年徐渭的心灵造成了极大的创伤。14岁那年，徐渭跟随异母长兄过日子，该长兄比他大了20多岁，且对徐渭这位庶出的小弟很不友好，在长兄那里，他受尽了歧视与虐待，在他的《上提学副使张公书》中，他就自述当时的情形为"骨肉煎逼，箕豆相燃，日夜旋顾，惟身与影。"作为文学艺术家的徐渭，童年时代的经历与遭遇给他留下了极为深刻的印象，他的那种爱的需求与安全希冀的匮乏，就是造成其心态畸变的一个原因。

徐渭20岁那年，因为家庭的贫困，无力娶妻，只得入赘潘姓家庭做了"倒插门"女婿。这在宗法门阀观念很为强烈的古代中国，是一件很不光彩的事。然而，徐渭却不得已加入了那令人难堪的赘婿行列。而且，因为其岳母只是潘氏的继母，这更使得他在潘家的地位很为尴尬。他的内心也因此蕴藏了一种极为强烈的自卑感，总感觉到别人对他不够尊重，总感觉到别人对他心存看法。一向才高自负的徐渭，而今却只得在环境的逼使下忍辱屈己。心比天高、命比纸薄的处境使得他从过度的自卑而走向了过敏性的自尊，他一如那寄人篱下的林妹妹，时时提防着别人对他的白眼，处处维护着自己的人格尊严。这种过敏性的特殊心态，极易造成人行为的反常。在徐渭那里，这种反常则表现为常常感觉到自己没有得到别人的尊重，也表现为自我感觉受人尊重的需求遭到了挫折，因而，在他的心灵深处，常常潜藏着一种不被尊重的危机感。这种危机感再加上他因自卑而产生的敏感的自尊，又在无形中影响着别人对他的尊重。在他身上，尊重的需求与希冀和被尊重的匮乏之间产生了一种恶性循环，这种恶性循环，既导致了他敏感、压抑与烦躁不安等情绪的萌生，也在某种意义上促使他养成了一种易为偏激的个性：他经常想要无顾忌地表示出他内心的不满与怨恨，不吐不快，他渴求发泄，他渴求释放。这样一种心态与行为，固然可以使他的不满、怨愤情感得到一定的宣泄，固然可以让他的个性和自我得到一定的张扬，然而，当这种心态和行为发展到一定的度甚至是走向了极端的时候，当他偏执地一任其感性情感宣泄而不能适当地以理制情乃至以理化情时，就很容易地促成了他心理畸变的发生。

　　徐渭一生坎坷，灾多难多，但在感情方面，他曾经有过一段很为美好的婚姻。入赘潘家之后，尽管徐渭的地位与处境让他感到很尴尬、很不好受，但小他7岁的美貌多情、温柔可人的妻子潘似对徐渭很好，徐渭也深爱着潘似，夫妻之间感情甚笃，幸福的婚姻给了他干涸的心田以莫大的慰藉。然而，六年后，潘似因病而亡，徐渭仅有的幸福也一如那过眼云烟，很快就在他的生命中消失殆尽了。这给徐渭以极大的打击，毕竟，对于过早地遭逢了诸多不幸、尝尽了人间辛酸悲苦的徐渭来说，他是无比珍惜他与潘似的那份感情的。可如今，人已逝，情仍留，凝然回首，无限伤感在心头。在品尝到了短暂的爱与幸福之后，徐渭产生了更为强烈的对爱与幸福的渴望，然而，曾经沧海，自那以后，他的那份渴求就再也没有满足的机会，潘似之后，徐渭的婚姻生活连遭挫折。接二连三的婚姻不幸，在他的内心深处形成了一股巨大的压力，这也是造成其心理畸变的一个重要原因。

　　再有，少具才华、天分极高的徐渭在科举路上的失败也是促其心态畸变的一个重要原因。自20岁那年参加秀才考试，他初考就名落孙山，后经一再请求，特许他复试，才考上了秀才，而此后的乡试，他竟连续八次落第而回。一而再、再而三地被黜落、被摒弃，他的自我价值也因此而在现实社会里得不到实现的机会。而徐渭，偏偏又是一个个性和自我意识都特别强的人，愈是受到外在环境的压抑，他的心理就愈加郁愤不平，愈是郁愤不平，其自我扩张的欲望也就会愈为迫切。他无法忍受现实对他的无情逼迫，他要抗争，他要努力去实现自我价值，因而，在实践过程中，他与社会的矛盾冲突也就愈演愈烈，而一旦其心理能量难以承受现实强加给他的压力时，他的心理、心态就必然发生扭曲与畸变。

另外，徐渭生活在文化转型的明代中后期，这一时期，资本主义萌芽已经发生并逐渐成为一种趋势，人性觉醒、个性解放初露端倪，徐渭自觉不自觉地成了这场觉醒、解放思潮的前驱人物。而且阳明心学强调个体意志、反对外在束缚的思想和观念，都对他产生了很大的影响，这又在一定程度上助长了他人性觉醒、个性解放的强度与力度。而徐渭所处的时期，是一个封建统治极为严酷的时期，传统思想与传统的价值观念还像阴云一样笼罩在很大一部分人的头脑中，人们很难容忍徐渭那般"前卫"的思想与狂傲的个性。在这样的情形之下，徐渭的内心难免积郁着一股抑郁怨愤之气。虽然他有思想、有个性、有才能，但在封建统治严酷的社会里，他难以找到自我实现的机会。

后来，徐渭终于被很善于笼络文人名士为己所用的胡宗宪招到了他的幕府。尽管这是徐渭在历尽苦难辛酸后才得到的，但他没有忘记维护自己的尊严。他向胡宗宪提了一个条件，就是自己在他的总督府内不任任何职务，他只是以宾客的身份出入其间。胡应允了他的请求。他这样做的目的是不想受制于人，他要保持自己独立的人格，要维护自己的尊严。这一时期，他的才能有了用武之地，他的狂傲个性得以一定的舒展（凭着胡宗宪对自己的宠幸，他放任不羁，肆性而为，常常在市井狂呼痛饮，大醉而归），他的自我价值得到了部分的实现，他的情感得到了一种暂时的满足。虽如此，这种情感与需求的满足还只是部分的、暂时的，除此以外，他的爱的需求、安全的需求、尊重的需求等，都还处在空白状态。而且，这种实现自我需求的机遇，相对于他的整个生命历程而言，不过是彗星一颗，一闪即逝。伴随着胡宗宪的被捕入狱，徐渭自我实现的梦想也化为了泡影，他失去了可以因之而狂而傲的安全保障，因此陷入了危机和痛苦之中。在胡宗宪案发生后，胡的一些门人与幕僚受到了牵连，徐渭担心自己也会因与胡的特殊关系而被牵连进去，忧惧心理与日俱增，由忧惧而焦虑，由焦虑而致心理畸变（如萌生迫害妄想症，固执地认为与其让别人迫害死不如自己去死而采取自杀行动，偏执地怀疑妻子不贞而将她杀死等）。

总之，外在环境的压抑与逼迫，加上长期以来郁积在他心中的种种心理需求与希冀的缺失的一齐迸发，最终使得徐渭的心理严重失衡，直至发展到心理畸变的境地。这种畸变，固然显露出了他性格上的孤傲与心理上的怯弱，但同时也反映出他强烈的个性与反抗的精神。他的不谐世俗的孤傲个性和狂傲、偏激的行为，都在一定程度上使得他的畸形人格焕发出了不同凡响的光彩。

二、徐渭畸变心理对其艺术创作的影响

真正的艺术家大都是一些具有特殊性格、特殊命运的人，创作时，他们常将自己的整个生命投入其中，其创作的过程就是一个与自我灵魂对话的过程。环境的压抑与逼仄，心理需求的匮乏，使得徐渭心中鼓荡着一种不平之气，日积月累，直至其发展到心理畸变的地步。这也影响到了其艺术创作。因为不吐不快，他遂将他的内心世界通过艺术的创作而倾泻了出来，发而为诗文、为书画、为戏曲。

一为诗文。徐渭的诗文创作，在适己之需的前提下取前人之长，不专主哪一代哪几人，同时又富于个人的创造。在诗歌方面，他推崇韩愈、李贺，对杨维桢也有好评。这使其创作具险怪、幽绝情调，而表现出他内心的激动和不宁。如诗《少年》：

"少年定是风流辈，龙泉山下鞲鹰睡。今来老矣恋胡狲，五金一岁无人理。无人理，向予道，今夜逢君好欢笑。为君一鼓姚江调，鼓声忽作霹雳叫。掷槌不肯让渔阳，猛气犹能骂曹操！"

诗中的老年塾师也曾有过狂放风流的往日，如今晚岁潦倒，遭人白眼。他和同样潦倒的徐渭彼此倾吐胸中块垒，并为之击鼓，表达对世道的不平和生命中的激情，具主观宣泄的意味。徐渭是将其生命意识、自我灵魂全融进了他的艺术创作之中的。他试图通过艺术创作来将自己内心的孤独与痛苦、希冀与追求外化为艺术形式，从而使自己蕴含的心理能量得到尽可能的释放。徐渭尊重的需求和被尊重的匮乏之间形成了一种恶性循环，这种恶性循环，在导致他的敏感、压抑与烦躁不安等情绪萌生的同时，也促使他养成了一种易为偏激的个性。这种偏激个性的养成，是其心理畸变得以发生的一个前奏，或者说，它还处在心理畸变的潜发期，反映到他的艺术作品之中，即是使得其艺术作品中往往凝聚着一种不可遏制的郁勃不平之气，奔涌着一股躁动不安的情绪之流。如他的诗歌《廿八日

雪》，就从自己大雪时棉被被偷的遭际境遇联想到了布衣文人谢榛为李攀龙之流所排挤的情况。谢榛与李攀龙等同为明代后七子复古运动的领袖人物，但因谢榛没有官职没有社会地位，李攀龙等达官贵人瞧不起他，并排挤他。身为一介布衣的徐渭，岂可容忍自己的同类被所谓的达官贵人欺辱与压迫？"回思世事发指冠，令我不酒亦不寒。"他是在为谢榛鸣不平，也是在为自己伸张怨气，而且，也不难看出他那种自尊中交织着自卑的微妙心态。

徐渭是力图通过艺术创作来将他郁积的内心情感予以释放的，这样，他的艺术创作就不能不受到其心态的影响。事实上，在他的艺术创作实践过程中，当他以这样一种心态去支配其创作时，就形成了他的自由创作情态与反叛精神。如他的诗歌《雪竹》："画成雪竹太萧骚，掩节埋清折好梢。独有一般差似我，积高千丈恨难消。"这是徐渭在现实重压下苦苦挣扎的自我形象的艺术表现。竹子在受摧残的境况下仍然径节直干，实际上就象征着他虽受压但不甘屈服的气节和倔强个性。在另一些诗作中，徐渭不仅抒发了自我的孤愤，也在影射着现实，如题《雪压梅竹图》、题《螃蟹图》等，就是以借题发挥的形式，来表达自己愤世嫉俗、傲然不屈的心理。他的诗歌正是他心态的投射。徐渭以愤世嫉俗的心态去支配其创作，在一定程度上促成了他艺术表现上的诡异、怪诞的风格。如其诗歌《夜宿丘园》《阴风吹火篇呈钱刑部君附书八山》等，就很典型地表现出这种诗风。在这些诗歌里，他着意渲染了一些阴森怪异、阴冷恐怖、鬼气满纸的景象，读后令人毛骨悚然。如果说，艺术个性正是一个人特异心态的外化，那么，他的这种描写，实际上就是他对社会人生透彻感悟之后所萌生的抑郁孤寂阴沉不安心理的一种外在显现：现实生活虐待了他，使得他的爱、安全、尊重、自我实现的需求，甚至是基本的生理需求（如他的穷至无力娶妻而不得不入赘，他的"忍饥月下独徘徊"）等，基本上都处在了一种"赤字"状态之中，在现实生活中享受不到温暖与光明的他，自然不会对这个世界有多少的好感，相反，他感觉到，他所生活的社会无异于一个鬼怪横行的黑暗世界，他要用笔和纸来细细描摹这个鬼气沉沉的世道，来表达他从这个鬼气沉沉的世道中所感受到的阴冷与孤寂。所以，上述诗歌作品因之而得以催生。另在其《自为墓志铭》中，尽管离真正的死亡还有很远（徐渭在撰墓志32年之后方去世），但他却与死亡进行了一番推心置腹的对话。在对话中,他谈得最多的是自己的精神历程。通过对自己的精神历程的回顾,他感觉到,虽然努力地求生过,但有形无形的社会力量却在压迫着他的精神,压迫着他的生存空间,他感觉到他无法逃出时代的如漆大夜的罗网,因而,他想到了"自觅死",想到了要以自己的死来宣布这个社会不适合于生存!有些短文,则开晚明小品之先声,如《与马策之》:"发白齿摇矣,犹把一寸毛锥,走数千里道,营营一冷坑上,此与老牯踉跄以耕、拽犁不动、而泪渍肩疮者何异!噫,可悲也!每至菱笋候,必兀坐神驰,而尤摇摇者,策之所也。厨书幸为好收藏,归而尚健,当与吾子读之也。"这是徐渭晚年在宣府做幕僚时寄给门人的一封短札,文字随意而精警,既生动传神地写出了他在落魄生涯中的悲苦心境,同时也显示出不甘寄人篱下的个性。

二为书法、绘画。不仅诗文创作如此,书法创作也是如此。书法是人再现或表现情感的一种艺术。对一生命运多舛、饱尝尘世辛酸的徐渭而言,书法是其激越、反叛情感的表现与扩张。他最擅长气势磅礴的狂草,在书法上所留下的墨迹也是不拘常格,尽管很难为时人所理解与接受,但于他而言,这并不重要,且观其《题自书一枝堂帖》:"高书不入俗眼,入俗眼者必非高书。然此言亦可与知者道,难与俗人言也。"这也难怪,"知者"又有几许?所以,他还是爱着他所爱,追求着他所追求。他的书法就是其积聚的内心情感在瞬间喷涌而出的创作,他的独特人生经历亦锻铸在其中,因而,那些狂草性的作品,只有徐渭才会拥有,别人可以欣赏,却难以模仿。其绘画创作也是如此。"莫把丹青等闲看,无声诗里颂千秋。"绘画是徐渭抒发思想感情的一种工具。"腻粉轻黄不用匀,淡烟笼墨弄青春。从来国色无妆点,空染胭脂媚俗人。"这首《水墨牡丹》的题画诗则说明了他绘画时的心态:不师古人,不守成法,不愿媚俗,而只是奋笔挥洒,抒发他狂恣郁抑的情感。可以看出,徐渭不仅有着对世俗社会的厌恶与愤恨,也有着对世俗社会的叛逆与对抗。在绘画创作中,徐渭也有力地释放了沉积于内心的情感。如他的《墨葡萄图》《墨牡丹》《月竹》,以及《杂花图长卷》等,都是他生命奔泻出的墨色与线条,躁动的笔墨之后,游动着不驯和无奈。

三为戏曲。关于畸变心理对徐渭艺术创作的影响,不能不提及其被誉为"明曲之第一"的戏曲作品《四声猿》。《四声猿》的取名,来源于三峡的古老民歌："巴东三峡巫峡长，猿鸣三声泪沾裳。"猿的三声悲鸣就足以使人闻之而泪满襟了，徐渭将之取名为"四声猿"，意在说明其戏曲创作包含着更为让人心摧肝裂的郁愤和悲伤。但清人顾公燮在其《消夏闲记》中则说："盖猿丧子，啼四声而肠断。文长有感而发焉，皆不得意于时之所为也。"到底哪一种说法最为准确与可靠，不需要去作过多的考证，但有一点是不用怀疑的，那就是徐渭的《四声猿》是他有感于生活遭际之沉重与沉痛而发出的孤愤与悲鸣。

四个剧本中，《狂鼓史》成就最高，影响最大。这是徐渭根据历史上祢衡"击鼓骂曹"的故事构思而来的。他借助于艺术幻想的力量，让阴间的祢衡应判官之请而对着曹操的鬼魂再一次击鼓痛骂："俺这骂一句句锋芒飞剑戟，俺这鼓一声声霹雳卷风沙。曹操，这皮是你身儿上躯壳，这槌是你肘儿下肋巴，这钉孔儿是你心窝里毛窍，这板杖儿是你嘴儿上獠牙。两头蒙总打得你泼皮穿，一时间出也酹不尽你亏心大。"这是徐渭有感于社会的黑暗与无望而写的一部"骂剧"，他借助祢衡之口，宣泄出了他因巨大的压迫而产生的精神痛苦和愤懑不平之气，表现出了他烈火般恣狂的激情和惊世骇俗、桀骜不驯的倔强个性。同时，他写祢衡骂曹操，实际上也是在影射沈炼谏斥严嵩的现实事件。沈炼曾多次上书怒斥严嵩专权误国、陷害忠良的罪行，因此而被严嵩迫害致死。徐渭对沈炼的气节特别赞赏，对严嵩陷害忠良的行为深恶痛绝，因而他以曹操影射严嵩以及以之为代表的邪恶势力，从而抒发出满腔义愤。而且，其中的祢衡，带有很大的自喻成分，剧中那狂傲激愤的祢衡，实际上就是他本人的化身。

《雌木兰》一剧，也体现了徐渭狂傲的叛逆精神。其中，他对尊男卑女的封建秩序予以强烈的抨击和否定："裙钗伴，立地撑天，说什么男儿汉！""世间好事属何人，不在男儿在女子。"同时，他在赞美花木兰时也曾认识到，一旦她暴露了自己是女性，无论她具有何等的才能，她也会立即被剥夺卫国治国的资格。这实际上也就暗含了徐渭对封建制度摧残人才的不满与否定。徐渭的杂剧，具有浓郁的时代气息，体现了明代中叶资本主义经济萌芽阶段反抗封建压迫与束缚的民主主义精神，同时，也体现了他希望变革不合理现实的美好愿望，如他把对凶残者的惩罚放在"阴间"，把正义的伸张寄托于"天上"，虽然虚无缥缈，却也反映了作者对其所处时代的官场的绝望。

三、结语

徐渭的艺术个性是其特异心态的外化。他将其生命体验、心路历程以及对社会人生的感悟都融入了其创作之中。他之所以选择了"奇诡"作为他的最爱,是因为"奇诡"诗风更适宜于表现他诡异癫狂的内心世界,更有利于抒写他孤傲愤恨乃至畸变的情怀。现实之于他,坎坷且悲惨,但是,这种坎坷与悲惨并没有磨去他性格的棱角,并没有让他就此而却步、沉沦,相反,命运的困塞更激发了他的抑郁之气。因为,在他的内心深处,还有着一股强大的精神力量,有着一种令人血脉骤然贲张、精神极度亢奋的本真与艺术激情。在现实生活中,他是压抑的、郁闷的,而在艺术的世界里,他就能够将他的这份压抑与郁闷激情倾泄。现实的残酷无情与他内心蓬勃的艺术激情,形成了强烈而巨大的冲突。然而,又正是在这极度的人生磨难与蓬勃的艺术激情的冲突之中,一个艺术的奇才诞生了。艺术是他生命唯一的寄托,只有在瑰丽的艺术世界中,他才能找到弘扬其生命个性、再现其人生理想的天地。他的那些吐露心声的诗句,那些放纵而动人的墨谑,精警奇绝、独具个性,且在中国文艺史上特立独行、影响深远。

李贺诗歌中病态倾向原因探析①

【摘　要】从社会情状、身世遭遇和气质风度三个维度入手，寻求唐代大诗人"鬼才"李贺诗歌创作的病态缘由，为解读特定经历中文学个体的美丽设定一种思考的视角。文中论述，先从中唐病态的社会状况寻找李贺的病态心理、病态的人格和病态意象的个由，再从诗人高贵的身世和卑微的现实矛盾寻找生命个体的精神痛苦，最后从审美视角寻找作品的怪异标新。

【关键词】李贺诗歌；病态倾向；气质风度

李贺，早熟的天才，酷好幻想，热情冲动，抱负远大，却不幸生活在国势衰落、政治腐朽、世态险恶的时代。虽是皇家宗室，但家境沦落，生

---

① 本文参考文献如下：

[1] 陈贻焮.唐诗论丛[M].长沙：湖南人民出版社，1980.

[2] 柳晟俊.唐诗论考[M].北京：中国文学出版社，1994.

[3] 胡晓明.中国诗学之精神[M].南昌：江西人民出版社，2001.

[4] 童庆炳.文学理论教程[M].北京：高等教育出版社，1998.

[5] 孙静，周先慎.简明中国文学史[M].北京：北京大学出版社，2001.

[6] 袁行霈.中国诗歌艺术研究[M].北京：北京大学出版社，1987.

[7] [法]丹纳.艺术哲学[M].傅雷，译.北京：人民文学出版社，1963.

[8] 叶葱奇.李贺诗集[M].北京：人民文学出版社，1984.

[9] [德]爱克曼.歌德谈话录[M].朱光潜，译.北京：人民文学出版社.1978.

[10] 张少康，刘三富.中国文学理论批评发展史（上、下卷）[M].北京：北京大学出版社，1995.

计困窘,遭人谗毁,仕途蹭蹬,孱弱多病,怏怏早逝。短促的一生中,他呕心沥血,发愤作诗,借以抒写其积郁忧愤。纵览他所留下的240多首诗歌,读者会对其中所表现出来的病态倾向不无印象。"日夕著书罢,惊霜落素丝"(《咏怀二首》其二);"咽咽学楚吟"(《伤心行》);"壮年抱羁恨,梦泣生白头"(《崇义里滞雨》);"我当二十不得意,一心愁谢如枯兰"(《开愁歌》);……敏感的诗人,视宇宙间的一切无不可悲可感,他的思想也就一天一天变得幽僻凄厉,甚至离开了热闹的人境,而跑到凄凉的鬼境,白杨衰草间的古坟、荒烟蔓草中的铜驼、幽旷的漆灯、阴房的鬼火、啼血的杜鹃、血、死、哭、泣、泪等,都成了他最爱取的材料。这样一种病态,可以说是其苦闷心理的象征。原因何在?笔者想,大概可以从以下几个方面来予以分析。

一、与特殊的时代因素有关

李贺生在唐德宗(李适)的贞元七年,那时正值安史之乱后不久,国家元气大伤,又新遭李怀光等叛乱。德宗自从奉天之难后,便一变奋起图强的心理,对跋扈的藩镇一味姑息,唯恐再生事端,只想维持苟安的局面。他本来是一个爱好文艺的君主,借此便极力提倡文学来粉饰太平,然而就当时的实际情形来讲,那是一个满目疮痍、动荡不安的时代。德宗晚年更因为对一般士大夫心怀猜忌,便一意信任宦官,同时因为国家财用不足,于是加重赋税,广求进奉,创立茶税、银税等来极力搜刮。只在世上生活了27年的李贺,其童年就是在这样一个病态的时代里度过的。在李贺16岁时,宪宗初即帝位,很想振作一番,用了杜黄裳、裴度、李绛等几个很有才干、忠实正直的人做宰相,又用高崇文、李朔等人做节度,平定了一些叛乱,一时中央声威大振,河南、河北的强藩悍将,甚至近60年不进贡赋的藩镇,都因震惊而改变了态度。所以这一时代在历史上号称唐代的一个中兴时期。当时人们对宪宗都抱有莫大的期望,期望他有所作为,但是宪宗的一切举措是不是真的能符合人们的期待呢?结果大谬不然。他一直宠任太监吐突承璀,甚至派他做了招讨处置使。结果弄得国家形势混乱,危机四伏。《荀子》中言:"乱世之征:……其声乐险,其文章匿而采。"反过来,也可以作此推断:求奇尚怪的文学思潮、文章中病态特征的呈现等，实与乱世有着不可分割的联系。而且，作为生活于社会之中的个体，也不可避免地会受到诸多社会因素的影响。这样的现象，在中外文学史上也不是没有过：庄子生于春秋战国之交这样一个社会形态发生巨变、诸子百家思想矛盾碰撞的时代，他力图以自然无为思想矫俗，反对自然的人化，反对一切人为的美，于是反复虚构并且赞美那些残缺支离、丑陋无比的畸形人；波德莱尔生活于法国拿破仑的专制黑暗时期，政治恐怖使得他感到孤独而死气沉沉，使得他感叹尘世一切无法确定，于是他憎恶热情，歌唱死亡。李贺生于中唐这样一个由盛而衰的社会转折期，于其中，他看到了国家的趋向没落，看到了现实的无望，总之，他看到了社会的病态倾向。这样一来，中唐病态的社会就引发了李贺的病态心理，从而也造就了他那病态的人格。所有这些，都迫使他走上了背离传统、以个人癖好来刺激或挑战大众趣味的道路。于是，他走进了充满虚幻缥缈的神鬼世界里；于是，"泣、死、血、老、瘦、枯、黑、幽……"这些具有高刺激的词语遍布于他诗歌的每一个角落；于是，便有了"向前敲瘦骨，犹自带铜声"的壮士胆气，"百年老鸮成木魅，笑声碧火巢中起"的幽灵狞笑，"秋坟鬼唱鲍家诗，恨血千年土中碧"的飒飒凄凉……这样一些常常是逆理悖常的、不美的甚而是丑的对象频频出现在他的诗作之中，实是他病态心理、病态人格的一种别样显现。

二、与特殊的身世遭遇有关

德国古典美学家歌德曾言："一个作家的风格是他内心生活的准确标志。"也就是说，要探求一个诗人诗风的形成原因，就得深入了解创造主体自身，仔细研究其生活道路，最终把握其独特的审美心态。对李贺诗歌中病态特征之形成原因的分析与探求，我们也得从其身世遭际方面入手。

李贺是一个早熟的天才，他颇具才华，很早就为韩愈、皇甫湜等文坛领袖所赏识，加之他又是唐宗室后裔，他对自己的前途是大有信心的。但是，有着"少年心事当拿云"（《致酒行》）愿望的李贺，因世俗的偏见（"宗室郑王之后，父名晋肃，以是不应进士"——见《旧唐书·李贺传》），过的仍是"衣如飞鹑马如狗"（《开愁歌》）、"独乘鸡栖车"（《春归昌谷》）的寒士生活。他追求了一生，也困顿了一生。作为一个寒士，在谋取功名显贵的斗争中，成了失败者和弃物；作为一个"王孙"，他曾期待过李唐王朝有朝一日或许会下令召他，但他落空了！这样的遭遇，对于始终都觉得自己出身高贵但现实处境却很低微卑贱、想要为朝廷为国家贡献自己的赤诚可现实却不给他提供任何机会的李贺而言，打击太大，刺激过甚。理想和现实的矛盾使他处在了极度的精神痛苦的煎熬之中。不平则鸣，有怨则吐，他必然会以他自己的方式来为自己的命运舒怨鸣不平。但是，中唐那国计民生凋敝阴惨、前景暗淡的社会氛围，使得他不可能带着开朗豁达的情怀面对现实，其作品中所出现的诗人自身的形象，也不可能像盛唐诗人那样充满积极进取的精神。最终，于无奈和愤然之中，他以其特有的笔墨，书就了很多在中国文学史上流光溢彩的诗篇。当然，这些诗篇大都是其审美心态异常、变形的产物，并呈现出了一种病态的特征，那就是以不美为美，甚而是以丑为美。在其作品中，绝无纵情放怀的大笑，而多是凄凉之音，他不断地哀叹那怀才不遇、愤懑不已的自我，并设法将这一心灵中的自我对象化、物态化。于是，枯草落木、酸风愁雨、病禽寒虫、残墟荒冢、哀猿啼乌、朽骨冤鬼等等，似乎都变成了他那种自我的幻化，并且是那样的感情相通。

三、与特殊的气质风度有关

从《通典》《旧唐书》等史书上的记载看来，在中唐社会，儒雅倜傥的审美标准是十分盛行的。宫中府中，从皇帝到宰臣，大多是唯"风采俊爽""声气朗彻""蕴蓄风流"是尚。而生就"庞眉""巨鼻""细瘦""长指爪"之相的李贺，显然是与大众所称许的"疏眉目、美风姿"的偶像标准相去甚远。所以，像李贺这等在外在形体上就与时俗所重之"端丽""美风姿"形成了鲜明对比之人，只能在怪奇派内部进行交流，即使他曾在朝为奉礼郎，也不是秀才、明经、进士、明法、书算一类的"出身入仕"，而是"以门资入仕""以流外入流"。可以说，在当时，相貌古怪的李贺，朝廷能够让他"拣选"到"奉礼郎"这样一个兼具觋、巫之职业性质的职位，也考虑到了"人尽其材"。实质上，作为生理特征的"美""丑"的遗传基因是每个人所不能自我选择的，因为这是先天的，但唐代之人却将之作为判断人才之取舍的一个重要标准，这在一定程度上难免会造成舍本求末之局面的出现。这不能不说是一种严重的社会变态,而由社会变态到人的变态,再到文学审美的变态,这个发展过程当然也就顺理成章了。于是,生活在那样的变态社会之中的相貌古怪的李贺,在其作品中呈现出病态的审美定势当然也就并不奇怪了。李贺这样一个满怀热情、深有抱负的青年,一面被排斥压抑在一个无聊的小职位上,一面眼看着种种叫人失望、忧虑、愤激的情事,怎么能不叫他的作品里充满了愤郁、怨怒,甚至是病态的意味呢?李贺诗歌中所呈现出的病态特征,实在是其苦闷心理的一种象征。虽是病态,却为人所理解,所同情,也为人所欣赏。毕竟,或多或少,它们还是具有其特殊的审美价值的。对此,我们可作如下简略的阐释:从情感价值的角度而言,观其作,我们可以体悟到诗人审美心理的异常,而通过对其"病态"的审美心理的剖视,我们又可以进一步地加深对社会病态的认识。因为,诗人的忧郁、不幸、不平则鸣、审美反叛等,都是他对当时的社会予以揭露和抨击、对当时的既存秩序予以蔑视和抗争的一种方式与手段。他的作品中所呈现出来的病态特征,能够引起人们的深沉思考,这就是其病态所固有的认识上的积极意义。从观感价值的角度而言,李贺诗歌中所出现的病态之词、之象、之势等,在一定程度上拓展了审美的领域,为后人提供了丰富的艺术经验。综上可知,特殊的时代因素、特殊的身世遭遇与特殊的气质风度的胶合作用,使得李贺的人生之路变得坎坷不平而充满了艰辛,种种打击与刺激使得他不得不趋于病态。人的病态是以行为偏斜为主要特征的,而追求异常,追求区别于一般,则正是其行为偏斜的综合表现。而文学,虽源于客观生活,但又无不是经过创造主体主观内化了的产物。李贺也不例外,变态的社会造就了变态的人,而变态的人又创作出了变态的文学。他的艺术产物有如西方中世纪哥特式建筑:"形式的富丽、怪异、大胆、纤巧、庞大,正好投合病态的幻想所产生的夸张的情绪和好奇心。这一类的心灵需要强烈、复杂、古怪、过火、变化多端的刺激。"(《艺术哲学》)从这个角度看,病态正是李贺"内心生活的准确标志"。

庐隐小说和散文的意境之别[①]

【摘　要】本文试图从审美视角来研究一个作家对于文学的意义。庐隐小说的意境建构基于重建"爱"的王国，而庐隐散文的审美的原生态是作家的真实告白。小说创作中具现的是庐隐身为现代知识女性自我意识觉醒后的呐喊，通过主动建构心中的爱的理想王国，形成浓烈的小说情感化意境；散文创作中的庐隐却是面对不同人生情感阶段，用散文笔调对生活进行哲学阐释，形成流丽的真实告白意境。

【关键词】庐隐；小说；散文；意境

一、重建"爱"的王国——庐隐小说的意境建构

生活中的庐隐不失"女儿英雄"的慷慨激昂和"名士风流"的潇洒，文学创作中的庐隐却始终无力逃离"悲哀的海"，而获得了"主观抒情的

---

① 本文参考文献如下：

［1］茅盾.庐隐论［J］.文学，1934，3（1）.

［2］茅盾.导言［M］//茅盾.中国新文学大系：小说一集.上海：良友图书印刷公司，1935.

［3］林毓生.中国传统的创造性转化［M］.北京：生活·读书·新知三联书店，1988.

［4］李泽厚.美的历程（插图珍藏本）［M］.桂林：广西师范大学出版社，2001.

［5］钱虹.庐隐集外集/中国作家研究资料丛书［M］.北京：书目文献出版社，1989.

［6］郑明娳.现代散文类型论［M］.台北：大安出版社，1987.

［7］刘建琼，等.语文方法论［M］.长沙：中南大学出版社，2005.

浪漫主义小说家"称谓，其小说创作极具抒情型文体特征，用自我的审美理想来重塑现实，将自我对美、对爱的追求寄托于作品，借以丰富自我理想中的爱的王国。

其实"五四"一代作家大多渴望"爱"能成为自己漂泊无依人生中一个有力支点，从而在自我生活的虚无人间外营建一个真实而有意义的世界，对于从小到大一直缺乏爱的庐隐来说，这种渴求来得格外强烈。童话式寓言体小说《地上的乐园》，就真实地表达了她对爱的理想乐园的渴望。杜鹃姑娘和夜莺诗人这"两个绝对相同的灵魂"，他们凭着生存的勇气和信心，凭着爱的欢欣和美丽排除了种种阻碍和破坏，经受了许多考验，超越时间，只为在地上建立一座人间乐园："在这所乐园中，永远浮泛着纯真的微笑，超然的神韵，有时显示着无限的幽默，有时是闪烁着生命的光耀"，在这里，她希望用爱为自己超越尘世反抗虚无竖起最后一块盾牌，她渴望美满与和谐，即使"那只是一首美丽的空想的'诗'"(《庐隐论》)，却因现实生活中爱的匮乏而得以奏响。

其实，庐隐理想的爱的王国并非如常人所理解般，是相恋相爱直至终老，而是只求生活在浓墨重彩的情感的天地间，却不在意这情感是相爱还是失恋，是相拥还是回味，是悲情还是恋情，只为满足自我心中对情感的无尽渴求。于是，庐隐在小说创作中用情中布景的手法来建构情感化意境。

前人在评价柳永与贺铸词风之异时曾说："耆卿于写景中见情，故淡远。方回于情中布景，故浓至。"(《唐宋名家词选》)庐隐亦如贺铸般使情浓至。在这里，各个物象都完全失去了物理上的意义，不再照自然界本来的样子存在和组合，而是完全遵循作家内心世界的情感编码，成为地地道道的情感象征。月亮、夜、大海等意象都是庐隐浓厚主观色彩的呈现。在《象牙戒指》中，月亮就随着主人公的心情变化而变形变色，与周围物象的组合也随主人公的喜怒哀乐而变化。当张沁珠与伍念秋的恋情初萌之时，"……那夜的月色非常晶莹，我走到楼上去睡时，月儿的光波正照在我床上，我将脸贴着枕头，非常舒适的睡了"，月儿伴着少女共涉爱河。而当"我"因张沁珠的人生悲观论心情波动时，"今夜月色被一层薄云所遮，忽明忽暗，更加着冷风吹过梧桐叶丛，发出一阵杀杀的悲声，我禁不住流下泪来"，表现出"我"的同情与无能为力。当好友相聚开怀之时，"今夜天公真知趣，不到8点钟，澄明的天空已漾出一股清碧的光华，那光华正托着圆满皎莹的月儿"。而当张沁珠正处于绝望的心境中挣扎时，"一勾冷月，正皎洁的悬在碧蓝的云天上"，残缺的月亮衬托出张沁珠残缺的人生观。一般同一作家作品中的意象是有着稳定的情感指向的，但庐隐却能在准确把握内心情感的状态下将各种意象裂变，来构筑小说情感化意境，形成主观抒情的浪漫主义小说风格。

庐隐的主情风格其来有因，这与个人阅历、个性、时代风尚和审美观念分不开。"我是向着世界的一切感叹，我是含着泪凝视宇宙万汇的——这一半是我的根性如此，一半是由于我颠沛坎坷的命运所酿成的。"(《云鸥情书集》)可见，从小到大的生存环境直接影响到她的创作。正因为从小就在一个少爱的环境中成长，及至成年，又先后经历了母亲、丈夫、兄长及挚友石评梅等人的亡故，不幸接着不幸，悲哀连着悲哀，使她的人生驶入伤感，她不想"再服服帖帖的被困于悲哀中"，她试图把世界的缺陷，用"人力填起来"。庐隐认为，"世上最苦痛的事情，并不是身体的入牢狱，只是不能舒展的心狱"(《生命的光荣》)。舒展自我的心狱，将心中对情感的渴望、困惑和忧郁全然宣泄，平衡自我心理，她选择了抒情。

"五四"时代的恋爱、婚姻自由的风尚为女性群体带来了自由追寻爱的可能，也为书写爱的作品带来了一定的读者群。庐隐有着坎坷而丰富的感情生活——毅然与未婚夫解除婚约，与"使君有妇"的郭梦良结为伉俪，大胆与年少于她的李唯建结合，正是一种极强的个性和从小爱的缺失，使庐隐在现实生活中对人生理想及爱情持一种执拗的追求。同时，从小无爱的经历又使她并不相信现实爱情，至而带着灰色的眼镜透视爱情婚姻，这必然使她那颗渴望爱却又不信任爱的心，在理想与现实的激烈碰撞中产生强烈落差。如她与郭梦良的结合应该说是自由恋爱后对抗封建礼教的胜利，但她却从未用手中的笔抒写这段情爱的甜蜜，除了天人两隔之后的《郭君梦良行状》和《雷峰塔下》中有追忆外，更多的是小说中对爱情婚姻的无奈、焦虑。"爱情如幻灯，远望时光华灿烂，使人沉醉，使人迷恋，一旦着迷，便觉味同嚼蜡。"(《最后的命运》)身为创作者的庐隐远没有生活中那么勇敢，当她一边是要面对自我强烈的理想爱情追求欲，一边却是现实生活无以满足其情感的需求，二者相悖离时，她选择了用虚构的小说而非真实告白的散文体式，为自我营建了一个可以随意倾泄情感的爱的理想幻境,将自我对情感的悲哀、忧思和渴望无所顾忌地宣泄,随时将那带自传性的"我",或者说"我们",置于情感的包围之中,对生活进行补缺。这就形成了庐隐小说的情感化意境。

除却人生经历的烙印外,时代的症候及文学潮流也造就了庐隐小说创作中对情感的浓墨重彩。"五四"运动的伟大功绩之一是"人"以大写的"个人"存在。但是,当人们把个体从共同观念中解脱出来,获得选择自由的同时,又感受到了一种生命本能层次上的体验苦闷。人不必再属于哪一个人,不必再服从于哪一种观念,这种归属感的丧失,使人成为精神上的孤独者。一代人的焦虑与思索联系在一起,使得他们渴望能将自己的苦闷、伤感和希望表达出来,于是造成了"五四"时期感伤情调的流行。作为知识女性,庐隐对这种新旧思潮的交战、理想与现实的冲突感受得更敏锐、更深切。因为,一直生活在男性的阴影之下的女性,在摆脱了三从四德之后,开始了精神的"放足",但她们每走一步都会感到尖锐的痛楚——遍布荆棘的道路,比男性更为沉重的精神重压,构成了道义与情爱的冲突,理想与现实的巨大落差,这些都使得庐隐感受到一种憋闷,需要一吐为快。

此外,她的浓情——悲哀主义还与她的审美观念有着密切的联系。庐隐崇尚主观抒情的浪漫主义,而"对于浪漫主义来说,再没有比不幸更高的幸福了,再没有比悲伤和哀痛更高的欢乐了"(赫尔岑)。因而,庐隐认为:"悲哀才是一种美妙的快感,因为悲哀的纤维,是特别的精细。它无论是处于怎样温柔的玫瑰花朵上,也能明切的感觉到。比起那近于欲的快乐的享受,真是要耐人寻味多了。并且只有悲哀,能与超乎一切的神灵接近。当你用怜悯而伤感的泪眼,去认识神灵的所在,比较你用浮夸的享乐的欲眼时,要高明的多,悲哀诚然是伟大的!"(《寄燕北故人》)而从她的个性气质看,庐隐是表面刚强,内里脆弱,她那瘦小身躯中安放着一颗多变幻的灵魂:"有时我似跳出尘寰,世界上的法则都从我手里撕碎,我游心于苍冥,我与神祇接近;然而有时我又陷在运命的网里,不能挣扎,不能反抗,这种不安定的心情像忽聚忽散的云影。"(《云鸥情书集》)她向往做一个英雄,"为一切的不平","为一切的罪恶",挥舞她的双剑,牺牲她自己,但同时又不得不承认:"我是世界上最怯弱的一个"(《醉后》)。这貌似刚强、实则软弱的矛盾心态使得庐隐不由自主地向着浓情的伤感路上走,她曾借沁珠之口说:"我是生于矛盾,死于矛盾,我的痛苦永不能免除。"因而,她成了一个"悲哀的叹美者"(《思想的转变》)。

庐隐正是通过小说中的女性群像渲染了自己对个性解放、恋爱自主、婚姻自由的追求,以及追求中排遣不开的迷惘、困惑和悲哀。尽管庐隐"所感觉的范围都颇为狭窄,不免咀嚼着身边的小小的悲欢,而且就看这小悲欢为全世界"(《中国新文学大系:小说二集·序》),尽管她是抒一己情怀,但以自剖式的坦诚,将身世之感深深织入作品,召唤着女性个人生活中被强行遗忘压抑的那些感知和感受,这就增强了作品震人心弦的力量。李泽厚在《美的历程》中说过:"在表面看来似乎是如此颓废、悲观、消极的感叹中,深藏着的恰恰是它的反面,是对人生、生命、命运、生活的强烈欲求和留恋。"庐隐因现实而悲哀,她的悲哀不是不为人理解的悲哀,她的悲哀是觉醒式的悲哀,充满着"梦醒后无路可走"的痛苦与迷惘。从她那源源不断的苦苦挣扎、哀哀呼号中,我们看到了真实的庐隐的心路历程,透过小说这个窗口,我们看到了庐隐对情感的关注、对情感的渴求、对情感的渲染和对具浓情的爱的理想王国的重建,这些都构筑了她浓烈的小说情感化意境。

二、审美的原生态——庐隐散文的真实告白

自古以来中国散文就讲究意境,宗白华将意境概括为五种境界,而最终将艺术境界归于美。一切美的光都来自心灵:没有心灵的映射,是无所谓美的。宗白华还说:"艺术家以心灵映射万象,代山川而立言,他所表现的是主观的生命情调与客观的自然景象交融互渗,成就一个鸢飞鱼跃,活泼玲珑,渊然而深的灵境;这灵境就是构成艺术之所以为艺术的'意境'。"(《美学散步》)可见,作家心灵的真实告白,成就散文的美。由前文对庐隐创作动机的阐释可知,在庐隐的散文中,其心灵的真实,以心态变迁为结构线索,以心态的风雨阴晴为文之血肉,琐琐碎碎、顺笔写出自我的真实生活,其真性情是在对自我的描摹中自然而然呈现的。

庐隐一生虽短暂,却因情感的变迁出现了四个创作阶段,每个阶段呈现出不同的真情告白。

第一阶段:敏思多愁阶段。这一阶段生活安定,情感平稳,散文创

作包含社会杂文和游记散文,主要倾向于真实呈露有为青年的社会责任感和积极抗争的爱国主义情思。其情绪波澜定于忧国忧民,愤大于悲。即使是语言优美流畅、神韵空灵飞动的自然景物的细致逼真描绘,也是借景抒情,平实地再现自我的主观。《月下的回忆》写作家的大连感受。当登上南山之巅,鸟瞰大连,下窥芸芸众生时,其景是美的;当有人声调凄楚地高唱起李后主的"故国不堪回首月明中"时,却又令人感慨万千。日本教员在大连小学用日语授历史,致使学生被奴化,同行者义愤填膺:"你们知道用吗啡培成的果子,给人吃了,比那百万雄兵的毒还要大吗?"由对祖国美景的赞美,引发对大好江山遭日寇践踏的慨叹,强烈的爱国情感正是热血的庐隐的心灵真实。《扶桑印影》略谈日本印象,不以旅游观赏或摹状山水景色为胜,而从多视角、多层面披露作者内心世界,对日本的教育、风俗、思想界状况和外交政策提出了自我的看法。

第二阶段:人生剧痛阶段。一连串的人生不幸使庐隐的精神几乎崩溃,她经常以泪洗面,借酒浇愁。透过散文,庐隐真实地告白了自噬伤口无以自拔,却又极力想摆脱,挣扎着做"英雄"的疗伤过程。写冒雨到陶然亭"眷怀往事,心痕暴裂",每次想痛哭,"但是没有地方让我痛哭",结果"咽下将要崩泻的泪液"。有离开昔游之地的无奈(《愁情一缕付征鸿》);有述说自己心境颓唐、毫无生活兴趣的黯然(《寄波微》);有字字泣血、声声带泪地追述爱人情状的真切(《郭君梦良行状》);还有在深秋的公园草地上玄想着身体飘飘凌空而直上,顷刻间来到四处无人迹的仙岛,领略"枕藉芳草以为茵褥,餐美果,饮花露,绝不染丝毫烟火气"的超尘绝世,脱离人间悲苦的对理想天国的向往(《寄天涯一孤鸿》);等等。这时期的散文披露了庐隐心灵的寂寞与孤独,忧伤与悲痛。

第三阶段:转悲为喜阶段。当庐隐与青年诗人李唯建相识相爱后,她从颓唐的生活旧境中振作起来。这一阶段,她的心态较为复杂,从她汇集成《云鸥情书集》的66封情书中,可以清晰地看到她再次重燃爱情的心路历程:从痛苦中解脱—朦胧的期待—为情所动—接受爱情—疑虑彷徨—讴歌爱情。此阶段的散文主要关注自我情感天地,将自我情感生活转悲为喜,由山穷水尽而逐步走向柳暗花明的过程真实再现。

第四阶段:激情重燃阶段。当庐隐再次获得幸福的爱情,她"满灵魂的阴翳"被"一扫而空"(《庐隐自传》),她重新燃起生活的热情。这期间她的散文视野开阔、多彩多姿，令人耳目一新。既有婚后东渡日本度蜜月时，记录的日本风土人情和所见所闻（《东京小品》）；也有同丈夫李唯建归国后居于西子湖畔的生活散见（《玫瑰的刺》）；还有的写得热情洋溢、轻松愉快，表达了庐隐热爱生活、热爱自然的情感（《夏的颂歌》《我愿秋常驻人间》）；以及关注社会、关注妇女生活和命运的一系列杂文。这些散文形式自由活泼，富有生活情趣，风格自然明快，朴实清新。其浓郁的生活气息、从容客观的写实，再一次实现着真实告白的散文情感意境。洪深曾在《卤》中归结了小品文创作的真谛："小品文的可爱，就是那每篇所表示的个人底人格。不论什么材料，非经过作者个人底情绪，是不会'够味儿'的。粗糙一点的说，作者底人格，他的哲学，他的见解，他的对于一切事物的'情绪的态度'，不就很像卤汁么！如果这个好，随便什么在这里渗浸过的材料，出来后不就是美品珍品。反之，如果一个作者，没有适当的生活经验，没有交到有益的活人或书本朋友，那么，从他的卤汁里提出来的小品，只是一个隘狭的无聊的荒谬的糊涂的人的私见偏见，怎样会得'够味儿'呢！"虽然洪深在这里说的是小品文，我们亦可把它扩充到整个散文领域，可见，散文创作当以"有我"，而且是一个"好我"为张本。

  散文贵乎情，庐隐在创作散文之时，准确地把握了散文创作"自我—自我的性格—自我的心情—真实情感、真情实感"的认知过程。面对人生各个阶段中各种题材的处理，她总是真实地再现着现实生活中的自我，呈现一种"有我"的状态，实实在在履行着散文创作的真实告白意境。

  小说创作中具现的是庐隐身为现代知识女性自我意识觉醒后的呐喊，通过主动建构心中的爱的理想王国，形成浓烈的小说情感化意境；散文创作中的庐隐却是面对不同人生情感阶段，用散文笔调对生活进行哲学阐释，形成流丽的真实告白意境。面对庐隐小说和散文文体的两种不同意境，我想起了她在《扶桑印影》中对于"潇洒风流，纤巧灵秀"的蓬莱和"流丽中含端庄"的西湖两处不同风格景致的欣赏态度，认为"盖燕瘦环肥，各有可以使人沉醉之处呢！"也许正是这种包容的审美态度，促成了庐隐小说和散文的"燕瘦环肥"风格，我且借用苏轼的诗句来形容：一个用浓妆的浪漫手法构筑爱的王国，一个却用淡抹的真实笔调阐释生活哲理，两种意境都是庐隐的，它们共构了庐隐的全貌——浓妆淡抹总相宜。

辑 三
教育书籍之审慎阅读

    一个真正的人应当在灵魂深处有一份精神宝藏,那就是喜欢读书的精神。
    学生的智力发展取决于良好的阅读能力。
——苏联教育家苏霍姆林斯基《给教师的一百条建议》

一段真实的微信奉献于你

　　一袭尘埃：刘老师，看到您的随笔——《诗意的"自我"不该远去》了，很喜欢。有思想，也有好语言。

　　不要境界：哦！谢谢你。你还好吗？

　　一袭尘埃：好。学校里事情多，当班主任，还教两个班的语文。最近参加赛课，更加忙了。

　　不要境界：很好啊！还有读书习惯吗？

　　一袭尘埃：也读。小说散文诗歌居多，偶尔也读点教育书籍。

　　不要境界：很好啊！

　　一袭尘埃：都是很好啊，呵呵！

　　不要境界：是的！在学校里，被需要，就会有依靠；还有读书的习惯，说明也有宁静的时刻。尤其是后者。

　　一袭尘埃：一直靠着书来滋养！

教育公平，一个永恒的追求

书　　名：中国教育公平的理想与现实
著　　者：杨东平
出 版 社：北京大学出版社
出版时间：2006年7月

一个读书的时代才是一个有文化味的时代，一个读书的民族才是一个有底蕴的民族，一个读书的学校才是一个优秀的受教育的去处。记得一个教育学者说，一所学校的品质很大程度上见证于图书馆。这说法很有道理。书，是人类进步的阶梯！"启发智慧和鼓舞人心的书往往决定一个人的前途。学校首先是书籍。"（苏霍姆林斯基）"没有一艘船能像一本书／也没有一匹骏马／能像一页跳跃着的诗行那样——／把人带向远方"（狄金森）。只有读书，才会引起对现实问题（教育当然在其中）的深入思考。书是用文字凝结的智慧，借用智慧的引领使教育沿着正确的方向前进。教育的目的就是推动人类向前发展。本刊（《当代教育论坛·校长教育研究》）设置"一本好书"这个栏目大致缘于此。北京理工大学教育科学研究所教授、博士生导师、著名人文学者杨东平先生撰写的《中国教育公平的理想与现实》（以下简称《公平》）一书，是一本具有调查性、反思性、指导性的教育研究和教育实践的重要参考书。基于教育的现实意义，向教育研究者和教育管理者推荐此书！

笔者读到的版本是北京大学出版社2006年7月第1版第1次印刷的16开异形简装本，黑灰两色剪辑而成的方形对比图与一片隐隐的光亮构图，使封面观感清朗、庄重大方。杨东平先生直言此书"分为理论研究和实证研究两大部分"。笔者研读中发现，全书很好地对我国教育公平问题进行了理论梳理和实证研究，涉及中小学"择校热"、重点学校制度、示范性高中、"转制"学校、"校中校"、"名校办民校"、教育投入、教育乱收费、教育发展的城乡差别和地区差别、性别之间的教育差别、高校招生中的不公平现象、高校扩招、高校贫困生现象、"独立学院"现象、"教育产业化"等若干热点问题，以及义务教育、高中教育和高等教育公平的评价等等，内容十分丰富且具有现实感。从书中发现，整个调研、表达显示着科学研究的理性意义，不少结论不是泛泛而谈，而是在一年半的实证调查基础上，对顽症进行深入揭破、问诊，而后开出了一剂剂药方。

一个社会进步的表现之一就是平等！《公平》以科学发展观为指导，从理论和实践两个方面告诉我们，中国在建设和谐社会的进程中，应该努力地促进教育公平的实现，将教育的公平当作一种现实的目标和理想的境界。就中国人权而言，"教育的目的在于充分发展人的个性并加强对人权和基本自由的尊重"《世界人权宣言》。依此界定去分析，教育工作者尤其是校长、老师，在学校教育的具体细节中，要尽可能地给孩子以公平。那些由家庭、成绩或者其他因素所引起的"自来红现象"，在学校教育乃至其他场合中都应该被视为不正当，良好的教育追求平等。当然，在具体的教育实践中，我们很困惑，但我们并不感到痛苦，因为国家在前进、在发展。面对城乡二元经济结构，我们在建设社会主义的新农村并且付诸实践；面对教育领域的热点问题，我们在制定政策，加大监督力度。比如，"校中校"剥离，"名校办民校"的停止，示范性学校的反复检查，贫困子弟高校贷款助读制度的实施等等，都是沿着和谐的方向行进。杨东平先生说，在大变革时代，我们当为高速发展的教育奠定一个稳定的价值基础，防止它的失衡和异化，将教育公平变成"定向器"和"稳定器"。的确，这样的论证是具有十分深刻的道理的，也表明了一个富有良知的知识分子对社会的责任和使命。从思考的敏感、思考的责任和思考的视角来说，这是一本可读可思的书，是学术领域的及时雨。

一种媒体的先进表现之一就是表述得体。就理论研究来说，《公平》在对比总结、清晰界说的背景之下，描述了教育公平的基本理论、我国教育公平的基本特征；描绘了中国教育公平的轨迹；也陈述了教育的不合理现状，诸如基础教育的城乡、地区差别，体制内和体制外的规划与不规则现象；同时，反映了新的历史时期的"教育产业化"理论和现实，呈现了东西方两种不同市场化改革的优与劣。就实证研究而言，《公平》抓住教育公平的三个不同表现阶段，突出地剖析高等教育的差异，从城乡、阶层、性别的维度非常个例性地给出"教育公平指标和测算"。尤其令读者敬慕的是，第五章至第九章使用了140多个表格，使理性的根基更加坚实厚重。这两个方面是杨东平先生的专业道德和专业品质的最好的表现。笔者多次聆听过杨先生的讲座，冷静客观然而又一腔热血！书中观点对具体办学的校长颇有意义，可以寻找到很多的启示，笔者摘要几则供读者思考。

- 在超越了身份制、等级制等将教育视为少数人特权的历史阶段之后，平等接受教育的权利作为基本人权，成为现代社会普世的价值基础。
- 政府依靠纳税人的钱建立的公立学校必须是一视同仁的，既不能是高档、豪华的，也不能以追求学业水平优秀、培养尖子为目标而分为不同等级。
- 2005年是中国教育公共政策发生宏观转向的转折之年。在建设和谐社会、贯彻科学发展观的社会背景下，围绕制定"十一五"规划、制定面向2020年的教育发展与改革纲要以及《义务教育法》修改等，一些社会强烈关注的教育问题终于提到了改革的议事日程，确定从2006年起用两年的时间在农村全面免除义务教育阶段费用的政策，促进义务教育均衡化也成为教育部门的重要工作内容。
- 当前在中小学推行的新课程改革，农村教师、学生感到"水土不服"，重要原因是新课程标准采取了城市化和西化取向，其先进的理念与现实教育资源、师资水平的巨大反差难以弥合。
- 在基础教育阶段，依靠政府力量做大的名牌学校与依靠名校名牌和社会资源组办的"转制"学校、"校中校"、"民校办民校"等，在仍享有招生、教育经费、师资等各方面的优惠政策的同时，强势地向家长、学生收取高额费用，攫取社会资源，使得名校愈名愈富，差校愈弱愈贫，造成学校的两极分化。
- 教育领域的高收费和乱收费，是近年来"教育产业化"招致强烈批评的重要的原因，因为它损害了大多数人的经济利益，造成了严重的教育不公平，滋生了教育的腐败。

- 教育作为一门科学和艺术，真正高水平的教育家无不是治顽治劣，在改变"差生"上下工夫，主要通过教育家的优秀理念和卓有成效的教育效果塑造学校的声誉和品牌。而把最优秀的学生汇聚到一起，获得100%的升学率，算什么教育水平、教育质量？这正是目前一些财大气粗的名校、重点学校并不令人尊重的原因。
- 不同学校的学生普遍认为高中生活主要是为了应付考试，感到生活单调、有些压抑，没有时间发展个人兴趣等，只有二成的学生认为高中生活是愉快有趣的。
- 在国家重点高校，具有较强的文化资本、经济资本和社会资本的强势社会阶层的子女占有较大份额，而农村学生和弱势阶层子女所占份额逐渐减少。教育资源、教育质量相对较弱的地方性高等院校聚集了最多的农村学生，同时，也集中了最多的高校贫困生。其教育机会的获得也相差很大。
- 虽然女性接受高等教育的机会在增加，但是，新增加的女性高等教育入学机会，更多为城市女生获得，来自农村的女生的受教育机会则在减少。
- 我国三级教育的公平状态，以高中阶段的差距最大，义务教育阶段次之，高等教育位居第三。

国民素质作家——解思忠先生说：素质，现代化的基石！笔者思考，素质源于良好的教育，教育是用以解脱重重束缚的最好手段。哪里有教育，哪里就会有素质的提升；哪里有教育的公平，哪里才会有资格谈素质。由此可见，教育于人是多么的重要！生命的地位，人人平等。教育的本质是生命的解放。教育走向公平，是社会发展的重要标志。当今社会，是一个追求教育的质量的时代，自然也是一个追求教育公平的时代。虽然，教育存在不少的不公平现象，但是，我们至少在期盼公平，这也是对人最大的尊重。杨东平先生是呼唤"教育公平"的代言人之一，是我们时代良知的表征！

书中内容繁复，只有读之思之，才会引起教育工作者足够的重视！

寻找中国教育困惑的"文化"源头

书　　名：中国教育的文化基础
著　　者：顾明远
出 版 社：山西教育出版社
出版时间：2004年10月

中国有句俗话："头痛医头，脚痛医脚。"此语比喻在实践之中被动应付，对问题不作根本的彻底的解决。这种病症在教育科学研究领域里存在，在教育实践中同样存在。解除这类病症需要正本清源，需要寻找中国教育困惑的"文化"源头。正如顾明远先生说的："教育有如一条大河，而文化就是河的源头和不断注入河中的活水，研究教育，不研究文化，就知道这条河的表面形态，摸不着它的本质特征，只有彻底把握住它的源头和流淌了5000年的活水，才能彻底地认识中国教育的精髓和本质。"笔者在介绍贾馥茗教授的《教育的本质》时的基本观点是"回到原点去思考"，审慎解读顾明远的《中国教育的文化基础》也是基于这样的角度。只是《教育的本质》是从传统文化的内在根基去揭示教育的本质，而《中国教育的文化基础》是以教育的视角、立场揭开中国的文化基础对本国教育的影响，从而让研究者和实践者获得医治病症的良方。

从研究的方法论分析，《中国教育的文化基础》是一种哲学层面的研究，是一种元研究，是为教育研究的研究供给途径。以笔者的阅读面，这种元研究的指导，在今天这个视教育为国家民族发展之基石的时代是不够的。实际上在教育科学研究之中，从实证维度考察，研究者常常是基于"件"的范畴来寻找教育的基本规律，"件"就是一个个的事实；而基于"链"

的概念来探求教育的基本规律,实际上是以概念、概念间的关系以及概念的结构体系为研究视角的整体性研究,"链"就是一个个概念形成的概念群体,它们共同揭示事物之间的联系。《中国教育的文化基础》是"件""链"结合起来研究的很好的典范。站在中国文化发展的平台之上,一方面抓住历史发展的典型事例,将一个个关键的"件"纳入视野,例如举美国文化的个人主义价值取向深深影响美国教育的价值观、英国文化崇尚传统价值取向因而教育价值观也是保守的、中国文化是一种伦理型文化因而中国教育历来强调德育为先的三个典型事例,论述"文化的价值取向影响到教育的价值观"这一观点;另一方面又从教育事实、教育理念、教育思想等角度,与经济、社会、文化、民族心理等宏观范畴结合起来进行探索,把所有的事实即"件"放置在学理即"链"的视线内,以一种综合交叉的格式展开比较筛选、归纳提升,得出一个可供教育研究者思考的结论。读这本教育文化著作,你可以获取教育研究的方法,从而促使你对教育、文化、社会的了解、理解,激发一种使命感和责任感。正如彭江所说:"教育研究需要开辟和践行文化范式,文化是教育的根基,人是文化的人,教育和教育研究应该高扬人、人文和文化的主旋律,教育研究的文化范式的应用需要文化自觉,需要辩证融通,教育的研究者和践行者应当具有历史使命感,为教育的现代化和人的全面和谐的发展努力承担责任。"[1]《中国教育的文化基础》一书引领教育研究者和践行者对当下的教育困惑深入剖析,并置身困惑之外,站到文化的视角鸟瞰,获得解脱困惑的视野和途径。

  例如,为什么职业教育难以兴盛?为什么现代人普遍追求高学历,对职业教育没有认同感?除了社会收入分配体系方面的原因外,我们从文化的源头可以找到对人们产生根深蒂固的影响的儒家文化根源,即"不为技艺所缚,故不屑道,不乐为技艺"的传统观念。"孔子就不谈技术,连种田他都不谈。古代墨家和名家是重视科学技术的,但是在当时就未成为主导思潮。自从汉武帝独尊儒学的政策施行之后,墨家和名家更丧失了应有的地位。近代科学没能在我国产生,不能不说与这种轻视技术的传

---

[1] 彭江.教育之根与文化自觉——读顾明远先生《中国教育的文化基础》有感[J].中国教育学刊,2006(5).

统思想有关。"①虽然中国古代有四大发明，但那都是民间靠原始形态的教育传播的，即父传子、师传徒的方式。这种方式不利于科技知识和生产技术的流传。我们现在虽大力推行职业教育，但做得远远不够。由于盲目追求新潮，一些技艺既得不到学校教育上的传承，在民间又处于后继乏人的状况。我们一方面需要大量的技术型人才，另一方面却是大学生工作难找，很多大学生不愿从事职业技术工作。这和我国传统文化对技术的蔑视有关。顾明远先生在该书（第306页）中指出："如果我们的观念不改变，那么，即使教育资源再充足，高等教育再发达，考试的竞争以及由此而带来的创新精神的匮乏、轻视技术、技术人才的短缺等问题仍然不能解决。"

又如，教育要基于爱、尊重、自由，要使个性得到充分发展，然而在教育现实中，孩子独立自由人格的发展始终处于迟缓状态，如何改善？该从何着手？读顾明远先生的这本教育文化著作，让我们找到了困惑的集结点：绵延几千年的伦理文化对教育的影响。人，处天地社会中，要处理好两个关系，一是人跟自然万物的关系，二是人跟人、社会之间的关系。我国古代处理这两个关系的传统理念就是伦理文化。顾明远先生认为，中国伦理文化"有一个重要的特点是重家族轻个人，重群体轻个体，重义务轻权利"，"中国人往往把子女视为私有财产，不尊重子女的独立人格，不重视培养他们的个性和独立能力"②。这些观念都影射到了教育中。"中国文化以家庭为本位，注意个人的职责和义务，西方文化以个人为本位，注意个人的自由和权利。"③笔者认为只有发挥我国伦理文化的积极面，诸如仁爱孝悌、谦和好礼、诚信笃实、克己奉公、见利思义等，并从伦理文化的消极面中解放出来，吸纳西方的优秀的文化因素，才有可能在我们的教育中使"人"的个性大放光彩。

再如，教学实践中常常会出现重感知轻分析和重分析轻感知两种对立的不良倾向。为什么会出现这种状况？怎样应对？顾明远先生在该书（第87页）"中国传统文化的消极面"一节中提到："从思维方式来讲，中国传

---

① 顾明远. 中国教育的文化基础［M］. 太原：山西教育出版社，2004：86.
② 同上：66.
③ 梁漱溟. 中国文化之要义［M］// 刘梦溪. 中国现代学术经典·梁漱溟卷. 石家庄：河北教育出版社，1996.

统文化重整体轻分析,重归纳轻演绎。""这种思维方式有碍于实证科学的发展,阻碍着科学精神的养成。"而西方的思维方式恰恰可以和我们形成互补,但在互补过程中,我们往往容易矫枉过正。所以我们要客观地认识这两种思维方式的优点和不足,并在教育实践中细心掂量把持。

不用更多举例。现代教育的所有病兆都能在文化基础中找到对应的反射区。

"文化,特别是思想观念层面的文化具有某些凝固性,社会制度的变革可以动摇旧文化的基础,摧毁旧文化的体系,但旧文化的某些观念还会残存下来,新文化的建立还需要几代人的努力。到今天,我国社会主义新文化尚在建设之中。"[1]要改变轻技术的思想、愈演愈烈的"应试"之风、伦理文化的消极影响等,除了从社会分配上着手、从制度上改革,一个很重要的因素就是从观念上用几代人的努力去改变。思想的魅力是人的最高层次的魅力。它高于人格、道德修养的魅力,更高于容貌、仪表的魅力,它不仅有吸引力、凝聚力,而且有影响力。一个人的思想统摄着他的人格、修养、容貌、仪表等。教育的魅力也当是思想的魅力、文化的魅力。一个人生存、做人、与自然相处等的方式取决于他的思想品位与文化底蕴,因此,从思想和文化方面着手的教育是最富魅力、最具生命力的教育。

《中国教育的文化基础》一书为我们剖析了中国教育传统中外的各种文化因素,不仅启迪人们寻找教育困惑的源头,正本清源,而且引导教育者和教育研究者在如何面对困惑本身的问题上轻装上阵。"观念文化的学习是最艰难的,而且不可能像制度文化那样用一种制度来代替另一种制度,只能是在冲突中融合。所谓融合,就是在本土文化的基础上吸纳新的文化因素,创造出一种具有本土特色的新文化。中国现代新文化走的是这条路,中国现代教育也是走这条路。"[2]文化的冲突融合本身把人置于困惑中。"中国教育最基本、最核心的文化基础当然是中国的民族文化传统,但是,中国的现代教育制度又是引自西方,因此不能没有西方文化的烙印。而中西两种文化是异质的文化,特别是西方文化的入侵,对中国来

---

[1] 顾明远.中国教育的文化基础[M].太原:山西教育出版社,2004:52.
[2] 同上:301。

说，开始是被迫的，所以冲突和融合经过了长期的痛苦的过程。"① 这种冲突和融合将一直存在下去，关键是我们采取被动还是主动的态度，关键是我们能不能高屋建瓴、提纲挈领地把握好冲突和融合中的问题，能不能找到源头，把握来龙去脉，疏导理顺，不让问题把我们的大脑拧成一团麻。"中国教育是在中国的文化背景上发展起来的，中国文化是它的核心基础。"② 深入地了解了这个基础，就能实事求是，因地制宜，制定方略，以期教育之树根深叶茂。深入了解这个基础，发现最本原的问题，找准病因，才能治本，才能在冲突的痛苦和困惑的煎熬中主动应对，从容而高效地解决问题。顾明远先生在该书（第52页）中进一步指出："从中国文化的演变可以看到，中国文化是在冲突与融合中发展过来的。每一次冲突和融合，都是文化的选择和创造。"在文化的机遇和冲突中，我们应该把教育困惑当作创造的前奏并以此走出困惑。教育对文化有着传播、选择、改造的功能。教育工作者要把中国传统文化传授给下一代，就要对传统文化有一番选择和改造。如何选择，如何改造？这正是教育困惑的源头之一。找到教育困惑的源头，认识到困惑是客观存在的，把握规律，积极应对，就能做到在困惑面前不急躁、不浮躁，就能在对文化的选择、改造中，有韧性，能持久，笑着走向胜利！

《中国教育的文化基础》一书还以智慧之光引领我们在中西文化的碰撞中把脉中国教育的走向。"中国文化具有强大的包容性。中国文化具有吸收各种异质文化并使之有机地与本民族文化相结合的特性。从历史上看，异质文化进入中国，大都逐步走向中国化而成为中国文化的一部分。"③ 这就昭示了我们，只要自信，不断地发展、超越，中国教育不仅不会丢掉传统的教育经验和方法，而且将在传承本民族优秀传统的基础上吸纳西方先进的经验。西方教育经验将为我们注入新的血液，使中国教育焕发新的生机。

要在教育的困惑中突围，要引领中国教育向纵深发展，对顾明远先生的《中国教育的文化基础》不可不作研修。读此书，将让你拥有一双清

---

① 顾明远.中国教育的文化基础［M］.太原：山西教育出版社，2004：299.
② 同上：302。
③ 同上：54。

澈明亮的眼睛,去洞悉教育和人生。"在封建社会相当长一段时间内,中国传统文化可以说是居于世界文明的巅峰,但到了近代,中国却逐渐落后了。为什么会落后?""许多学者认为近几百年来中国之所以落后于西方,是因为文化的落后,特别是观念的落后。"[1]教育要走到前列,文化一定不能落后,观念一定要更新。教育是文化的一部分,它是通过人才培养来传播文化和创造文化的。从文化的源头寻找教育智慧,以教育实践浇汇文化的长河,这是中华民族文化、教育生生不息的根本途径。

顾明远先生的《中国教育的文化基础》是"宁静致远"之篇。智者之言犹如清爽之风,必将涤荡长期困惑教育的重浊之气。从文化的源头畅游过,再来面对教育,你会目光远大,你会放松心情,你会坚定步伐。找到困惑的源头,从困惑里走出来,大步向前,神清气爽!

---

[1] 顾明远.中国教育的文化基础[M].太原:山西教育出版社,2004:81.

回到原点去思考

书　　名：教育的本质——什么是真正的教育（第2版）
著　　者：贾馥茗
出　版　社：世界图书出版公司
出版时间：2006年12月

2008年12月20日晚，夜深人静，笔者在刘铁芳的博客上听著名学者、北京大学教授钱理群先生的讲演——《我理想中的中小学教育与中小学教师》。钱先生是应张文质先生的邀请于2007年11月11日在福州市为"生命化教育课题"旗下"1+1读书俱乐部"的成员作义务讲学。我很为钱先生的举动感动，听后亦颇为其思考、议论和揭示震惊。他的意思很是明确：中小学教育要呵护孩子的好奇与兴趣、发现与探索，要保护好孩子的"黎明感"，即对世界的新鲜感，要让孩子脚踏大地头顶蓝天去汲取最最原始的营养。的确，在我们忙碌摸索而找不到光亮之时，听听智者的感言，有时会让自己走出误区。贾馥茗先生的《教育的本质》这部著作也充满了专家智慧，读后会让思考着的人们清醒许多。有时候的确应该将思考和行动移回原点，看看它们最初的模样，《教育的本质》就是回到原点的思考。《教育的本质》的作者是贾馥茗教授。她于1926年出生，河北青县人。青年时代历经战乱，艰辛备尝。她以无比毅力完成学业，毕业于台湾师范学院（今台湾师范大学前身），后续攻教育研究所硕士。不数年赴美深造，获加州大学洛杉矶分校博士学位。归国后执教于母校，同时潜心研究教育，发表论文，其学术一生以学习教育学始，尔后从事教育工作、研究教育。笔者借此来议论《教育的本质》，既基于教育的现实，也是为读者提供不同的视察教育的窗口。在谈论这部著作时,笔者想谈两个方面的问题:一是立足于人道的教育,立足于中华文化的根基;二是阐述展开的本体性质和思路逻辑。谈这样两个问题,前者是从内容出发,而后者是从形式陈述。

贾馥茗教授在关于"教育的本质"的论述中提出:"教育的适应性见于教育的发生、发展与演进;教育的不变性决定于教育以人为依归,必须教人成为人,以发展人性,培养人格,改善人生为目的。"显然,教育作为一种"活动""途径"以及教育的"不变性"本质,都存在教育作为手段的基本判断,即教育有而且必须有于教育之外的功利性目的,即使其目的的根本亦集中于人。今天的教育的确有些偏离人的"自我"方向,社会在向自然攫取功利的行进中,顺便将教育的"自我"给淹没了。由此趋向,社会的群体意识——"为了实现家长的意愿,却硬说是为了孩子"的风尚,便成了当今时代的教育时髦。孩子在接受学校教育、社区教育和其他各种教育的历程中,失去了不少快乐的人生和幸福的未来。在科学主义化、功用实用观念盛行之时,《教育的本质》求取真谛、返本溯源,为"人道教育"正名,以期矫正教育过分实用化或者说技术化的偏向,是具有深刻的现实意义的。她以为:"后世教育空言无实,离开了教育的本质,不以'教人'为务,而以'虚华'为装饰,因而'善不见长'而'恶行充斥',以致人类社会争夺杀伐不断,甚而受贪欲支配,危及人类所生存的大自然。晚近世界物欲横流,人已沦落到不知自己为何物的境地,更无从谈'万物之灵'。"教育走向"非人化"是一种可怕的现象。信眼看去,教育的本质在偏斜:教育实施的实际场所——学校,以赢利为目标;教育落实的主导者——教师,以学生获取高分从而获取名利为目的;教育行进的主体——学生,以升入一所名牌大学为自己学习的终极追求。的确,要纠正这些误区,笔者以为读读《教育的本质》这本教育哲学著作会有很好的收获。尽管该著作没有以批评现实为务,而更多的是从理论上阐述教育之本及其践行原则,但是作者写作的基本立场和出发点是有感于后世物化教育对人道教育的侵害。从这个意义上看,《教育的本质》是一本充满现实关怀的忧患之书。对于后世教育"非人化"偏颇的批评,书中即便仅为只言片语,也往往能点到穴位要害。如作者指出:"若从'教育本质'观察,教育事实似有'中途设事'、未从根本出发之失;往往只针对'当前',而未考虑'永久'。此项失误,忽略了人类将与天地同其长久的可能。"而由于是"人的教育",便决定了教育本质上的"确定性",即在着重于人的培养上,教育的始终如一。①另外,在相当长时期内,由于在形而上领域里的认识欠慎重,意识形态领域的价值体系有些混乱,比如对人的认识,人性、人道、人格等等的建构形成有些偏离实际。拨乱反正需要多种渠道多种方式,笔者以为通过教育价值观的导向,使教育者和被教育者都获得共识是关键。《教育的本质》就是这样一本基于中华历史文化,又基于教育主体的内在修养的好读本。

  作者梳理了一条符合自己思考研究的基本思路,这一思路符合"人道"形成的基本路径。先看全书各部分之间阐述的逻辑思路。前言:从现象探讨本质;第一章:从人开始;第二章:人性论点;第三章:率性修道;第四章:人道上承天道;第五章:人道教育要旨。从整体的论述框架分析,贾馥茗教授抛开"教什么"和"怎么教"的芜杂表象,深入传统文化中探寻"为什么要教"的本质问题,梳理如何教育、如何成人的历代智慧,提出人道教育要旨,认为真正的教育,须以引导学习者成为真正的人为目的。只要认真阅读过《教育的本质》这本著作的读者就会发现,作者写作的着眼点始终保持与"人的发展"的一致性,极大地显现出教育之核心——对人的尊重。比如第一章"从人开始",先从"生命历程"着手,一是"生理缺陷待弥补",二是"发展阶段须适应",三是"环境的力量";再就"自我期望的心理"进行展开,围绕这个小主题写到"自我期望中'我'与'他'的作用""自我期望与自我作为""与自己比较或与人竞争";又就"意志力"进行阐述,揭示"意志的复杂性""意志的力量""主宰与自制";最后就"追求意义和人生价值"进行议论,分三个角度,分别是"追求自然现象意义的初步""追究道理""人生价值"。今天我们处于一个媒体极其发达的时代,每年有相当大数量的报刊书籍出版发行,但说句极不恭敬的话,有些文字是垃圾。这类文字缺少规范与个性,观点缺少调查与验证,论述缺少概念的明确和逻辑的自恰。更为具体且通俗地说,章节之间没有很好地黏合,思考问题的坐标经纬混乱,这不是文章没有写好,而是思维有待清晰。《教育的本质》是著作撰写的一个榜样!

  笔者以上谈论,贾馥茗教授在自序中说到过,她说:"'本质'这个字,

---

① 尤小龙.重申"人道教育"[N].科学时报,2007-01-17.

英文里用'essence'或'substance'。其他文字自有不同的字和意义。即就'本质'而言，其意义应是最初始、最基本的，就要追究到形而上的方面。而教育是人的活动，人就不是形而上的，如何找出人的活动的形而上根源？""时经20年，一再思考，有了确切的认定，以为必须从中国的典籍中寻找论据。"

铁芳教授说到教师修养时有一段很哲悟的话语，他说："当我们越来越多地沉溺于琐碎而庸常的日常教育生活中，当我们发现自己的教育生活状态有些疲劳且单调与乏味之时，我们作为教师个体的生命状态是低迷的，也许这个时候我们需要从庸常化的教育生活中找到闲暇的心灵空间，让我们从日常教育生活的惯习中超越出来，以他者的姿态来反思，回味我们自己的教育生活经历，提升我们作为教师存在的生活意义与质量，教育叙事也许能成为一扇我们的心灵通向日常教育生活之意义世界的门扉。"[1] 笔者思想：当教育的行动有些匆忙或者说有些烦乱时，我们的研究要审慎，可以回到原点去，不至于走错了方向。

---

[1] 刘铁芳.追寻有意义的教育——教师职业人生叙事[M].长沙：湖南师范大学出版社，2006.

务实·致用·有效
——《有效学校管理》(第4版)汉译本评析

书　　名：有效学校管理(第4版)
著　　者：[英]伯蒂·埃弗拉德等
译　　者：杨天平
出　版　社：重庆大学出版社
出版时间：2007年4月

长期以来,如何在教育机构与非教育机构之间架起"学习的桥梁"、移用企业管理知识于学校管理,从而强化学校的效能建设、提高学校管理的有效性,一直是我们最关注的问题之一。2007年4月,重庆大学出版社正式推出由英国学者伯蒂·埃弗拉德等撰著、中国学者杨天平翻译的《有效学校管理》(第4版)中译本。诚如作者所说,该书"不是一本学者给学者写的书,而是一本实践者给实践者写的书",是一本关于管理实践和组织运作的专业书籍,也是一本为改造组织管理和运作而提供方法的工作手册。全书共18章,从"人力资源管理""组织管理"和"变革管理"三个方面,系统地阐述了"如何实现高效管理、如何实现成功运作"等基本命题。

第一部分"人力资源管理",主要阐述学校管理者自身的素质特征、自我管理、领导行为与风格,对员工的聘用、培训、激励与评价,学校的决策与施行,学校的会议管理与冲突管理等基本内容,并介绍了一系列可供操作的要则和方式。第二部分"组织管理",逐一缕述组织的要素与模式、团队的建设与绩效管理、课程的管理与改编、学校的质量与安全管理、学校的资源与环境管理等基本内容,并提出了人人都要坚持学习、注重利益相关者的需求、实现组织与个人共赢等有效学校管理的核心理念。

第三部分"变革管理",着力析解变革的本质与方法、成功实施变革的条件与示例、转型管理在学校变革中的作用及其保障等基本内容,并阐发了组织变革的程序和步骤、提高变革管理有效性的实践智慧等。通读全书,其具有以下四个特点。

一、实用性

在前言中,作者就提出,著作本书的宗旨在于,帮助那些肩负高级管理职责的大中小学教师及相关人员能够更加卓有成效地开展工作,以"发展其专业知识能力和实践运用能力"。应该说,该书很好地实现了这一目的,虽然不乏应然性理论的列述与展放,但并不高深玄妙、脱离实践。恰恰相反,"好的理论更具有实用性",它立足于学校管理实践,补充了很多专业知识,并尽量枚举学校样例,以阐明其效能管理的特征及成因,不仅没有流于一般的经验总结和介绍,而且还从管理的实例中归纳概括出许多实用的理论,以便让管理学校的领导者和从事教学管理、班级管理及学生管理的老师能够从中得到有效管理的学问和实惠,这也是其一再畅销再版的主要原因。尤值称道的是,本书含有大量来自教学管理第一线的经验、步骤和方法,其管理思维及手段对于非英语读者而言具有很强的借鉴与参照性,许多内容及陈述不仅适合于英语读者学习,而且对中国的教育管理工作者也十分切用,既适合其跨越国界了解英语国家的教育管理理论和实践,也便于其个人在家里或工作时学习参考,还可以作为其长期或短期课程的阅读材料,特别是作为中国学校管理者的参考书目与工作指南,等等。可以说,该书具有广泛的适切性和应用性。

二、操作性

与同类专业书籍相比,该书虽然花了不少篇幅对管理的意涵进行诠释,却又力戒作哲学式的讨论,不仅拒绝学究气,而且少有理论说教,更没有居高临下的腔调。通篇以务实、致用与有效为主轴,一以贯之,采用商量的口吻,与读者一起探讨有效学校管理的运作方式,就像同行之间的交流与切磋,娓娓道来,言简意赅,力图对实践有所指导和助益。比如,作者从管理科学的本真出发，极富操作性地指出："管理不是别的，而是按指定的方式执行指定的任务"，即"创造性地通过对人力资源和其他资源进行有效合理的配置，指明方向，获取承诺，促进变革，取得成果"，管理者应"知道自己想干什么和能干成什么"、营造人尽其能的组织气氛、持续改进工作和提高工作效率，学校管理者应"计划、组织、指导和支配教师的工作"，以有效实现学校的教育教学和管理目标，等等。在体例编排方面，为了方便读者学习，该书有意识地将书本知识与实际工作结合起来，每个章节都安排了一些练习题、测试题和讨论题，让学习者结合各自的工作进行针对性的练习、操作与诊断，以加深对书本内容的体会与领悟。

三、通俗性

这首先得益于原著本身及其作者的理论和实践修养。三位作者均兼具企业和学校两方面管理及培训的经历，既有深厚的企业管理背景，又有丰富的教育管理学识。伊恩·威尔逊是一位勇于实践的校长，他毕业于剑桥大学数学系，后来又获得切尔西学院科学教育中心的教师教育证书，并担任英国皇家学会教育委员会委员。伯蒂·埃弗拉德和吉弗里·莫里斯则都是企业的高层管理人员。埃弗拉德毕业于牛津大学化学系，曾担任英国皇家化学工业有限公司的教育培训经理，并负责开发学校管理培训，已先后培训校长1000多人；莫里斯毕业于剑桥大学现代语言学专业，曾在布赖顿理工学院（现为布莱顿大学）和布鲁奈尔大学教授学校管理课程，并从事教育管理的咨询和指导工作。为了让读者读懂该书的内容，并应用于工作实践，从而帮助他们成为更加出色的管理人士，作者所阐述的几乎都是一些有用的学校管理常识及常规的管理原则和技能技巧，且投入巨量的精力用于每一个章节的撰写和练习设计。一方面，着意降减专业术语的使用，尽量缩小与读者之间的距离，以形成思想上的互动和心灵上的共鸣；另一方面，积极引导读者根据这些常识和原则进行实践与运作，以提高学校工作的效率和效能。这样，也就构成了本书所独具的行文朴素、语言通晓等特征，因而读来明白流畅、通俗易懂。

四、可读性

这主要归功于译者严谨的治学态度、扎实的专业根底和深厚的语言修为。杨天平教授先后在基层政府、机关报社和大中院校等部门单位任职，具有公共行政管理、新闻报业管理和学校教育管理等跨专业的背景与经历，并长期负责中小学校长和教育行政干部的培训，主持教育经济与管理学科和学位点的建设。在教育管理的教学和研究领域辛勤耕耘20余年，著述丰硕。为了准确传神地"重舌"、将该书译介奉献给广大的汉语读者，使译著具有易传性和可读性，他以对作者与读者高度负责的敬业精神及强烈的时代责任感与历史使命感，兢兢业业，厚积薄发，前后花了近两年功夫研读原著和相关资料，并倾注大量心血用于译著译语的推敲润色，先写出译文初稿，而后字斟句酌，"吟安一个字，捻断数茎须"，反复修改完善，数易其稿，精益求精，力图将原作与译作融为一体，以非英语专业出身，译就具有相当专业水准的精品力作。

翻译是一门科学，也是一门技术，更是一门艺术，有其独特的规范、要求和方法。从19世纪末我国译界先贤严复在《天演论·译例言》中所论之与英人泰特勒翻译三原则相类通的"译事三难：信、达、雅"，到后来鲁迅提出的"信、顺"标准以及苏联费道罗夫的"等值论"、美国奈达的"等效论"，直至时贤所倡言的"用地道的译文译地道的原文"等标则，中外翻译家提出了种种不同的译论思想，但都围绕着一个中心，即原文至上，译文应忠实而自然地表现原文，使源语言载有的信息最大限度地以译入语的形式还原，使译本读者能和原文读者一样阅读理解文本。这就要求译者不仅博学通事，具备双语或多语的文化底蕴，而且应富有深厚的专业涵养，并熟谙译学的基本理论与技巧，译述结合，意形兼备，传真达意，出神入化。反观当下的许多学术译品，或因西语基础不牢，或由汉学修养不够，或系文化底气不足，或是专业功力不深，等等，以致译词晦涩难解，绕来绕去，不知所云；甚至望文生义，随便添减损益，以致似懂非懂，似是而非，舛错讹误在在处处，佳作难见，乏善可陈。

相形之下，《有效学校管理》(第4版)一书的中译本，以其贴切而规范的传译、清新而自然的语言和朴实而畅达的文风等特质，在教育管理学科的译林中卓然而立，体现了译者丰富的管理理论学养、老到的语言文字造诣和严实的师者学人风范。该书在思想内容、语篇辞章、文体风格等语际转换方面，力求贴近源文本，透及深层，既如狄尔泰氏所提之设身处地地体验和把握原意，尊重原著作为学术文种所特有的科学语体色彩及其庄重与严肃等品质，坚持直译为主，最大限度地减少误译和漏译，以追求译文的语义正确性和语用适合性，又关注译语读者的阅读习惯和可接受性，坚持直译与意译相结合，尽量剔除译文的痕迹和味道，以求再现原文的意境与效果，并加了20多个"译者注"，以帮助读者理解。对于翻译过程中因文化差异而碰到的一系列障碍及一些看似通俗、简单实则异常生涩、艰难的语句，译者不仅仔细查阅有关文献和工具书，虚心向他人求教，而且每每是殚精竭虑、绞尽脑汁，"一名之立，旬月踟蹰"，择形显义，精确表述。纵览全书，在原文与译文、专业词汇与日常语汇、雅与俗、述与作、归化与异化等的均衡与契合方面，译者都谨慎处理、拿捏得当，以平和醇实的文字表达了原著对有效学校管理的精辟认识及其自身的深邃洞察，让读者在领略原作见解与风格的同时也感受到译者的智慧与努力。

　　罗曼·罗兰说，一册美妙的书是一桩秘密，只应在寂静的心头细细体会。为了增强教育管理的工作艺术和智慧，从而进一步提高学校管理的绩效和质量，广大教育工作者不妨好好读一读《有效学校管理》（第4版）的汉译本，认真学习、思考和实践，采其大旨、摘其要，从中获益。

现代性道德教化问题的深度审理

书　　名：生命与教化——现代性道德教化问题审理
著　　者：刘铁芳
出 版 社：湖南大学出版社
出版时间：2004 年 4 月

近年来，当社会各界依然对学校德育抱着很深的成见的时候，甚至德育一线的不少教师对德育的前景依然感到茫然的时候，我国的德育研究却在悄悄地酝酿着一场革命，出现了许多质的变化。这些质的变化，突出地表现在德育理念的创新上。这种创新基于中国变革现实，借鉴西方先进经验，研究日渐深入，视野日益开阔，不以服从主流为宗旨，而以探求真理为原则，表现出了可贵的实事求是、独立思考、以人为本的精神。其理论未必系统完善，但对现代德育的启蒙作用是意味深长的。这些研究者既有学者的眼光，又有平民的视角；既有扎实深厚的理论功底，又有关注教育现实的空前热忱。刘铁芳教授便是其中一位。

刘铁芳，现为湖南师范大学教育科学学院教授，哲学博士，博士生导师，曾在《读书》《书屋》《教育研究》等刊发表论文、随笔 200 多篇，著有《生命与教化》《走向生活的教育哲学》《守望教育》《走在教育的边缘》等，主编《追寻有意义的教育——教师职业人生叙事》《回到原点——时代冲突中的教育理念》等。从讲师到教授，他只用了六年；从博士到博导，他只用了四年。这位 1969 年出生的学术强人，就凭这一点，也值得我郑重向各位推荐。我手头这本湖南大学出版社 2004 年 4 月出版的《生命与教化》，便是在他的博士论文基础上修改而成的。

我们已然身处现代性道德教化的境遇之中，我们的现代性道德教化究竟是一条怎样的"路"？我们是否有了一条清晰的"路"，还是始终摇摆不定，甚至迂回曲折？哪些因素在遮蔽着我们的"路"？在一个商业浪潮滚滚而来、谈论道德常被视为迂腐、利益关怀远大于道德关怀的时代里，在一个随着伦理价值的相对主义走向带来的道德虚无主义并不稀见的社会里，我们深深地关切道德之真，关切社会的伦理秩序。关切道德之真，首先遭遇的问题就是，我们究竟该以何种方式来关切道德之真？

在刘铁芳的《生命与教化》一书的封面上，印着上面这段话。确切地说，是一连串的问题。这些充满现实忧虑和人文情怀的哲学叩问，都是全新的而且重要的课题。该书以"生命与教化"为题，围绕个体生命与道德教化的内在关涉，从教化与生命的关系和角度展开对教化和道德教化的思考。全书共分五章：首先，理清了道德教化的基本问题——生命、道德、教化；其次，对现代性道德教化进行了一番历史的梳理，从中察觉生命的遮蔽与凸显；接着，对现代性道德教化开展价值目标的审理，由此俯仰生命的贬抑与张扬；随后，开始了现代性道德教化的过程问题审理，从而臧否生命的规训与引导；最后，认真地进行了现代性道德教化的策略问题审理，批评生命的失语，倡导生命的叙说。结构严密，思路清楚。概括地说，本书的基本写作思路是，在一般性地审理个体生命与道德教化的关联的基础上，从历史、价值目标、过程、策略四个方面对中国现代性道德教化问题逐一加以审理。在具体审理现代性道德教化的过程中，首先一般性地探讨西方现代性道德教化的相关问题，然后，以中国传统道德的相关问题为基础审理中国现代性道德教化的发生发展与问题累积，以及当前发展的基本态势与相应对策，力求使问题尽可能清晰、全面、不走极端。在审理现代性道德教化的过程中，本书借鉴李泽厚"启蒙与救亡"之基本范畴，把中国现代性道德教化大致区分为以启蒙为中心的教化形式和以革命为中心的教化形式，前者以胡适、鲁迅为代表，后者以毛泽东为核心。

作者直握生命的本质，着眼于道德对生命的提升和超越，论证道德教化对生命的提升和激励，抓住了道德教化的灵魂。作者紧扣生命论述教化，通过对历史与现实的整合，将教化规定为对生命的尊重和张扬，既提升了道德教化的形而上理解，同时又没有作抽象的玄论，而是通过对生命的张扬具体地落实到形而下的感性生活层面。虽然作者讨论的对象是"现代性"的问题，却是在宏大的历史背景中辩证其现代性的原因。通过历史的追问、中外的比较，点出了传统教化的病根，使得其所有的论述，都有"对症下药"的特色。

但刘铁芳的观点并不偏执一方。他认为，生命问题在当前道德教化实践中有着双重处境和双重任务。一方面，要努力反思传统威权性道德教化对个体生命的遮蔽以及这种威权性在现时代的延续，另一方面警惕在走出唯意识形态伦理教化之后，又陷入物质主义、消费主义等新的威权的遮蔽之中；一方面，我们应在传统与现代的冲突中凸显个体生命，另一方面，我们又要坚持道德教化对个体生命的引导与超越，使个体走出传统藩篱后能以个体德性的自尊、自由、自主、自律来彰显个体生命存在的价值与尊严，而不是让个体生命又重新沉沦于新的威权的奴役之中。应该说，在一个国家现代化进程似乎正在狂飙突进的时代，刘铁芳教授的观点固然尖锐，但依然辩证而审慎，他看到了现代化的陷阱。

"对世界构成威胁的不是中国成功，而是中国失败。把中国成功看作对世界的威胁，绝对是错误的，因为中国现代化如果失败，才是人类的一大灾难。"美国《侨报》报道，美国卡内基国际和平基金会高级研究员裴敏欣在接受记者专访时作出上述判断。他认为，中国目前正面临"转型陷阱"现象，如何通过加大改革力度跳出陷阱，是中国人必须直面的课题。中国面临转型陷阱，现代化若失败将成人类灾难！

——多么令人恐惧的话题！但你能说，作为首位进入美国"政策圈"智库的华人学者，裴敏欣的忧虑一点道理都没有吗？我想，如果刘铁芳教授看到这个论断，他不会无动于衷——尽管他说过："我的内心充满了惶惑。我必须面对历史也面对现实和未来，面对辉煌也面对伤痛，面对中国也面对世界，面对他人也面对自我。敬仰或者怀疑，辩护或者批判，激昂或者沉沦，悲观或者乐观，都不是此刻的我的应有态度。"因为，他在真诚地关心人的现代化这一中国现代化进程中最核心也最难推进的问题。对于人的现代化研究中的种种伪命题，他没有站在一旁冷冷地说："忽悠，接着忽悠！"而是"目光常常不由自主地落在那些卑微的群落"上，"愿以卑微之心去拥抱那漫天的青草般茁壮成长的生命世界"。

刘铁芳教授的学生曾经这样评价他的授课："听过他的课的同学，尽管有人不同意他的观点，但无一不佩服他的独到、犀利、睿智、深思……

他授课的风格是不温不火、细细梳理、娓娓道来，就像一幅画卷，在你面前慢慢展开……他教给我的，是智慧给予的力量，是另一种看世界的观点。"本书的风格及其给我的印象，其实也大抵如此。本书不乏思想的锐利，更透着真情的流露，既有铁的质感，又有着生命的芬芳，文如其人。在书中他借用艾青的诗句——"为什么我的眼里常含泪水？因为我对这土地爱得深沉"，作为他对生命的爱与思考的注脚，我以为，很贴切。

21 世纪，质量的世纪
——《教学全面质量管理：理念与操作策略》是本好书

书　　名：教学全面质量管理：理念与操作策略
著　　者：程凤春
出　版　社：教育科学出版社
出版时间：2004 年 3 月

  一个人存在环境的现状的确多多少少能够影响他自身的理念、行为、习惯、性格乃至命运，如笔者对教育的热爱就是如此。实际上，我的专业出身是汉语言文学，顺理而言，做与纯粹文字文学相关的工作是正道，但是 20 多年来一直从事教育工作，除了在师范、中学和大学教学之外，有一段时间参与教育行政，尤其时至今日又与有关校长的学术期刊有着脱不了的干系，因此，"学校"这一关键词让笔者对教育有着十分的牵挂。牵挂常常让我心有余而力不足，主要表现在理论的修养上。面对纷繁复杂的教育现象，我找机会到大学听讲座，找在教育研究方面颇有建树的朋友求教，诸如肖川、刘铁芳、杨天平等等，以此来化解迷惑。还有就是钻书堆，加紧补充教育理论营养，此次向读者朋友推荐的这本教育质量管理方面的著作，就是笔者大量阅读甚觉上乘的可读之书。它属教育科学出版社出版的"教育博士文库丛书"中的一本，作者是程凤春博士。

  程凤春博士，系北京师范大学副教授、北京师范大学附属实验中学党总支副书记。研究方向，一是教育管理基本理论，目前的研究重点是教育管理的职能理论，权力和影响力理论，当代西方教育管理理论热点；二是质量管理，目前的研究重点是全面质量管理（TQM）及 ISO9000 族标准在教育中的应用，教育质量标准，学校质量管理与品牌建设；三是人力资源管理，目前的研究重点是学校人员测评和绩效管理。《教学全面质量管理》就是第二个方面的成果，是在其博士论文基础上修改完善而成的，著名教育家顾明远教授亲自作序。

《教学全面质量管理》一书，以流行于世界各国工商企业的全面质量管理理论观照我国教育研究与实践，从一个全新的视角系统分析教学质量管理，提出了许多新观点和新方法。它在梳理质量管理理论与实践发展的基础上，分析了20世纪90年代以来全面质量管理应用于教育领域的成果，结合调查研究和案例分析对教学全面质量管理的内涵、教学全面质量的内涵及标准、教学全面质量管理的要素及其操作策略等等进行了探讨，最后形成了既有逻辑分析、实证研究，又有操作策略的理论与实践相结合的成果。全书共分四章，首先由工业生产质量管理的演进说起，论证了全面质量管理应用于学校的可行性和有效性，提出了教学全面质量管理的概念；接着从学校教学的顾客及其需求出发，论述了教学全面质量及其标准——质量观；随后，分析教学全面质量管理的要素，通过研究全面质量管理的经典理论和模式，比较教育组织全面质量管理的主要模式，将教学全面质量管理的基本要素归纳为六个方面——顾客导向、过程管理、持续改进、全员参与、领导与战略、教学质量管理体系；最后，以全书一半的篇幅将这些要素具体化，重点探讨了教学全面质量管理的操作策略，并对六要素进行整合，创造性地提出了教学全面质量管理的整合模式。全书论述系统，论证严密，旁征博引，化用不淤，可操作强，令人耳目一新，幡然顿悟，读来晓畅细腻。

美国著名质量管理学家约瑟夫·朱兰博士曾深刻指出："20世纪是生产率的世纪，21世纪是质量的世纪。"在全球竞争时代，质量乃是产品的灵魂、企业的生命。全面质量管理起源于美国，兴盛于日本，完善并风靡于世界各国企业界，是在统计质量管理的基础上发展起来的一种先进的质量管理理念和技术方法，代表了质量管理发展的最新阶段，其特点是"三全一多"，即全过程的管理、全方位的管理、全员参与的管理和管理方法的多样化。随着20世纪80年代世界各国教育质量问题逐渐浮出水面，教育质量成为世界性的热门话题，人们开始将工商企业质量管理理念与教育质量管理的研究与实践联系起来，寻求解决问题的方法，由此引发了一场世界性的教学质量管理的深刻变革。由于多种原因，我国教育界尤其是中小学教育界关于教学质量管理的研究与实践相对落后了一些，像程凤春博士的《教学全面质量管理》这样系统详尽的悉心研究之作，目前是不多见的。

众所周知，教学质量是学校发展的生命所在，是学校管理的永恒主题。提高教育教学质量是办好人民满意教育的根本要求，是校长和教师承担的光荣而艰巨的工作任务，是学生学习的动力之源与内在要求，是衡量教育与办学效益的重要指标。作者因此大声疾呼："为了适应素质教育的要求，为了学校教育未来发展的要求，我们迫切需要改变传统的以检查、评价为中心的教学质量管理模式，代之以新型的教学质量管理模式。"他特意强调，与"对"教学质量进行管理为主的传统教学质量管理不同，新型的教学全面质量管理是"为了"教学质量而管理。教学全面质量管理是全面的管理，其内容与范围远比传统教学质量管理要广，采用的手段和方法也更加灵活和多样化，它的做法是全面控制和改进影响教学质量的所有因素，所以其对教学质量的提升和保障能力更强。它将学生和家长视为最重要的顾客，把教学看成一种供求活动，遵循顾客导向的教学质量观。在这种新型的教学全面质量管理模式中，建立和谐的供求关系、关注顾客满意是出发点和归宿，动态过程管理、不断改进和创新是核心、根本途径，全员参与和教学质量管理体系是基础，新型领导能力是推动力，四者缺一不可。为了使读者对教学全面质量管理的特点与优势有一个更清楚的了解，作者最后还绘制了表格（见下页），将教学全面质量管理与传统教学质量管理作了简明扼要的对比。

诚如作者所言，这不是教育质量管理方面点滴的改良，也不是一般意义上的教育质量管理变革，而是一场"教学质量管理模式的世界转型"，紧迫而重要，全面而彻底，理论未必面面俱到，发展方向却是势所必然。虽然作者不得不坦率地指出，在我国目前的情况下，教学全面质量管理也面临着许多挑战（比如：目前的教育管理体制和管理方式，使学校尚不具备充分的自主权，也很难从组织机制上形成顾客链和倒金字塔结构，从而限制教学全面质量管理作用的发挥；传统的教育质量观和教学观还根深蒂固，要改变人们的工作方式，重新分配教师、学校、家长、政府的角色，会带来工作的一时不便和利益的重新分配，也不是易事，再加上高考等的影响，也使教学全面质量管理的推行受到阻碍；一批中小学校长缺乏创新意识和现代质量管理理论与技术方法，也势必影响教学全面质量管理

教学质量管理模式 比较内容	传统教学质量管理	教学全面质量管理
质量观和质量标准	学校、教师决定教学质量	顾客（学生、家长、社会和政府）决定教学质量
	质量标准：知识和技能、教育目标、人才规格和升学率等	质量标准：顾客需求、顾客满意
	教学结果的质量	教学全过程的质量
管理方式	为上级负责	为顾客负责，包括内部顾客链
	以检查和评价为主要手段	灵活使用多种方法，包括检查和评价
	控制教学结果	全过程管理
	若正常，就不要改变	持续改进，即使正常，也要改变
	教务部门控制质量	全员参与
	教学质量靠事后检查、评价得知	质量始于领导和战略、有效的质量管理体系，事先得知

的实施及其效果），但是，随着校本管理、校本课程现象的出现，基于新课程标准的基础教育新教材的出版和应用，加之一些地方行政管理方式的改革、教师和校长素质的提高，在一些地方，特别是一些发达地区和大城市，学校实施教学全面质量管理的条件已经或正在成熟。

教育是国家发展的基石，质量是教育追求的目标。教学质量管理是学校管理的核心，是学校生存和发展的保证。相信程凤春博士的这本可能一般人认为有些"另类"的《教学全面质量管理》，能引起我们对于教学质量管理的深刻思考和积极实践，使我国学校教学质量管理进一步现代化、科学化、规范化。

那些缤纷的思想之花
——《新教育的精神——重温逝去的思想传统》给予你的

书　　名：新教育的精神——重温逝去的思想传统
主　　编：刘铁芳
出 版 社：华东师范大学出版社
出版时间：2007年8月

　　《新教育的精神》是一本现代卷的教育人文思想文选，由湖南师范大学教育科学研究院刘铁芳教授主编，2007年8月由华东师范大学出版社出版。书中收编了包括王国维、蔡元培、陈独秀、蒋梦麟、张伯苓、潘光旦、鲁迅、朱自清、叶圣陶、胡适、陶行知、夏丏尊、朱光潜、陈鹤琴等一大批"五四"学人的教育美文，于寂静的历史深处精心采撷那些缤纷的思想之花，汇成厚厚一册，具有深厚的人文底蕴与杰出的思想品性。铁芳博士在前言中说："重温'五四'以来的教育人文思想资源，实际上就是要赓续教育历史之中那日渐微弱的精神脉搏，为今日之教育思想与实践增添一丝一缕内在的精神血气。"因此，本书的编辑出版对今天的教育研究有着不同寻常的意义。朋友说，当下教育较之"五四"时期的教育实在差得太远，而且当下的很多半吊子专家对于教育的认识，较之"五四"时期的一些教育人文思想家的识见，实在应该羞得无地自容。笔者虽然并不完全赞成这种说法——自己和鲁迅先生一样，是多少有些相信进化论的——但就教育的"精神血气"而言，倒是觉得这话又并不那么过分，好像有几分真道理。

　　铁芳他将那些含着"精神血气"的文章编成了三辑："教育之宗旨""新教育精神"和"教育儿童之方法"。这样编，自然有他的考虑，他选出了三篇文章作为代表。他个人认为，如果要排出 20 世纪中国用汉语言文字写下的最优美而深刻的教育文字，排在第一位的应该是蔡元培的《对于教育方针之意见》，与之并驾齐驱的则当属鲁迅的《我们现在怎样做父亲》，其次是朱自清先生的《教育的信仰》。

蔡元培《对于教育方针之意见》，是在承续王国维唯美主义教育理想的基础上，加以现实的考量，把教育的理想与现实结合起来，提出他的"五育"的教育理念，这标志着中国教育在关键的目标理念上现代转向的臻于完成。

如果说现代教育目标理念的成型是以蔡元培"五育"的提出为基本标志的，那么，作为实践这种教育目标理念重要支撑的就是我们如何对待儿童。儿童本位的确立，乃是现代教育的核心原则，是新教育的核心精神。其中表述最充分的，笔者以为就是鲁迅《我们现在怎样做父亲》。"先从觉醒的人开手，各自解放了自己的孩子。自己背着因袭的重担，肩住了黑暗的闸门，放他们到宽阔光明的地方去；此后幸福的度日，合理的做人。"读着这样的文字，让人实在找不出更好的文字，把置身历史与文化之中，长者在幼者面前的生命姿态以及长者对于幼者生命姿态的悉心呵护，表述得如此优美、自如。

有了完全人格这一现代教育目标理念的确立以及儿童本位教育理念的支撑，接下来就是教育实践基本理念的确立，也就是教育儿童的方法。朱自清先生凭着其深厚的学养以及春晖中学教育实践的耳濡目染，写出的《教育的信仰》可以说把现代教育方法的基本问题言之充分。他提出"教育者先须有'培养'的心，坦白的，正直的，温热的，忠于后一代的心！有了'培养'的心，才说得到'培养'的方法"；他痛恨"以教育为手段，同时也以别人为手段"，力主"学校是'目的国'，才有真教育可言"；他提出教师人格的重要性，"'做人'是要逐渐培养的，不是可以按钟点教授的。所谓'不言之教''无声之诲'，便是说的这种培养的工夫。要从事于此，教育者先须有健全的人格，而且对于教育，须有坚贞的信仰，如宗教信徒一般"；特别地，他主张教师的"人生的理想，不用说，也应该超乎功利以上。所谓超乎功利以上，就是说，不但要做一个能干的，有用的人，并且要做一个正直的，坦白的，敢做敢为的人！"综合起来，这篇文章对于教育实施过程之根本方法与要求可以说表达得淋漓尽致。

编者在前言中对这三篇文章如此地推崇，是因为编者认为，从这三篇代表性的著作，我们可以清晰地看出"五四"教育传统的基本精神，那就是：以完全人格的培育为教育的根本目标；以儿童本位的细心呵护为教育的基本原则；以教育作为目的的有信仰的实践为教育的根本方法。由此亦可见编者选文之精、编汇之当。

也许笔者的概略式的叙述，还不能使读者真正体验这些文章中闪耀的思想之光，我们来看一个例子。就鲁迅的教育随笔《从孩子的照相说起》吧，一件微不足道的小事，却引人深思：

……

中国和日本的小孩子，穿的如果都是洋服，普通人实在是很难分辨的。但我们这里的有些人，却有一种错误的速断法：温文尔雅，不大言笑，不大动弹的，是中国孩子；健壮活泼，不怕生人，大叫大跳的，是日本孩子。

然而奇怪，我曾在日本的照相馆里给他照过一张相，满脸顽皮，也真像日本孩子；后来又在中国的照相馆里照了一张相，相类的衣服，然而面貌很拘谨，驯良，是一个道地的中国孩子了。

为了这事，我曾经想了一想。

这不同的大原因，是在照相师的。他所指示的站或坐的姿势，两国的照相师先就不相同，站定之后，他就瞪了眼睛，觑机摄取他以为最好的一刹那的相貌。孩子被摆在照相机的镜头之下，表情是总在变化的，时而活泼，时而顽皮，时而驯良，时而拘谨，时而烦厌，时而疑惧，时而无畏，时而疲劳……。照住了驯良和拘谨的一刹那的，是中国孩子相；照住了活泼或顽皮的一刹那的，就好像日本孩子相。

驯良之类并不是恶德。但发展开去，对一切事无不驯良，却决不是美德，也许简直倒是没出息。"爸爸"和前辈的话，固然也要听的，但也须说得有道理。假使有一个孩子，自以为事事都不如人，鞠躬倒退；或者满脸笑容，实际上却总是阴谋暗箭，我实在宁可听到当面骂我"什么东西"的爽快，而且希望他自己是一个东西。

但中国一般的趋势，却只在向驯良之类——"静"的一方面发展，低眉顺眼，唯唯诺诺，才算一个好孩子，名之曰"有趣"。活泼，健康，顽强,挺胸仰面……凡是属于"动"的,那就未免有人摇头了,甚至于称之为"洋气"。又因为多年受着侵略,就和这"洋气"为仇;更进一步,则故意和这"洋气"反一调:他们活动,我偏静坐;他们讲科学,我偏扶乩;他们穿短衣,我偏着长衫;他们重卫生,我偏吃苍蝇;他们壮健,我偏生病……这才是保存中国固有文化,这才是爱国,这才不是奴隶性。

其实,由我看来,所谓"洋气"之中,有不少是优点,也是中国人性质中所本有的,但因了历朝的压抑,已经萎缩了下去,现在就连自己也莫名其妙,统统送给洋人了。这是必须拿它回来——恢复过来的——自然还得加一番慎重的选择。

……

鲁迅先生的这篇《从孩子的照相说起》的确是一篇很有趣也很有启发意义的文章。在这篇小文里,他首先谈到有这样一种观念,即有不少人认为:"温文尔雅,不大言笑,不大动弹的,是中国孩子;健壮活泼,不怕生人,大叫大跳的,是日本孩子。"这是不是就说明中国的孩子素来好"静"呢?不是的。鲁迅从给自己的孩子照相说起,谈到同样的一个孩子,穿相类的衣服,可是在日本照相馆照的相和在中国照相馆照的相大不同,日本人给照的相"满脸顽皮,也真像日本孩子",中国人照的却是"面貌很拘谨,驯良","是一个道地的中国孩子",最后鲁迅得出结论:原因在于照相师。

联系一点当前的教育现状,笔者认为鲁迅先生这篇文章中至少有三点值得注意。首先就是"照相师"的观念问题,移植到当代教育的语境中来,就是施教者的观念,这里的施教者绝不仅仅是教师(尽管他们占主体)。教师的教育观受到社会各方面的影响。所以说,无论是教育还是其他,要想改变一种观念,绝不仅仅是当事者的问题。具体到我们当前进行的素质教育改革,笔者认为首先应该是观念的改革,因为在一定程度上观念决定行动。但是要说明的是观念往往是根深蒂固的,要改变很不容易,非下一番大力气不可。

对于孩子的创新意识的培养什么的,在今天已经是很响亮的口号了,哪个中学招生的时候不喊一阵创新之类的话,就让人觉得没水平。但是看看我们在中小学读书的孩子,就有一种受骗的感觉。鲁迅先生也绝不会想到，我们今天的孩子要遭这么大的罪，有些所谓的"封闭式管理"的学校，在笔者看来，简直就是孩子们的"监狱""集中营"，他们一生中最美好的时光在水泥世界里被压得硬邦邦的，了无生趣。鲁迅先生在这篇文章中说："驯良之类并不是恶德。但发展开去，对一切事无不驯良，却决不是美德，也许简直倒是没出息。'爸爸'和前辈的话，固然也要听的，但也须说得有道理。"反观我们今天的孩子，在只有"唯一的标准答案"的要求中成长起来，头脑已经被完全"格式化"了。无怪乎从海外归来的作家阿城不无偏激地说："能考上好学校的人在中国意味着这个人的思想是非常简单的。"鲁迅先生在半个多世纪以前所批评的东西，在今天反而得到了突飞猛进的发展，不知是进步还是倒退。

鲁迅先生的这篇小文中还表达了他"拿来主义"的学习观点。他说"只要是优点，我们也应该学习。即使那教师是我们的仇敌罢，我们也应该向他学习"。在"拿来"的过程中，"自然还得加一番慎重的选择"。鲁迅的这个观点是针对当时一些"满口爱国，满身国粹"、绝不向"帝国主义者"学习的人而言的。今天我们谈到自主创新，有些人就认为我们一定要走自己的路，不能跟在别人的屁股后面跑了，这个想法和他们所设想的目标当然是好的。但是我觉得，适当地学习一点别人自主创新的精神也是必要的，毕竟我们自己无甚经验值得借鉴。

从鲁迅在这篇文章中对于各种旧观念的否定中，我们可以看出其"怀疑精神"和"批判精神"。从孩子谈起、着眼于未来，此类观点则是"立人为核心"的思想。此文在那时的意义是抵制奴化思想，但在今日也具有相当价值：它体现了一种先进的教育理念，不是让孩子一味地守规矩听教诲，应更多地给孩子以发展个性与特长的空间，社会才会注入新的活力。这也是鲁迅的文章的一大亮点：不仅在当时，包括在现今，乃至将来仍有它的积极意义，永不过时！

鲁迅他们之所以能写出这样的教育美文，也许有一些历史的原因。历史上分分合合之际，常有风云激荡的年代。从鸦片战争到民国，可以说中国思想界迎来的是仅次于战国时的丰盛大宴。因为我们把自秦始皇时建立起的思想藩篱打破了。那时候，中国人仿佛换了双眼睛去看世界和看自己，梁启超、梁漱溟、康有为、胡适，甚至王国维、陶行知，无一不是因自己的见解和实行成为大家，他们并非套用论文格式的大家，而是思想开放、敢说真话的大家。就民国时代的教育来说，徐悲鸿没有上过什么正规大学，但他照样做校长；陈寅恪没有文凭，也照样被聘了做教授。这样的校长和教授，会因为分数和文凭去歧视后辈吗？会赞成用一套标准化试卷选拔研究生吗？

只是可惜——"漂亮、干净、朴实，而又意味深长的教育文字，在日渐体制化的今天恐怕是越来越稀见了"。我们所需要做的事之一，就是"重温逝去的思想传统"。"一个重要的任务，就是努力去接近那一代学人的心灵世界，以求得汉语教育思想曾经辉煌的薪火能在我们这一代人的手上不至于中断，而绵延不绝。更何况，我们今天的教育在新词与概念笼罩的烟雾迷离之中，又闪烁着几多精神之薪火呢？"

铁芳的《新教育的精神》编得很有感觉，含着自己的思想和智慧。铁芳是博览群书的真博士，一本书在他那产生，是起于问题，以文献为基石，有真真切切的学理剖析，有让人清楚明白的方法论。读读铁芳的书，你会知道：他对教育学的真爱！

辑 四
教育元素之浅近思考

一切思考起于提问。
思考即问答。
……
行动不能起于提问，
只能起于答案。
——金克木《文化的解说》

　　无论是真正意义上的科学研究,还是日常生活的一般性事实,都会涵盖某种研究性方法意义。理解研究方法,对于研究工作和平凡生活都有指导意义。如笔者从事教育科学研究工作,研究方法的掌握运用就特显其意义和价值。本辑的几篇文章,乃基于教育作出的阐述与辩解。如果试从结构分析来找理由,虽然没有抓住整体结构形态来分辨,但是,还是对几个目前比较时尚的教育概念作了该作的说明,诸如"教育公平、教师生命、教师专业化、学科课堂专业化、知识美感"等等,也算是对某种研究方法的尝试呢。

社会分化与教育公平①

【摘　要】我国的教育公平问题主要表现为阶层不公平、城乡不公平、地域不公平和学段不公平，从本质上讲，它不仅是一个教育问题、经济问题，更是一个政治问题，其根源在于市场化背景下的日益加剧的社会分化，尤其是阶层分化。教育公平问题能否妥善解决好，从根本上取决于政府及各级教育行政部门的立场、态度和决心。只要各级政府及教育行政部门从应有的政治立场出发，以严肃认真的态度，下定决心来处理问题，政治上反对特权化——阶层特权、城市特权、区域特权、精英特权，坚持阶层公平、城乡公平、区域公平、学段公平，坚持教育为人民服务，为民族服务；经济上反对资本化、产业化，坚持教育的人民性、公益性，教育公平问题就能够得到令人满意的解决。

【关键词】社会分化；教育公平

从1990年代以来，教育公平问题日益突出，党和国家也非常重视。党的十七大报告更是明确指出，"教育是民族振兴的基石，教育公平是社

---

① 本文参考文献如下：

[1] 朱尚同，冯象钦，刘欣森，彭干梓，戴海. 正趋恶化的教育公平性[J]. 书屋，2004（11）.

[2] 秦阿琳. 社会分层视野中的教育消费[J]. 文史博览：理论版，2005（10）.

[3] 钱志亮. 社会转型时期的教育公平问题——中国教育学会中青年教育理论工作者专业委员会第十次年会会议综述[J]. 教育科学，2001（1）.

[4] 刘复兴. 市场条件下的教育公平：问题与制度安排[J]. 北京师范大学学报：社科版，2005（1）.

会公平的重要基础"。为促进教育公平，国家和各级教育行政部门在财政上加大投入，在制度上不断革新，在执行上加强力度，取得了积极的成效。从西部地区"两基"攻坚计划，到农村义务教育经费保障机制改革，把农村义务教育经费纳入公共财政保障范围，实行"两免一补"政策，再到实施师范生免费教育和大面积资助家庭经济困难学生等等，都呈现出鲜明的政策脉络，就是要大力促进教育公平，让更多的民众和谐分享改革发展的成果，一步步夯实和谐社会的基础。在理论研究领域，各级各部门的很多专家学者以及社会各界有识之士也纷纷参与进来，积极调查详情，研究对策，为政府与教育行政部门的正确决策提供理论参考。所有这些都是非常好的趋势。

然而，我们也应该清醒地看到，由于特定的历史原因与转型期这一

（接上页脚注）

[5] 赵鸿帆. 和谐社会呼唤教育起跑线上的公平 [EB/OL]. 人民网. [2006-11-08]. http://politics.people.com.cn/GB/30178/5010670.html.

[6] 王善迈，等. 教育公平：支撑小康社会的第一块基石 [J]. 新浪网. [2007-10-29]. http://finance.sina.com.cn/review/20071029/01304109429.shtml.

[7] 燕帅. 教育部：教育公平是社会公平的重要基础 [EB/OL]. 人民网. [2007-10-18]. http://cpc.people.com.cn/GB/104019/104109/6399007.html.

[8] 刘海霞、饶旭鹏. 政治学视野中的教育公平问题 [EB/OL]. 中国青少年研究网. [2003-11-30]. http://www.cycs.org/article.asp?category=1&column=112&id=1398.

[9] 熊春文. 论教育公平与社会公平——基于帕森斯理论视角的一个反思 [J]. 新华文摘，2007（20）.

[10] 中央教育科学研究所教育政策分析中心. 义务教育均衡发展是实现教育公平的基石 [J]. 教育研究，2007（2）.

[11] 陈金芳，黄楠森. 试论毛泽东的全面教育思想 [EB/OL]. 中小学教育资源交流中心. [2004-12-19]. http://text.k12zy.com/jiaoan/html/2004/287958.html.

[12] 周济. 五年来教育事业的改革和发展 [EB/OL]. 国家精品课程资源网. [2009-05-31]. http://news.jingpinke.com/details?uuid=bf8b0060-11af-1000-9a52-1660248530b8.

[13] 闵维方. 中国教育与人力资源发展报告（2005—2006）[R]. 北京：北京大学出版社，2007.

[14] 杨东平. 教育蓝皮书（2008）[M]. 北京：社会科学文献出版社，2008.

[15] 刘建琼. 教育公平，一个永恒的追求 [J] 当代教育论坛·校长教育研究. 2007(1).

时代背景，问题远比我们想象的要复杂得多，而且还可能不断出现新的问题，这也是教育公平问题虽经多方努力但至今仍未能从根本上予以解决的原因。而理论界的研究，有深有浅，有详有略，但据我了解，触及问题根本的不太多。2006年"两会"前后和2007年中共十七大前后，曾出现过关注教育公平问题的热潮，教育部哲学社会科学研究重大攻关项目"中国教育与人力资源问题研究"课题组公布的《中国教育与人力资源发展报告（2005—2006）》（闵维方主编）和21世纪教育发展研究院编的《教育蓝皮书》（杨东平主编），对教育公平问题的调查分析和研究非常系统，新华社、新浪网、《南风窗》等媒体以及杨东平等著名学者的关注都比较有深度，但此后这一热潮似乎又沉寂了下来。而对于2008年国内外所发生的一系列重大事件及其对教育发展的影响，教育理论界至今尚无多少深入研究和深刻结论。应该知道，无论对于政府，还是对于教育行政部门，抑或对于理论界，关于教育公平的深层次的问题，我们终究是无法回避的，要解决它，必须先正视它。深刻地理解并把握问题，这正是马克思主义教给我们的处理问题的基本态度和方法。

我国的教育公平问题到底是个什么性质的问题？笔者以为，从本质上讲，它不仅是一个教育问题，也不仅是一个经济问题，而更是一个政治问题，其根源在于市场化背景下日益加剧的社会分化，尤其是阶层分化。

一、教育公平问题的主要表现

1. 教育公平问题表现之一：阶层

国家教育规划"十五"课题组的一项调查显示：阶层差距正在成为影响教育公平的重要因素，拥有更多文化资本和社会资本者的子女在高等教育入学机会上更占优势，他们在国家重点高校占有较大的份额，他们的录取分数却低于低阶层家庭的学生。

课题组认为，高等教育公平问题很大程度上是高中教育、基础教育公平问题的积累和延续。高中教育成为影响高等教育入学机会最直接、最重要的因素，成为教育公平新的瓶颈。在被调查对象中，约有1/5的学生通过交赞助费和择校费进入高中，在城市重点学校中，择校生比例达到25.2%。有34.7%的私企业主、23.5%的高层管理技术人员和25.7%的中层管理技术人员家庭的子女通过交赞助费和择校费进入高中。经济条件好的家庭可以花重金，让孩子到师资、教学条件好的学校学习；而经济拮据的家庭的一些孩子只能眼睁睁地看着同样分数甚至更低分数的"富孩子"站在"起跑线"前面。这使处于社会底层的人，丧失了获得成功的潜在机遇，也伤害了纯洁的孩子们对社会公平的信心，在尚未形成健全人生观的孩子心中播下了"金钱万能"的种子。

至于上大学，现在不但要比较智力和勤奋，还要比较身份、户口、关系网、财力。教育本应是推动社会公正的利器，为每个不分贫富贵贱的国民，提供改善命运的机会和愿景，但面对教育不公，教育的光芒却黯淡了，它失去了传统价值系统赋予其的道义色彩，反而造就与扩大了阶层鸿沟。中国社会科学院曾发布的《当代中国社会流动》研究报告表明，目前我国处于社会优势地位的阶层，其子女职业继承性明显增强，调查数据表明："干部子女当干部的机会比常人高2.1倍。"

著名教育专家、北京理工大学教授杨东平说，自改革开放以来，不同家庭背景的子女在高等教育中入学机会上的差异一直存在，且受到教育政策的强烈影响。据调查，这一趋势在近年还在发展，教育机会分配转向更有利于出身于优势家庭背景的人。他说："糟糕的教育制度成为凝固和复制阶层差距的工具。"

在过去的文章中，我们经常谈论到"弱势群体"。弱势群体的不公平表现在社会诸多方面，教育的不公平就是其中之一。弱势群体通常是指由于某些障碍或者缺乏经济、政治和社会机会，而在社会上处于不利地位的人群，经济生活的贫困性、生活质量的低层次性、承担风险的脆弱性是其本质特征。过去认为，我国在转型时期，弱势群体主要由贫困农民、下岗失业者以及进城民工组成。但现在，随全球经济一体化和国家市场化造成的社会分化的日益加剧，弱势群体已经不断扩大为以普通工人、农民为主体的庞大的弱势阶层，地位、金钱成为社会强势阶层与弱势阶层分野的标志，也成为教育不公平的重要因素。

2. 教育公平问题表现之二：城乡

城乡的受教育机会是严重不均衡的。据中国社科院"当代中国社会结构变迁研究课题组"调查，2002年全社会的各项教育投资是5800多亿元，其中用在占总人口不到40%的城市人口上的占77%，而占总人口数60%

以上的农村人口只获得了23%的教育投资。据国家相关课题组调查显示，随着学历的增加，城乡之间的差距逐渐拉大。现在，城市人口拥有高中、中专、大专、本科、研究生学历的人数，分别是农村人口的3.5倍、16.5倍、55.5倍、281.55倍、323倍。

长期以来，在城乡二元结构下，教育政策中逐渐形成了以城市社会和居民为出发点的"城市中心"的价值取向：优先满足甚至只反映和体现城市人的利益。例如，在教育机会均等方面，城乡差别严重：我国广大农村地区绝大多数人口没有学前教育机会；在升学率和升学的可能性方面，农村学生远远比不上城市学生；在教育资源分配上，政府教育经费也主要投资于城市教育部门；在教学设施和教学质量的比较上，城市中教育资源相对集中，师资素质较高，各种教育设施也比较完备，有的城市学校宽带插口装到了每间教室，铺着塑胶跑道的运动场不止一个，学生受到的是正规教育，而一些农村中小学，不仅师资素质较低，且几乎谈不上什么教育设施，连一个可供学生玩的篮球也拿不出，甚至粉笔也得一根根地数着用，有不少孩子还因为地处偏僻无法上学。其结果使广大农村孩子陷入结构性、制度性的机会不公状态，在竞争起点上便落后于城市孩子。另外，目前我国进入城市的农村人口差不多有1亿，保守估计，第二代子女占5%~7%，这已经是相当大数量的人群。过着城市中心的边缘生活的农民工子女，他们在怎样成长？他们受义务教育的权利该如何保障？

3. 教育公平问题表现之三：地域

东西部地区之间的教育水平差距是很大的。教育表现在区域上的不公平与经济发展的区域分布不平衡相关联。按地域范围来讲，我国东部沿海地区属经济发达地区，相应地教育也较发达；中部和东北部次之，相应地教育也还比较强；广大西部地区则属于欠发达地区，相应地教育就比较落后。我国东、西部之间和城乡之间经济发展水平的严重失衡，必然会影响资金、人才等教育资源的流向。西部和广大农村地区由于经济发展缓慢，教育投入增长不多，有时甚至出现负增长，而东部沿海和中心城市地区由于经济快速发展保证了教育投入的较快增长，再加上原有教育资源的优势，就必然会造成"贫域亦贫、富域亦富"的状况。

但更离谱的是高考录取上的地区差异。高考作为选拔人才接受高等教育的基本方式，被喻为"国考"。我国现行的统一高考制度，具备了形式上的公平——分数面前人人平等。但由于实际录取学生时采取分省定额划线录取的方法，而各省市区的录取定额并不是按照考生数目平均分配的，导致了地区间录取分数线严重倾斜，且录取比例分配失当，存在严重的地区保护主义。主要表现为北京、上海等大城市的"低分数线、高录取率"，欠发达地区的"高分数线、低录取率"。同样的分数，在北京可以上重点大学，在有的省份却连分数线都上不了。这不得不让人怀疑教育的公平性。2005年来自湖北的全国人大代表洪可柱曾在其关于"高招制度"改革的著名议案中，对当下招生配额不公的具体情形，进行了一番精细的分析："据不完全统计，恢复高考制度20多年来，清华、北大在湖北省每校每年招生人数不足百人，在北京市则不低于500人，后者是前者的5倍；而湖北省总人口7500万人，北京市总人口1500万人，前者是后者的5倍。即同等条件下，如果湖北省只有一个招生指标，北京市却拥有25个指标，这是多么严重的不公平！据统计，湖北省考生上清华、北大的平均分数比北京市考生要高160分！"同年，学者张玉林先生也解剖了"清华"神话：在迄今为止的20多年间，清华大学投放北京市的招生名额始终超过苏、皖、鄂、川四省总和，2001年则占其招生总数的18%，而当年北京高中毕业生数量只占全国总量的0.9%。结果必然是各地录取比例和分数线的极大悬殊。

京津沪等发达地区，本来占有更多的教育资源，学生受教育的机会和条件大大优于贫困地区、优于中西部地区，按常理，高考录取分应高于其他地方，但事实恰恰相反，他们在高招录取上再次受到了很大的优待。这种不合理直接造成了各地区人才培养的差距，成为制约我国经济、社会全面进步的一个重要因素，最终将危及社会的稳定、健康与和谐发展。

4. 教育公平问题表现之四：学段

一直以来公共教育资源在各教育层次各学段的配置，存在不公平现象：高等教育与基础教育之间教育资源配置的失衡。我国公共教育经费占国民生产总值的比例低于发展中国家的平均水平。在极其有限的教育经费中，投给高等教育的比重明显过高，投给义务教育的份额太少。发展昂贵的高等教育挤占了基础教育的资源，从而影响了大多数人接受必要的教育的机会和权利。这样一种教育资源配置制度导致了我国发展基础教育环节的薄弱。尤其在农村，问题特别严重。虽然我国从2001年开始实行了以县级政府作为农村义务教育投资筹措主体的财政体制，保证了教师工资的及时发放，但是由于县级政府大多缺乏足够的财政支撑能力，农村义务教育经费仍然缺乏稳定的保障。

举一个较为典型的例子，为了创办所谓一流的高等学府，几亿、几十亿甚至上百亿元的财政拨款被投给几所办学条件已经相当不错的大学，而农村中小学校危险教室改造的经费，则要通过农民集资或希望工程这样的民间资源动员的方式去解决。这也就是说，为了造就堂皇体面的大学，其副产品可能正是乡村中小学的凋敝！从数据上看，美国的小学生、中学生、大学生平均公共教育经费之比为 1∶3∶2，而我国为 1∶1∶23！为什么会这样？值得我们深思。

二、社会分化与教育公平

1. 教育公平问题的本质是社会分化，尤其是市场化背景下的阶层分化

前面谈到教育公平问题的四种主要表现——阶层不公平、城乡不公平、地域不公平和学段不公平，无论哪种表现，就其本质而言，乃是源于20世纪八九十年代至今愈演愈烈的社会分化，尤其是市场化资本化背景下的社会阶层分化。教育公平问题固然有其一定的历史原因和客观成因，但演变成如此广泛、如此严重的全社会普遍存在并且积重难返的问题，则是近一二十年来的事，其根本原因在政治和经济领域，而不在教育领域，教育问题只是其表现形式之一。试图通过教育自身来实现高水平的教育公平是不能从根本上解决问题的。

虽然，我们不能否认教育自身尤其是教育行政部门对于推进教育公平的责任和义务，以及所应该发挥、所能够发挥的巨大作用——在教育内部，教育公平现状有很大的改进空间，不同的教育主体可以同时在宏观层面（国家和区域层面）和微观层面（学校、班级、教师个人层面），坚持教育公平，合理配置教育资源，协力推进教育公平，但教育不平等归根结底是社会和经济不平等的反映，教育不公平的根本原因是社会经济、政治因素及其造成的严重的社会阶层分化。只通过教育改革是不可能彻底解决教育公平问题的，经济改革和政治改革是根本，是实现包括教育公平在内的社会公平和正义的根本路径。经济社会发展是人的全面发展的前提和

条件，没有经济社会的发展，人的全面发展也就失去了基础和保障。实现人的全面发展，受到生产力发展水平和社会现实条件的制约，是一个长期的、渐进的过程，不能超越经济社会发展阶段。教育在社会结构中所具有的边缘性，决定着教育公平的高水平实现有赖于政治、经济公平的实现。通过经济公平、政治公平来促进教育公平，是走向真正高水平教育公平的唯一正确的路径选择。研究表明，英国20世纪教育公平的发展与英国政治民主化的推动有直接关系，没有后者，就没有前者的迅速发展和推进。

当前中国处于经济体制转轨、社会阶层分化的时期，阶层分层对教育公平的影响已经成为一个不可回避和不可忽视的问题。阶层的分化，会带来各种资源的重新分配和各类资本的不同占有，并重新确认人们在社会结构中的位置与相互关系。加入WTO之后，中国与世界发达资本主义国家全面接轨，已逐渐市场化，不同阶层的群体拥有着不同的经济资本和政治资本。经济资本是资本的一种最有效的形式，是其他各类资本的根源。这种资本可以以普通的、匿名的、适合各种用途的、可转换成金钱的形式，从一代人传递到下一代人。经济资本的拥有无疑为争取受教育的平等权利和平等机会直接提供了条件，问题的复杂在于，改革开放在推动整个社会发展的同时也造就了一大批迅速上升的中上等阶层，只是需要付出时间与精力投资的文化资本与他们迅速积聚的经济资本一时无法匹配，他们并不很高的社会地位与并不很多的文化积累常常会使其教育需求受阻。于是，利用经济资本积累文化资本从而又进一步积累经济资本就成为一种带有普适性的路径选择。与经济资本拥有者相比，政治资本拥有者往往更与社会中上层的阶层地位相一致，并辐射到包括教育的各个领域。政治资本的奇特功效就在于它能够在等价的经济和文化资本中获得非常不平等的收益，或者说它可以在某种程度上取代原本经济或文化资本所具备的功能。因此，通过政治资本，行动者能够获得经济资源，提高文化资本，并与制度化机构建立密切的联系。

阶层分化就是这样导致各种资本的位移的，而这些资本的位移又引发了教育资源倾斜与教育资本匮乏，造成了教育重强势群体轻弱势群体的阶层差异、重富裕城市轻贫穷农村的城乡差异、重政治核心城市和经济发达地区轻偏远中西部地区的区域差异、重形成文化资本最立竿见影的大学学段轻形成文化资本相对较弱的基础教育学段的学段差异，在视而不见或理所当然中,制造出了教育的不公平,又从而进一步加剧了社会阶层的分化,形成了恶性循环。教育不公与建立和谐社会是水火不容、格格不入的。它不仅有违社会公平,而且影响社会稳定,加速矛盾尖锐化,对建立和谐社会将造成巨大的影响和危害。原本教育通过其自身具有的选拔作用,将各种不同类型的人才输送到社会的不同位置上去。特别是能够根治各种不平等的社会弊病,即通过教育增强人的社会能力,给人提供公平竞争的机会,从而显著改善弱势群体的生存状态,减少社会的不公平。如果教育本身就存在不公,其稳定和平衡器的功能就不可能发挥出来,更谈不上有助于缩小社会不平等,具有促进社会平等的功能。其后果只能是促使社会贫富阶层的两极分化,形成贫富不均的社会状况,造成"穷者恒穷,富者越富"的格局,从而使社会处于不安定的状态。如果教育不能促进社会公平,反而加速阶层分化,扩大社会差距,就严重背离了教育的初衷。

2. 解决教育公平问题的根本对策

教育公平问题是一个严肃的政治问题,能否妥善解决从根本上取决于政府及各级教育行政部门的立场、态度和决心。

教育公平是现代大多数国家追求的社会价值之一。作为一种社会现象,教育公平问题的影响因素是多元化的,但其中,政治是不容忽视的极其重要的因素,教育无法(实际上也不可能)逃避政治权威对它的制约和影响。另外,教育和政治是相辅相成的,教育不只是消极被动地接受政治的影响,教育尤其是教育公平还会对政治作出积极主动的反应,教育公平促使公民维护和传承社会政治的主导价值与政治信仰,具有维护政治稳定的价值。应该承认,教育不公平问题很大程度上源于制度性和体制性的障碍,因此,研究、构建教育政策和制度运行的公平机制,从制度上保障教育公平是政府义不容辞的责任,也是从根本上解决教育不公平问题的关键所在。笔者无意于比较和臧否不同的时代,每个时代都会有各自的成就与问题,但至少在教育公平问题上,为什么毛泽东时代没有如此严重的教育不公平的问题,或者说没有现在这么严重和积重难返?这值得我们认真反思。也许,从中我们可以悟出一些道理。

早在1945年4月,毛泽东在中国共产党第七次全国代表大会上的政治报告《论联合政府》中提出,要建立民族的、科学的、人民大众的新文化和新教育,指出中国国民文化和国民教育首先要面向广大的工人、农民和士兵及大批工作干部。建国初期，毛泽东把恢复和发展人民教育当作当时的重要任务之一。在他的倡导之下，党和各级政府制定了一系列政策与措施来推动教育事业的发展。由于半殖民地半封建社会的长期统治，新中国成立初期我国的文盲人口比例达到80%，所以，当时的教育属普及教育范畴，不仅针对青少年学生，还包括大规模的扫盲运动及对旧教育的改革运动。毛泽东认为，教育要面向全体人民，人民享有同等受教育权利。他特别重视农民教育问题，指出要组织和支持农民学文化，并亲自为农民学文化制定学习方案和目标。他很重视少数民族地区的教育，指出少数民族地区要搞建设，就要培养自己的干部和科学家。对于干部子弟，毛泽东认为不能搞特权，主张废除当时存在的干部子弟学校，指出干部子弟应与人民子弟合一，即与人民子弟享受同等教育待遇。

毛泽东关于教育要面向全体人民的思想体现了社会主义教育的根本宗旨，对于广泛提高全体人民的思想道德素质和科学文化素质具有深远的历史意义，对于今天从根本上解决教育公平问题也具有十分重要的现实意义。我们仍然是社会主义国家，人民民主专政仍然是我们的政权基础，只要各级政府及教育行政部门从应有的政治立场出发，以严肃认真的态度，下定决心来处理问题，政治上反对特权化——阶层特权、城市特权、区域特权、精英特权，坚持阶层公平、城乡公平、区域公平、学段公平，坚持教育为人民服务，为民族服务；经济上反对资本化、产业化，坚持教育的人民性、公益性，相信教育公平问题是能够得到令人满意的解决的，建设一个文明、富强、和谐的伟大祖国的目标是一定能够实现的。

英美教师专业化建设的特征和着力点呈现[①]

【摘　要】本文从"特征"和"着力重点"两个维度述评英美两个西方发达国家教师专业化建设的内涵。特征视角表现为：英国的全方位的教师专业发展的有力推进和美国的教师专业发展的个体化；着力重点表现为：英国以国家为后盾使制度更加完备、实施富有力量，美国教师个体性的发展随着国家机制的健全变得更加富有向前运行的潜力。因此，在了解分析清楚我国教师专业化建设现状的前提下，英美之举措将对我国教师专业化建设具有启示性意义。

【关键词】英美；教师专业化；特征和着力点

---

① 本文参考文献如下：
 [1] 刘建琼. 新课程实施与教师专业化建设研究 [M]. 长沙：湖南教育出版社，2007.
 [2] 续润华，朱守宏. 发达国家高等学校教师在职培训的经验及其启示 [J]. 外国教育研究，1994（2）.
 [3] 张彦通. 英国高校教师评估理论 [J]. 比较教育研究，1996（5）.
 [4] 叶澜，白益民，王枬，陶志琼. 教师角色与教师发展新探 [M]. 北京：教育科学出版社，2001.
 [5] 吴文侃，杨汉清. 比较教育学 [M]. 北京：人民教育出版社，1999.
 [6] 许明，黄雪娜. 从入职培训看美国新教师的专业成长 [J]. 教育科学，2002（1）.
 [7] 刘明远. 美国教师教育的基本走向及启示 [N]. 中国教育报，2000-10-05.
 [8] 教育部师范教育司. 教师专业化的理论与实践 [M]. 北京：人民教育出版社，2001.

本文从"特征"和"着力重点"两个维度述评英美两个西方发达国家教师专业化建设的内涵。特征视角表现为：英国的全方位的教师专业发展的有力推进和美国的教师专业发展的个体化；着力重点表现为：英国以国家为后盾使制度更加完备、实施富有力量，美国教师个体性的发展随着国家机制的健全变得更加富有向前运行的潜力。因此，在了解分析清楚我国教师专业化建设现状的前提下，英美之举措将对我国教师专业化建设具有启示性意义。

一、英美教师专业化建设的特征呈现

英国的学校发展计划和改进计划定有专门的教师专业化发展目标、步骤和措施，教师评价和专业发展紧密联系在一起。而在美国，教师个体主动的专业化发展逐渐被提上了议事日程，并已采取各项改革措施推进教师个体的专业化发展。这些对我国的教师专业化建设中存在的诸如"教师培训仅流于形式，课程老化，理论与实际相脱节，培训方式简单划一，教师专业化发展动力不足"等等问题，具有纠正意义。

1. 英国教师专业化特点呈现：全方位性

（1）培训目标人本化。教师培训的目标不仅仅停留在提高教师的学历、提升教师的教学能力上，还要体现促进教师自身全面、健康发展的人本目标。既强调教师在培训中获取的经验，促进其教学质量的提高，更应促进教师自身的发展。人本化的目标定位，必然引发教师培训内容和方式的变革，变培养"教书匠"的教师培训为培养"研究者"的教师培训，从而有效地激发教师内在的学习动机和创造性，促使教师在培训中成为一个主动的探索者和创造者。英国培训工作不求短期效应，不急功近利，而是着眼于教师的长远发展，整个工作贯穿、渗透了人文精神，或者说是以人为本。

（2）课程开发多样化。为适应教师需要，教师培训机构（TTA）开发了大量的课程，既有通用课程，也有涉及各学科的课程，丰富多样，选择性大，专业化发展覆盖范围广泛。这不仅是对普通教师而言的，还有针对校长领导层的培训，也有针对中层干部的培训。培训有针对新教师的，也有针对合格教师的，还有针对教辅人员的，为每一个从事教育工作的人员都提供了专业化发展的机会。

（3）注意对培训实施效果的评估。注重学员对课程的反馈和信息的收集，提出改进意见，确保培训方式灵活多变（不仅有面授课程，更有在线学习课程），并注重分享经验和知识。以英国考文垂教师教育课程为例，为保证培训质量，他们的做法是：制订详细的、系统的评估计划；开发新课程或部分新课程内容为中小学服务；欢迎一切有建设性的批评意见用以改进课程本身；为课程授课者提供地区或全国性进修机会；确保授课教师了解当前的教育创新和新需要；注意听取专家有关有效培训方法的意见；做好时间安排，开展长远的培训；发展同大学、教育学院和其他教育培训机构的合作伙伴关系，确保课程和培训同中小学的需要密切相关。从这些做法可以看出，英国教师培训十分注重实施效果，避免培训流于形式。

（4）校本培训为主。英国校本培训在实践近20年后逐渐成为国外尤其是发达国家教师在职培训的主流，是学校整个发展计划的重要组成部分。英国已正式评定校本教师教育（包括职前培养和在职进修）是培养有能力的教师的途径。

（5）保持同大学、学院和其他教育培训机构的密切合作伙伴关系。伙伴关系（partnership）一词在英国教育界十分流行，学校、教师教育部门同当地教育部门、大学、社区学院及其他教育机构保持良好的合作伙伴关系，开发丰富多样的课程供在职教师选择。此外还有相当多机构和组织支持、扶持、赞助教师专业化的发展。

（6）为教师专业化发展制定了国家标准。英国政府为各个层面的教师群体专业化发展分别设置了国家标准，分别包括学校校长、合格教师、新入职教师、特殊教育协调员、特别教育教师、学科领导人。教育技能部也为高级熟练教师（AST）和达标评估设置了标准，当然这些标准要获得学校教师评审团的认可。国家标准的制定，加快了教师专业化发展的进程。

（7）提供必要的组织机构和人员保障。英国政府部门高度重视教师专业发展，教育与技能部门（DFES）负责当地教师专业发展事务。在人员方面，英国的在职教师培训主管部门——地方教育委员会（LEA）都有专门的机构和人员负责教师专业化发展的实施，学校一般也有专职或兼职协调人员负责这一块工作。每两年一次的教育督导检查报告也把各学校教师专业发展的情况作为评估的依据之一，从体制上保证了教师专业化发展的顺利进行。

2. 美国教师专业化特点呈现：由群体发展走向个体发展

20世纪80年代中期，以美国卡内基教育和经济论坛的"教学作为一门专业之工作小组"的《国家为培养21世纪的教师做准备》和霍姆斯小组的《明日的教师》两个报告的先后发表为标志，美国掀起了一场声势浩大的教师专业化运动，这场运动随即波及西方其他国家，成了影响西方乃至全世界教师职业发展的教师专业化浪潮。从历史过程看，美国教师的专业化发展是一个从被忽略发展到被逐渐重视，从关注教师专业化发展的外部环境和社会对专业化的认可发展到关注教师专业化的内在素质的提高，从注重群体教师的专业化发展转移到关注教师个体的专业化发展的过程。（刘建琼《新课程实施与教师专业化建设研究》）

具体来说，美国1980年代以来的教师教育改革总的倾向是不断提升教师职业的专业标准。这是教师专业化由外部向内部转化的过程，不过这种转化在最初都是在教师群体的意义上进行的。群体意义上的教师专业化意味着要制定严格的教师专业规范和标准，但专业规范和标准的制定只是专业制度的建设，"制度只能把不符合要求的教师"过滤掉，其本身无法保证每一位教师专业知能和专业性的不断改进与提高，这就要求诉诸教师个体的专业化，所以，谋求教师群体专业化的策略，逐渐转变为教师个体的专业化策略。早期的教师个体专业化是以教师被动的专业化方式表现出来的，"从教师自身来看，教学工作往往被作为而且仅仅作为谋生的手段，在整个职业生涯中也只把个人职业阶梯的上升作为工作的主要动力"，被动地实现外界所订立的专业标准，执行所规定的要求。

二、英美教师专业化建设的着力重点

1. 英国教师专业化建设着力点：以国家为后盾，使制度完备、实施有力

（1）加强国家对教师专业化发展的扶持和督导。近十几年来，在加强国家对教育和教师教育的控制与督导方面，英国的改革力度是超乎人们的想象的，政府明确了教师的从业资格和准入制度，制定了专业标准，对教师后续的专业化发展也大力扶持，不惜重金满足教师专业化发展的需要。

（2）注重教师教育改革的一体化。英国教育改革不仅针对职前教师教

育,而且着重加强了对在职教师教育的改革,更为重要的是将职前和在职教育连为一体,强调职前和在职教育的衔接与过渡,注重从教师成长的整个历程来推动教师教育的改革。如实施了严格的教师资格制度(PGCE)、在新教师入职的第一年实施了"入职简介"制,而且还对同样容易产生职业不适症的第二年和第三年采取了鼓励早期专业化发展(EPD)的资助计划。这种改革教师教育的战略眼光有利于教师培训的不同环节和部门相互协调,共同促进教师的成长。

(3)鼓励教师在优质的专业化实践中学习和成长。英国的教师教育出现了极为强烈的注重教学实践的倾向,英国在职教师教育改革的相当一部分举措,如"起点评估"、"业绩管理"、"最佳实践研究奖励金"计划、"在职训练课程奖励"、"国家教学奖"等等,都是为鼓励教师从教学实践中学习教学、实现专业化发展而设的,由英国文化委员会发起的"教师国际专业化发展"计划进一步将教师实践的范围拓展到了国际领域。

(4)实施教师专业化发展的整体配套改革。英国的教师专业化发展在立足于教学实践的基础上,以业绩为标准,根据教师的业绩状况对教师实施奖励。为此,英国不仅改革了教学管理和教学评估的制度,而且实施了教师工资的改革以及其他一些配套改革,这是一场促进教师专业化发展的整体改革。实际上,教师的专业化发展与各种内部和外部因素紧密相关,只有实施内外并举的整体改革,才可能为教师的专业化发展创造外部条件和激活内在动力。

2. 美国教师专业化建设着力点:教师个体性的发展随着国家机制的健全变得更加富有向前运行的潜力

美国联邦政府和地方各州从改革教师专业教育模式入手,以提高教师教育的专业性为中心,以建立、健全教师队伍质量保证机制为保障,以政府和社会的支持为后盾,旨在从根本上改变教师专业化的面貌。美国在教师教育的各个阶段,即职前教师教育阶段、入职教师教育阶段和在职教师教育阶段,试图从教育内部和外部支持系统的不同方面促进教师专业化,提高师资水平,从而推动本国教育的发展。从世界教师教育改革的视角审视美国的教师专业化运动,我们会发现,美国教师专业化有不少值得其他国家借鉴和学习的地方。尤其是专业发展学校的创立,为教师教育中理论与实践问题的解决和教师专业化运动的发展,增添了新的亮点。我国的教师专业化发展情况与之相比,显然不仅是起步较迟,而且在各种政策及其实施方面都与美国有一定的差距。

(1)美国教师专业化的内部改革措施。

美国教师专业化的实施途径主要是内部的改革和外部支持系统的完善。美国教师专业化的内部改革措施主要有以下几个方面。

① 改革职前、入职和在职教师教育。

a. 职前教师教育阶段:重在奠基的师范生阶段的教师专业化。教育的任务由文理学院、综合大学和师范学院承担,凡师资培养机构的创立和师范课程的开设,须经有关部门承认,否则其毕业生就不能取得本州教育行政机关颁发的教师资格证。各高等院校设置教师教育课程的情况各不相同,但基本上符合美国全国师范教育认可委员会1982年制定的认可标准。通常设置的课程包括:普通教育课程、教育科学课程、学科科学课程。三类课程在学时上的比重有所不同。由于美国实行开放式师资培训体制,要在文理学院学习两年的普通教育课程,因而普通教育课程至少要占学时总量的1/3。而教育科学课程和学科科学课程的学时大致各占1/3。三类课程在学分分布上则又与学时比例有所不同。

当然,一些师范大学鼓励或要求更高的学分,或是增加国家毕业证要求以外的特殊课程。大部分的大专院校把这些课程分配到四年的学习过程中,有一些学校将它们集中到最后一年,也有学校既不提供学科领域的或专业化的五年课程,也不加入开始于第二、三年的学校实地调查和第五年的毕业生实习。

但是,美国传统的师范教育存在着理论与实践相脱节的缺陷,教学实习没有得到有力的保障,其作用没有充分地发挥出来。以大学为基地的教师职前教育很少向学生提供进入真实的情景进行实践工作的机会,因而师范生一旦走上工作岗位,面对着极其复杂的教学场景,会发现自己似乎置身于一片"沼泽似的低谷"。因此,美国政府、学界和社会各界逐渐关注教师教育以及与此相联系的一系列问题。美国教育界已经达成这样一种共识:教师地位的提高和教学专业化的实现最终都要依靠教学为他们本专业的发展做出贡献。美国国内对传统的培训模式下所培养的教师普遍缺乏教学实践能力批判不已,在此情景下,为理论与实践相结合提供场所的教师专业发展学校(PDS)应运而生,从而形成了新的教师培养模式。

b.入职教师教育阶段：重在适应的入门阶段的教师专业化。在教师专业化方面，除了像以往那样继续关注职前教师教育和在职教师教育外，美国各州开始把教师的专业发展的重点放在二者的中间环节，即新教师的入职培训，并把它看作教师专业成长的一个重要的和不可或缺的阶段，逐步加以规范化和制度化。美国的入职培训因各州教育政策或学校所在学区的不同而呈现不同的特点，但总的来说，都把入职培训看成一个综合的体系，主要由以下四个部分构成：第一，定向课程，通常先于入职培训或在入职培训前期开设，其目的是帮助新教师熟悉学生需求以及就职学校的各方面的政策、程序和课程安排，从而使新教师顺利过渡到他的工作岗位中。在这一阶段，通常发给新教师一些手册、指南等材料来向他们介绍学校设施和人员，并向他们解释其所在学区和学校的政策措施、教学过程和教学目标。作为入职培训的入门，定向课程帮助准备充分的教师在一个恰当的起点上信心十足地迎接以后的教学工作。第二，提供支持和辅助，这是入职培训的核心环节，由经验丰富的老教师为新教师提供支持、建议、辅导和帮助，并着眼于新教师学习教学的过程，给予教学辅导、培养专业的教学行为、提供情感支持、参与评价过程。通过新老教师的辅导合作，降低了新教师的流失率，提高了其专业素质，增进了其专业思想和教学态度，并改进了老教师的教学技巧和策略。第三，训练课程，通常由培训基地的行政人员和学校骨干教师开办，根据新教师不断变化着的需求对其提供个体化的训练，采取的方式一般有：安排教师听课、开展研讨会、学校间的交流学习、教学工作的反思、新老教师的小队学习、针对教师个体的入职培训计划、心理辅导、录像、由教师引导的探究或行动研究、个案讨论及电子化网络学习。第四，评价体系，主要包括形成性评价和终结性评价，通过建立一套较为科学的评价体系对新教师在入职培训期间的表现进行评估，以判断新教师能否继续留在教学领域。美国的许多州和学区都采用档案袋评价作为对新教师进行评估测定的方法，以确保新教师在其专业发展方面得到更好的引导。

c.在职教师教育阶段：重在提高在职阶段的教师专业化。其一，在对职前和入职教师教育进行重大改革的基础上，美国在激励和支持教师的持续专业化发展方面形成了新的改革思路，采取了各种改革措施，使教师的在职进修逐渐规范化。美国中小学教师在职培养方式主要分成两类：一类是工作中培训，另一类是职外培训。工作中培训就是让学校的教师在校园内开展互帮互学的活动，如：让经验丰富的老教师指导新教师掌握课堂管理技能和教学技巧，使他们尽早适应教师的工作；对重返教坛的教师，帮助他们了解现代的教学内容和教学技术；如果教师换了年级和任教科目，让同伴教师帮助他们熟悉新的年级、新的科目。职外培训是中小学教师在任教以外接受的不同形式的在职教育。许多州都建立了旨在促进教师专业化学习的遍布全州的组织机构，教师可以通过各种方式深化自己专业知识和技能的学习，如攻读研究生课程、接受现场辅导、组织研究小组、进行教学监督、从事课程开发、观察指导教师的教学或观摩模范教学、通过网络进行专业交流等等。美国中小学教师在职进修的基本特征是：教师在职进修有进一步专门化的趋势，由原来以高等院校为主渐渐变为以独立的专门教育机构以及州或地方的教育机构为主；在职进修的课程设计和讲授，由原来高等院校的教授一手包办渐渐变为以进修人员为中心，由教师所在学校根据需要自行设计和讲授；教师在职进修的场所由原来以高等院校的教育院系为主渐渐变为以教师所在的学校为主；在职教师进修的目标已由原来的"争取合格化"渐渐变为"争取优良化"。其二，建立健全教师队伍质量保证机制。美国建立了教师质量保证机制，通过教师教育专业标准、新教师资格认证制度和优秀教师资格认定制度三个连续的质量控制机制来不断促进教师的专业化成长。

②不断完善教师专业标准，严格控制职前教师教育质量。

美国通过不断修订教师教育专业标准以保证教师专业毕业生的质量。美国教师教育专业标准是由美国教师教育鉴定委员会进行制定和修订的，大体上是每五年一次。标准会对从事教师教育的机构、教师教育专业的毕业生和培养合格教师的途径提出基本要求。

对从事教师教育的机构的要求有：确保新教师获得能够独立地与他人合作进行教学所必需的学科内容、教育学和专业的知识与技能；确保所有新的教育行政人员和其他专业人员获得为学生创设学习环节的知识与技能；实施各种形式的多维评价，参与追踪研究，根据结果来确定师范生是否达到专业标准，是否能够帮助学生进行学习；致力于培养满足多样化学生群体需要的教师；培养的教师能够将技术和教学相结合，以促进学生的学习；鼓励分享、反思实践、不断改进，在教师、学生、家庭之间开展合作；把教师培养和发展看作一个从职前培养到有指导的入门实践再到持续性专业发展的连续过程。

对教师教育专业的毕业生的要求有：帮助从幼儿园前到高中各阶段所有的学生进行学习；按照各个专业协会和各州制定的标准来对学生进行教学；根据来自研究和最佳实践的知识来解释教学方面的不同选择；对处于不同发展阶段、采取不同学习方式和来自多样化背景的学生实施有效的教学方法；对实践进行反思，根据反馈进行教学；能够将技术与教学有效地结合起来。

对合格教师的培养途径的要求有：经过广博的文理教育；对所教学科深入学习；具备教学决策赖以依据的专业知识的基础；参与多样化的、有序的中小学各个阶段的教育实践；通过各种措施对师范生的实践能力进行持续性的评价。

③健全新教师资格认证制度，提高对新教师的要求。

1987年，美国全国专业教学标准委员会成立。该委员会建立了一种全国统一的教师资格证书制度——全国高级证书。州际初任教师评价与支持联合会在此基础上建立了对初任教师的考核认证制度，并颁发初任教师资格证书。初任教师资格证书是专门针对新教师的，它要求每个新教师必需写一份基于教师十条标准的专业发展计划。此外，申请者还要接受州政府进行的"普瑞细斯系列"之二的四种测验——核心综合测验、教与学原理测验、特定学科领域测验、多元学科评估测验。确立十条标准的目的在于促进教师专业的发展，同时促进初任教师向"教学专家"的转换；"普瑞细斯系列"之二的测试则在操作层面上实践了这些标准。

④制定相关制度，建立有效机制促进教师的持续专业发展。

美国全国专业教学标准委员会成立后，邀请多方面的专家进行深入研究，花费了六年时间来编制基础教育各门学科和教不同年龄段学生的优秀教师的认定标准与方法，制定了优秀教师资格认定制度。优秀教师资格的申请对象为美国全国包括幼儿园和中小学在内的所有公立私立学校的有经验的教师。基本条件有三个：获得学士以上学位；教龄在三年以上；三年间连续拥有州颁发的教学证书。专业教学标准委员会所颁布的所有标准都是基于它所提出的五个核心命题，它们能够区别出优秀教师的知识、技能、意向和对教学工作的投入。五个"核心命题"是全国专业教学委员会对优秀教师的基本设想,也是制定各个学科和各个阶段优秀教师标准的基本依据与出发点。它所设想的优秀教师不是一般意义上的合格教师或称职教师,而是具备高水平的专家型教师,他们应是基础教育领域的教学骨干。因此,它是美国迄今为止就教师专业订立的最严格和全面的标准。

另外,美国从1990年代中期以来,采取建立专业责任共负机制和教师专业发展评价体系的方法,来扩大教师的专业自主权,进而促进教师的专业化发展并承担起学生发展的专业责任。建立共负的专业责任体系的同时,与有实质意义的教师评价系统及相关的保护和激励措施相结合,能更有效地监督和保证教师在教学实践中专业责任的落实,使教师的专业自主权和教师专业责任相一致。

(2)美国教师专业化的实施及其外部支持系统。

①提高教师的工资和福利待遇。

美国政府已经认识到,教师报酬的高低直接影响教师的从教积极性,影响教师职业对高素质人才的吸引力和教师专业化水平的提高。美国联邦政府和各州政府采取了一系列措施,提高教师的经济地位。美国克林顿政府1994年在《中小学教育法》和《美国2000年的教育战略》中加进了联邦政府资助和支持教师教育改革的内容,1997年克林顿又在国情咨文中将教师和师范教育提升到事关"美国前途与未来"的高度,将改善师范教育和教师队伍列入美国十大教育发展目标之一,并以此加大联邦政府对教师教育和招聘合格教师的拨款。1999年联邦政府教育预算中用于"为贫困地区招聘教师""为改善小学生阅读而培训教师""为改善少数民族和移民的双语教学而培训和增加教师""为进行小班教学增加教师"的拨款就达到6亿美元,用于教育研究和推广的经费也从1998年度的4.31亿美元增加到6.89亿美元。

许多州还建立了优秀教师奖励制度、休年假制度、退休金制度、病假制度等,以改善教师的福利待遇。具体措施主要有以下方面:增加教师工资,许多州修改了教师最低工资的规定;同时,建立优秀教师基金,以鼓励认真对待教学工作的教师;为了鼓励优秀学生把教师作为终生职业,联邦政府还考虑为1/3愿意当自然科学教师的中学优秀毕业生提供巨额奖学金,帮助他们继续深造等。这些经济上的保障,对进一步促进美国教师专业化的发展起了积极的作用。

②扩大教师的专业自主权。

1986年,《国家为培养 21 世纪的教师做准备》中指出:"改组学校,为教师提供一个良好的教学环境,使学校充分享有决定最好地满足州和地方对儿童培养目标要求的权利。同时学校对学生的进步负责。"1980 年代,美国又兴起了重建教育结构运动,该运动提倡以学校为基础的管理办法,要求改变以前的"自上而下"的管理方式,实行"自下而上"的管理办法,以发挥学校基层管理人员和教师的积极性。

③改善教师的工作环境。

在美国,教师的工作环境如何主要受制于两大直接因素,一是地方学校董事会,二是教师集体的谈判协约,联邦和州政府一般不作直接的强制规定。但由于各州日益关注教学质量问题,学校的工作环境对教师的教学质量又有着重要的影响,因此联邦与州政府也开始关注教师的工作环境问题,主要有三个方面。首先,鼓励学校内部教职员工的团结合作和共同策划、共同发展。教师在各种教改活动中起着不可替代的关键作用,所以以学校实际为本的教改计划会更具有现实的指导意义。其次,有些州还对以学校为基础的专业发展项目和其他一些改进措施提供资金、指导,并且要求这些项目适合本学校的需要。最后,各州进一步给学校更多的自主权,允许学校重新设计其工作环境。其中最典型的例子就是特许学校的设立。到 1999 年 9 月,美国运行中的特许学校总数已达 1484 所。特许学校相对于一般的公立学校享有更多的自主权,这在经费的使用、教师聘用、课程设置等方面尤为突出。

平易：为辉煌教育生命寻找注解

【摘　要】2010年12月25日由湖南省特级教师工作研究专业委员会主办的"湖南省特级教师教育思想研讨系列专题"之"王沛清从教50年教育教学思想与实践研讨会"在百年名校——明德中学召开。基于王沛清对教育、学校、教师、理科教学等方面的贡献，笔者选择了"平易"二字来概括阐述。平易，是平与易的结合。平，是平常、平等；易，是简约、简洁。基于教育而言，前者是基本态度，后者是科学方法。故结论如下：平易是王沛清教育思想的最好注解。

【关键词】王沛清；教育生命；平易

在湖湘大地所有特级教师中，王沛清（1940—）无疑是最著名的之一。对他1960年代到2010年代的50年教育生涯进行探析，我发现：这位教育的研究者和实践者，始终不渝地对中国基础教育进行着探索，并在理论和实践紧密结合的基础上构建着较为明晰的平民化的教育思想体系。

的确，王沛清的人生哲学和教育思想不仅在湖南影响深远，而且在全国也产生过一定的影响。尽管人生漫漫，其教育践行总是俯仰苍生，虽遇云水茫茫，却痴情不改，从基础教育而教育科学研究而师范教育，从学校教学而教育理论而教育政策，关涉领域之广之深如此的为数不多。在研究他的资料中发现，以百度搜索"王沛清"有21800项，大多是客观简叙，找不到由他自己叙述的学术历经，但其间也还是可以读出些许信息的。如果要从王沛清的众多论述中去寻觅他的基础教育实践和理论的学术特点，其思考和言说维度，无一不是以公民、教师、参政者的身份介入，涉及视域大多是基础教育且皆为基础教育的基石性问题。如若以学术来演绎王沛清，说实在的，需要时间也需要强力思想。不过，笔者虽勿能却仍然企图借一个视角扼要地勾勒，比如，是一种什么姿势让王沛清这个具有师范性的符号充满认识的价值和意义，这样做也许不能研究彻底，却期望能为后来的人们诠释这位教育学者的人、德、言等作些补充。于是，笔者给了自己这样的思考暗示：平易，是王沛清辉煌的教育生命的最好注解。

******

平易，是平与易的结合。平，是平常、平等；易，是简约、简洁。基于教育而言，前者，可以是一个教育工作者的基本态度，后者可以说明一个教育工作者的科学方法。态度和方法的背后，当潜藏无数的知识、思维、原则、精神以及与人关联的要素。自古而今，中国文化的言行本质就讲求常态和对等，事实上，在西方教育发展进程中，常态和对等是民主思想的胚胎。《管子·霸言》中就写到"其立之也以整齐，其理之也以平易"，意思就是用平易来梳理堵塞，反对话语霸权；宋代苏轼《东坡志林·赵高李斯》中亦有文字记录"夫以忠恕为心，而以平易为政，则上易知而下易达"，意思大致是说，为政当以平易为原则，这样才会上下贯通。杜威在《民主主义与教育》中也非常明确地说：为了维系民主社会，应该使它的政治、工业、教育、一般的文化都成为民主主义信念的仆人，同时应该广泛地应用民主方法，即协商、说服、交流、理智协作的方法。以一个人的观念、行为、习惯和修养细细对照，平常和平等，的确是王沛清教育教学思想的人文元素。

一个普通公民尤其是公民代表养成平常与平等的民主意识，是社会的大幸，是个体生命富有社会意义的重要标志。面对千千万万的人和千姿百态的事，王沛清抱平常心态，持平等意识，哪怕某个特定时空也许不需要如此，但还是遵守着这个铁规则。记得有一次，望城县某中学请他帮助组织一批省内名师到学校上示范课，目的是引领教师专业发展。课后用校车送大家返回长沙，作为一个前辈，他硬是把每位上课老师送到家。事实上，车上的名师都可算作他的学生辈，是读着他的书成长起来的。后来有人问他为什么要这样做，他说："今天我是服务者。"有时笔者也以为他过于认真，但是事后思索发现，他的做法是多好的平等教育观的佐证啊。

生活里的王沛清作为一位古稀老者，于社会公德和公共秩序规范意识是以一个颇有修养的公民角色出现的。在笔者与他的交往中，随时可以感受到他的平常心、公平心和平民忧患意识。一次到石门考察，路上堵车，大家都着急，他说，"没关系。总会过去的！"他开始闭目养神，也许是在思想。又一次，去醴陵，事先约好八点出发，结果其中一位领导记错了日期，他到处联系，两个多小时后才联系上。他笑着说："呵呵！总有办法联系上的。"按照资历声望，他是有倚老卖老的资质的，这样的长者不是没有，但他从来没有这样的做法。记得第二届"湖南特级教师讲坛"，因为他作了两个多小时的学术报告，学会决定多给老先生几百元讲课费。后来，他不知道多少次跟我说起这事似乎办得不妥，有违他的心意。他还郑重其事地对我说："大家都做了事情，这是分给我做的，是分内的，补助应当跟大家相同。"等到第三届，还没有开始，又将此事跟我说起，其意是——可以同大家一起做事，但是不愿再多拿报酬。很多的行为已是一种习惯，很多的习惯已经化作教养，流淌在血液里。人类生命历程总是会奇怪地昭示，文如其人，言为心声。所以，笔尖下的元素、口头上的元素和心灵深处的高尚元素不期吻合，注定这个生命是一个纯粹的、脱离了低级趣味的良好公民——一个有修养的普通百姓。

生活如此，非视异于人。平民思想存于心中，自然会辐射所有，因为，这是思想的价值和职能。王沛清将这种平民化的思想指向教育，曾经作过精辟的剖析，他说："教育是崇高的社会公益事业，它应当惠及国家的每一位公民，尽量让每一位公民享有基本均等的教育机会和教育资源，体现教育公平。教育公平是社会公平的重要基础，也是国家教育发展的重要目标。教育中的义务教育更是集中地体现了教育的这些属性。义务教育具有普及性、均等性、免费性、强制性的特点。普及性要求国家某年龄段的公民都要接受这种教育。免费性体现了公民受这种教育是由国家负全部责任的。均等性要求义务教育阶段的教学计划、教学内容等必须按国家统一标准，学生应当享受基本相同的教育资源。强制性体现了对学生是否接受义务教育，学生是否能接受合符要求的义务教育的法律要求。必须办好每一所学校，教好每一个学生。"

他经常会严肃而又忧虑地对我说：沉重的功利包袱阻碍了我国教育的发展，教育功利会使一个民族浮躁、短视；教育投入不足，不能总是以

"穷国办大教育"为借口；要正视教育环境的污染问题；国家管理教育的权力中心有待提高。真是"天下兴亡，匹夫有责"啊！

　　涉及人的权利，见解亦是充分的平常而不平凡。他说："人，一般是指从'生命人'向'社会人'过渡的人，在法律上是指具有本国国籍，并依据宪法和法律规定，享有权利和承担义务的公民。""公民的受教育权利与生命权一样，是最重要的人权，受到法律的尊重和保障。我国的每一位公民都依法享有受教育的权利，这就决定了教育的普惠性、公益性和公平性。"他在谈论教育的时候，血液中流淌着常态和对等的意识，是一个平民的口吻，是一个平民的思考，是一个平民的责任。简而言之，是以一个平民的身份说平民的事情、表达平民的思想，只不过他已是一个平民的代言人。

　　他曾认真地写道："教育功能中提到的发展，主要是指'全面发展'和'个性主动发展'。"王沛清这样阐述道：全面发展的人，会体现在德、智、体、美诸多方面，也会体现在知识、技能、过程、方法、情感、态度、价值观上，还会体现在理想、精神、人格、道德、法纪上，但是，都会落实在人的综合素质上。它会为推进科技创新、文化繁荣，会为经济发展、社会进步和民生改善等打下坚实的基础。个性得以主动地发展，需要有效地开发人的潜能，提升人的创造力，从而实现从人口大国向人力资源大国的转变，进而向人力资源强国迈进。他说："提高人的素质、开发人的潜能，这是教育功能的体现，是教育事业发展的必然结果，而人的素质提高、潜能开发，又直接关系到国运兴衰，民族振兴，社会进步。"

　　仔细地想想，王沛清所有的教育生活昭示了这样的道理：平常的教育，是常态的教育，不扭曲；平等的教育，是公平的教育，不偏离。

******

　　如果你只是接住自己抛出的东西/这算不上什么/不过是雕虫小技/只有当你一把接住——/永恒之神/以精确计算的摆动，以神奇的拱桥形弧线/朝着你抛来的东西/这才算得上一种本领——/但不是你的本领/而是某个世界的力量

　　里尔克的诗歌奇妙地揭示了纷繁芜杂的世界里那些包裹得严严实实的

事理：人类文化里所有的知识与智慧只是一种发现，事实上它是某个世界固有的力量，人类智者不过是偶然地拥有"永恒之神"。王沛清获取"某个世界的力量"亦如同所有的探索者一样，其辛酸艰苦，没人记录，人们可能记住的是他在讲堂上，拨动机关，一切玄机就豁然开朗的绚丽，接着就成了永不改变的简洁、简约之美，一种科学方法之美。当然，王沛清也可以说是上帝的宠儿，人类生命历程的幸福者和痛苦者。但是，点滴之美曾经沧海啊！

王沛清接受过良好的中小学基础教育，但高等教育上颇有坎坷和责难。他1946—1952年就读于湖南一师附小，1952—1958年就读于湖南省明德中学。1958年以优异成绩参加高考并获高分，由于家庭出身影响而被送入长沙师专物理科学习。笔者只是想，历史的确有时像上帝开玩笑似的将一个富有创造力的生命顷刻间囚牢，当然，又会将一个生命的内在力量增强，从而影响一个生命对自然社会的诠释姿态和途径，所以，一个人某种意识的形成应该可以找到它的源头。

王沛清拥有相当长时间的学科教学实践和教育科研经历，但在基础教育和教育科研上更显造诣。1960年大学毕业分配至长沙师范任物理教师。1962—1972年在望城县一中、七中教物理，1972—1979年在湖南省教科院基教所任物理教研员，1979年后历任湖南第一师范学院物理教师、物理教研组组长、教科室主任等职。王沛清拥有相当丰富的教育科研成果和荣誉，但多为学术项目。1971年由湖南科技出版社出版第一本专著《农村有线广播》，此后著述不断，由全国11家省级以上的出版社出版著作、教材近百本，一千多万字。1991年评为湖南省特级教师，但是，1979年作为湖南省首批特级教师参评对象上报，被省级评审以"专没话讲，红不突出"为由否定；1980年作为改革开放后首批副教授评审对象上报，最后被以"学历太低"否定，1987年评上高级讲师；1992—2000年当选为中国物理学会第六、七届委员会理事，此后多次担任湖南省中师高级职称评委会、湖南省徐特立教育奖评委会、湖南省特级教师评委会、湖南省基础教育成果评委会之学科组长和副主任等职务。1997年获国务院授予的政府特殊津贴。笔者也曾思考，历史的思维方法最容易昭示出整体对个性的影响，联系王沛清后来参政议政的切实和精辟，不难发现：他以一生的教学为基础而拓展到社会各个领域且那么实事求是、那么简约有力，同样，可以找到理由。

　　王沛清后来拥有很多参政议政的机会，但献计献策始终以平民学术代表的身份介入。1992—2009年分别由陈邦柱①、杨正午②、周伯华③聘任为湖南省人民政府参事；2008年年底第三届参事到期，同年11月由时任省长周强转聘为湖南省文史研究馆馆员。1993—1997年被选为湖南省政协第七届委员会常委兼文教卫体委员会委员；1998—2007年被选为全国政协第九、十届委员会委员（教育组）。在任全国政协委员、省政协常委、省政府参事、省文史研究馆馆员期间，主要为国家和湖南省的教育发展献计献策，还直接向中央和湖南省的党政领导提出促进教育发展的建议，得到有关方面的肯定。翻阅王沛清教育生命记录，我想说的是，这个普通而又辉煌的教育生命的确是荆棘漫漫、上下求索，从中可以窥视到一个知识分子的深邃心智、顽强意志和学术精神，也可以领略到他的简约简洁的思维方法的源头之深远宽厚。笔者不禁引申，任何辉煌的生命铸成的理由，除去生命自身质量外，生而不息的追求是最靠得住的注释。筑成简洁这般的科学美之方法，毋庸置疑，需要生命的长途来砥砺。

　　笔者以简约简洁来概述王沛清的研究方法，并非说其研究概括简单，事实上是"形简义丰"。正如郑板桥的书斋联所撰——"删繁就简三秋树，领异标新二月花"。简洁和简约比较准确地描述，应该是一种数学科学方法之美。爱因斯坦认为，只有借助数学，才能达到简单性的美学准则。他十分中肯地论断——"美，本质中就是简单性。"中世纪英国哲学家奥卡姆格外崇尚简单之美，他这样阐述："自然界运动总是遵循最简单的途迳，诸多理论中最简单的理论，是比较美的理论。"难怪中国古代哲学家庄子在《庄子·天道》中近乎武断地说："朴素而天下莫能与之争美。"这种科学美学思想的形成，需要心思简单、平凡平常的心理元素来催化凝固；试想，心思烦杂、琐屑混乱的心理元素可能催生简约之美吗？答案必然是否定的。

　　当然，简约简洁的方法之美，需要实践者锻炼，需要知识积累、思维

---

① 陈邦柱，其时为湖南省人民政府省长。
② 杨正午，其时为湖南省委书记。
③ 周伯华，其时为湖南省人民政府省长。

训练、原则形成和较高的精神境界。事实的确如此，我们有时会惊诧于某些学者智者的敏锐高明和一针见血。有一次，王沛清以省政府参事身份到张家界市调研，市委市政府"问计专家"临时提出"怎样将张家界打造成国际化的旅游品牌"。当时，他抓住科学发展观的三条要义，对张家界市打造国际旅游品牌提出了很多有益的建议，得到了有关领导的高度肯定，还被疑为旅游方面的学者。他采用简约置换的办法引申展开：首先，抓住科学发展观是以人为本的发展观，从而提出张家界成为旅游品牌必须以游客的需求为本，由此引出加强六个方面的建设、形成四大特点的建议；其次，抓住科学发展观是全面协调的发展观，提出要加强张家界旅游品牌的大本营建设，迅速改变目前脏乱差杂状态的建议；第三，抓住科学发展观是可持续的发展观，从而提出加大保护力度，防止掠夺性开发，以免"遗产"沦为"遗址"，比如百丈峡的消失和黄龙洞景点的慢慢黯然现状，应该引起高度重视。笔者写到此，要纠正那些"某人会讲的"说法，应该说是某人有思想有方法，当然也有很好的呈现形式。王沛清教育思想的呈现特征是简约简洁。笔者始终以为，这与其经历、教养、性格、爱好和审美倾向密切相关。

笔者始终认为，王沛清是湖湘教育的一个符号，这个辉煌符号的本质和外延需要研究，也值得研究。感于这个符号拥有者而写下上面的这些文字，实在是真诚所至。结尾之时摘录泰戈尔《新月集》中《孩子的世界》这首诗以示笔者心思。

我愿我能在我孩子的自己的世界的中心，占一角清净地。// 我知道有星星同他说话，天空也在他面前垂下，用它傻傻的云朵和彩虹来娱悦他。// 那些大家以为他是哑巴的人，那些看去像是永不会走动的人，都带了他们的故事，捧了满装着五颜六色的玩具的盘子，葡匐地来到他的窗前。// 我愿我能在横过孩子心中的道路上游行，解脱了一切的束缚；/ 在那儿，使者奉了无所谓的使命奔走于无史的诸王的王国间；/ 在那儿，理智以她的法律造为纸鸢而飞放，真理也使事实从桎梏中自由了。

基于课堂的学科教学专业化之思考[①]

【摘　要】学科教学专业发展是学校教育教学质量的根本保障。课堂作为一个学习共同体,既是学科教学专业发展的载体,也是其持续发展的归宿,故教师专业发展应更加有力地促进教学专业化。基于此,本文选取课堂教学的价值取向、性质把握和基本方法运用以及课堂中运行的活动等方面,着眼于学理和技术来思辨教师培训如何将重心转向教学专业发展。

【关键词】课堂；学科教学专业化

一、关于课堂、学科教学专业化和教师专业发展

课程和教学问题的发现与解决一般体现在课堂里,事实上,它既是教育理论的源头,也是教育理论的运用和发展。无论是何种课堂,知识课堂

---

① 本文参考文献如下：
　[1] 王鉴.课堂研究概论[M].北京：人民教育出版社,2007.
　[2] 王尚文.走进语文教学之门[M].上海：上海教育出版社,2007.
　[3] 查有梁.课程改革的辩与立[M].重庆：重庆大学出版社,2009.
　[4] [美]奥恩斯坦,等.当代课程问题（第三版）[M].余强,译.杭州：浙江教育出版社,2004.
　[5] 施良方.课程理论——课程的基础、原理与问题[M].北京：教育科学出版社,1996.
　[6] 张楚廷.课程与教学哲学[M].北京：人民教育出版社,2004.
　[7] 沈毅,崔允漷.课堂观察：走向专业的听评课[M].上海：华东师范大学出版社,2008.

抑或生命课堂，都是站在真理的平台上，寻找知识和学问，养成智慧，形成人格，使学生成为成器的人才进而服务国家和社会。显然可以作出如下推理——人才规格受制于社会经济，课程设置受制于人才需求，课程实现依靠学校教育，学校教育的主渠道必然落脚于课堂，课堂质量受制于教师水平，衡量教师水平的标尺一定是教学专业化水平，而这些是受制于教师专业发展程度的。教学专业化直指课堂，是教师专业化的核心。故着重课堂研究，即促进教学专业化，使学科教师专业发展的基石更加坚实，是符合教育自身的发展规律的。

从教育指令性政策文件看，课程改革的三维标准设计，表现为知识和能力、过程和方法、情感态度和价值观，分别从能力、结构和信念维度构思课程框架。而课程得以实现的途径主要靠课堂，把课堂当作一个学习共同体来推动，以此达成课程整体性目标，其正确性毋庸置疑。事实上，这种将课堂作为学科教师专业发展的载体和归宿的观点，是非常富有见地性的。正如王鉴所说，课堂是"学生成长、发展和教师专业提高的共同体"（王鉴《课堂研究概论》）。

着眼于课堂的教师学科专业发展，才是更富基石性的。缺少课堂的调研和分析，盲目给教师做轰炸式的培训，是目前教师培训缺少效益的症结。学科专业发展的本质特征是教师的实践性知识和能力是否丰厚扎实、灵活可用，即课堂引领学生进步而自身得以提升的效益是否明显。这种实践性知识和能力源于两个方向，包括学科专业和学科教育专业。王尚文这样解说上述两种说法：以语文学科为例，它"是一个双层的上下结构，其基础是语文知识、能力；在基础之上的是语文教育的知识、能力，它是建立在基础之上的上层建筑"（王尚文《走进语文教学之门》）。笔者以自身成长的实践体验到——尤其是后者，只有进入学校、站立在课堂中才能修成正果，这就是教学专业化。当然，前者，也只有依靠课堂才会变得富有专业性。

教师是教育教学质量的根本保障。目前，学科教师教学专业发展已经进入高原期，其基本症状如下：教学上重复，缺少创新性；囿于工作领域不变，未有范围突破；教学效果平平，智慧突围艰难；学习中疲倦，同伴合作互助不见长进，理论进修缺少路径。笔者思考，学科教师专业发展受阻，需要回归教学专业化提升的原点，回到那些看似平易却不简单的地方——课堂。基于此，笔者就若干问题作些许思考。

二、从课堂需求出发，明确教师学科教学专业发展之价值取向

价值取向是一切活动行进的最高目标——这是众所公认的。它指某些价值观成为一定文化所选择的优势观念形态，或为个体所认同并内化为人格结构中的核心部分。学界大致认同的"价值取向"强调，可以作为社会文化抑或作为一种人格倾向加以探讨，具有评价事物、唤起态度、指引和调节行为的定向功能。教师的教学价值取向愈是清晰，其教学行为就愈是明智，就不会导致信念缺失和行为混乱；但是，对于教师来说，又十分需要保持某种暂时性，因为价值取向基于个体又受制于事实和发展趋势的挑战，此时还需要重新审视。不过，一个教学专业化程度高的教师，其价值取向会更加明晰，在课堂教学中，会更加显出成熟和善解学生之意，自我中心意识会更加淡薄，会更有能力重新审视或修正自己的取向，至少更加容易赏识学生的不同观点或者同伴意见。

选择对课堂的思考来讨论学科教学专业发展，是课程与教学论的一种研究取向，一种重视微观、质性、描述、直观等实质的研究观。从实践活动的时空概念言说，价值取向高于战略、策略、方法和技术，将彼此依赖的两组元素作比较，价值取向是处于决定地位的要素。教育实践活动进而课堂教学活动对于自身的价值取向也需要有确定的内涵且先于其他构成要素，诸如教学目标、内容、策略、实施、管理和评价等。著名特级教师王沛清说："课堂永远是学校质量和教师学科教学专业发展的主要阵地。"这一观点反映了其对学校教育的深刻认识——课堂是育人的主阵地。课堂里发生的所有错综复杂的教育行为与学生行为往往令教师们迷惑，有时甚至不知所措，故教师从这里出发来推进自己的学科教学专业发展必然收获更大。

学科教学专业发展注定是围绕社会对人才的需求标准、围绕课程目标、围绕实现课程目标的主阵地即课堂来展开的。课堂价值取向可以基本知识、基本技能、基本方法、基本态度等四个元素来衡定。从人的思维和思想成长角度看，素质教育主要表现在实践和创新上，因而培养思想力和思维力，是学校教育的核心。即可从数理、操作、艺术和交往等思维视角去正确地把握课堂价值取向，推及教师自身教学专业发展的价值取向。当

然也有学者批评这是唯方法学说,事实上,马克思和恩格斯从来都是将方法论与立场观点交融理解和尊重的。查有梁以为,无论是学生还是教师的发展和成熟,皆应以追求思维思想的全面发展为目标,即追求数理思维、操作思维、情感思维和交往思维的全面和谐发展(查有梁《课程改革的辩与立》)。反对课堂教学只重视书面文字的逻辑思维,追求单一的价值取向;反对课堂教学较早地重视学生今后所选专业的思维模式,为了学生有一技之长,能尽快谋生,追求绝对的技术质量;反对课堂教学轻视艺术审美,轻蔑学生的生活理念;反对课堂教学忽视交往能力培养的教育,片面理解整体发展的教育观。

事实上,孔子"文行忠信"的教育思想也是一种全面发展而倾向特色的价值取向。其中的"文"指寻求文化知识,重逻辑运动;"行"指行为实践,重操作实践;"忠"指忠心处事,重感情融合;"信"指信约交际,重交往互动,和谐相处。诸如国际的教育理念之"国际理解,回归生活,关爱自然,教育民主",国际教育思想四大支柱之"学会认知,学会做事,学会共同生活,学会做人",以及心理学学科四大要素之"知行情意",无一例外不是着眼于全面发展而突出特色。由此,笔者进一步思考,学科教学专业发展的价值取向,必然是求取自身全面发展,同时使教学专业化走向特色。这是课堂对学科教师专业发展的取向性要求。

三、把握课程性质和学科基本方法来推进教师学科教学专业发展

本文着重讨论基于课堂的学科教学专业发展,尤其着重考察那些通过提高教师的教学能力来促进学生发展的专业发展,强调课堂在引导学生进步上的关键点——课程的价值意义与实现课程价值的基本方法。事实上,任何一种课程都隐含某种哲学假设和价值取向,也隐含某种课程实施的基本方法。

课程,是一个比较难以界定的概念,虽然笔者在此也不是为了定义课程,但是理解它又十分重要。施良方介绍的典型课程定义大致有六种:课程即教学科目;课程即有计划的教学活动;课程即预期的学习效果;课程即学习经验;课程即社会文化的再生产;课程即社会改造。六种课程定义着眼点不一,文字呈现相异,但有一个共同点——促进发展!因此尽可能

把握好课程性质，才会不至于将课堂应有的质量降低。笔者理解的课程非常简单，就是学生成长中学校提供的一切资源。

不同的课程其性质自然不同。一般以为，课程性质是指特定课程的本质属性，是此课程区别于彼课程的特征面貌。把握课程性质才会抓住某一学科的课程品质和特点，更好地完成学科任务。这会集中体现在教材编写、教学目标确定和教学内容选取三个方面。具体到显性课程即课堂开设的科目，对其性质应该把握得更加准确。

比如义务教育小学阶段的科学课，意在启蒙学生的科学意识，提升其科学素养。在这个基本的导向之下，课堂的设计就会比较清楚地反映教师教学的专业化水准。比如"测量力"的单元学习，如何引领孩子向科学家那样去探究呢？其实就是使学生动手、观察、总结、实验、制作。笔者在听讲这一内容时，某教师先看图示，再观察弹簧秤，显得本末倒置，违背科学家当初发现这一规律的程序。这也说明，这位科学课程教师的教学专业化程度不高，因为他没有很准确地把握科学课程的性质。确切地讲，对课程性质把握不准的情况为数不少。

同样的学习文本，学科相异的教师，因为所教课程的性质不一，其文本处理和课堂设计也是不一样的。比如语文老师和数学老师同时教授《田忌赛马》，就会因为语数两科性质不同，在教学目标、内容、流程、方法、评价等方面都会显出不一样。笔者认真思考以为，语文学科教师读完《田忌赛马》，除去编者意图、学生情状和文体特征外，仅就文本特征来说，应关注：第一，文本说了什么，即段意和主旨；第二，文本是怎么说的，即材料如何选择、思路如何展开、结构如何构建、语言如何呈现、各类艺术技巧如何使用等等；更深一层，阅读者以怎样的生活感受去阅读才可理解得更加透彻。并且，"第二"的学习比"第一"的学习更加重要，这是语文学科区别于其他学科的关键。

数学学科课堂的情况就不一样了，读完《田忌赛马》，应思考——田忌用什么办法取胜呢？用枚举法预设、列举各种对抗的形式——"好马对抗对方中等马；中等马对抗对方差马；差马对抗对方好马"。怎样才会达到这种对抗形式呢？必须拥有三个条件：第一，别先出马；第二，对马的质量要做到知己知彼；第三，形成基本的逻辑思维和对策。笔者以为，这是表现在课堂教学中的一种较高层次的专业实践。

也正是因为学科性质不同，其实是学科研究对象不同，使得不同学科教与学的基本方法不同。从模式和策略的视角分析，方法可以涵盖于模式之中，同时方法也包含许多利于方法功能实现的策略。简言之，学科不同，其教与学的基本方法各异。当然，大而论之，也会共通某些方法，但是使用维度也还是不一样。比如语言思维类学科的基本方法是阅读和背诵，但也不排除会使用探究的方法。数理思维类学科其基本方法是练习和建模，其实也会使用到甚至是最最简便原始的方法，比如说记忆法。诸如物理、化学和生物等自然科学学科，其基本的教与学的方法是以观察为起点、探物究理、归纳提炼，历史、地理和政治等社会科学学科，是记录事实、解释转换、整理提升，音乐、美术和体育等人文科学类学科，是模仿、鉴赏和创新，但是，几大类学科之间都会存在方法交叉的现象。即使这样，学科教学之中，仍旧要特别注重基本方法的使用。不然，学科教与学的质量就会大打折扣。

四、从课程活动出发，为教师学科教学专业发展寻找到燃烧点

从课程论出发，课程活动应该是整个课程构建和实施中重要的教学手段，从实际收效上论其意义，只有运用课程活动才会将教育主体即学生和教师之潜力激发出来。从原理运行的角度分析，课程活动是由一系列教学动作构成的系统。这里仅限于讨论课堂教学活动。课程活动中，虽然每个教学动作受制于单一目的，但是课程活动则受一种完整的教学目的和课程动机系统的制约。课程活动是由教学需要来推动的，学生是第一需要对象。它改变学生使其满足自身的需要，在课程活动过程中师生之间发生相互转化，比如教学相长，从而获得发展。在课程活动中，学生成为有体验的"每一个"，独立的一个。这样的学习状态之实践性，较分科式单一整齐化学习，更注重学习过程的独立性；更注重在学习过程中获得乐趣，得到感受体验，习得探索方法，形成学科能力；更注重在实现综合性学习目标的过程中，逐渐加深自我对学科学习和现实生活密切关系的认识，加深对在生活中学、用学科的自觉以及逐渐形成的学科的综合运用能力的培养的认识。以学理深究，课程活动显然具有更好地推动教师学科教学专业化的重要作用。

教学事实证明，学生的心理、意识、智慧是在课程活动中形成和发展起来的。通过课程活动，师生认识周围世界，形成各种个性品质；反过来，课程活动本身又受师生的心理、意识、智慧的调节，比如解决思维课题的课程活动则是在概念水平上进行的调节。由此观之，在教师帮助学生解决问题时，课程活动尤其是课堂里课程活动之中的合作探究，因为其本身的多面性和复杂性，使得教师学科教学专业发展的燃烧点很高，又从而推动教学专业化水平的提升。

课程活动的综合性让师生共同得到解决问题的整体性能力，较其他手段更加显著。任何单一的知识学习或者能力培养，看上去条分缕析，而实际上难以从本质上获得综合性效益。原因很简单，将问题作为分解的模块来看待，科学和艺术就被切分成若干个学科来研究。资本融合的现实换来社会化的大分工，此种经济发展模式导致了真正意义的科学，分科而学、分科而研，自然也导致了分科性质的课程观。以此为学习思想背景，以分解为中心的逻辑就构建了。这种分科学习，让学习者看到了问题的一个个部分，且显得格外的清晰明了，只是客观的事实并不是使用分解就能将问题解决得那么叫人满意。任何问题的破解，就是语文学科中的问题破解，比如遇上学生不会作文，也不会像一些教师所认识和指出的——训练学生的作文技巧就能解决学生的不会写作的疑难，问题不会那么简单，只是技巧出了故障？思想、情感、素材、言语积累、言语运用、文化素养就没有问题？习惯、兴趣、爱好等等，作出正确诊断了吗？所以，笔者坚信，借以课程活动之整体性、复合性来促进学生实践创新能力的提高，又从而促进教师教学专业发展，是一种有利于教师成长的好途径。

课程活动的意义如此繁复，教师思考活动、设计活动、测评活动的意识、能力和技术都需要很好地训练。笔者思考，改变教师教学方式来提升课堂素质培养之能力，可以从课堂课程活动设计开始。如何来达成这一目标呢？可以从下面几个方面来构建。首先，活动设计要基于教与学的问题，可见活动本身要符合学科甚至学科知识能力点的特点。其次，活动形态要呈现学科知识和能力点的特质，不同学科的活动即便是同一形态也会表现出不同的面貌。比如，在阅读文本时同样运用对比方法，语文与数学课上其本质意义就不同。语文学科在于比较之后获得听说读写的知识、能力和方法，获得语言文字的感受，而数学学科通过对比预备形成关于数学思想、学理和解决思维问题的方法。假如活动设计不能区分学科，那么这种活动设计无益于课程学习。再次，区分课程活动的重心，社会学科和人文学科侧重行动研究，在意体验，而数理思维学科和自然学科侧重实验与概念结构思辨，在意学理。最后还要注意活动的自主性、合作性以及在此过程中的探究意义。

教师培养刻不容缓，教育的质量高低系于教师水平的高低。新一轮教师培养培训正在行进，其课程设置、教学实施、质量评估等一定要着重强调表现在课堂里的教学专业化提升。

研究：当成为语文教师的一种风格①

【摘　要】不少语文教师在课堂教学中，还是围绕中考、高考这一指挥棒旋转，考什么教什么，依据考纲、范围、样题在打造"高效"课堂，上课亦有"名师"编写的辅助资料且答案详解附后。于是有人感叹：语文教师思想力、思维力滑坡，语文教师水平今不如昔。如何促成语文教师的自我发展呢？

【关键词】研究；风格；语文教师

屹立于中国语文殿堂近百年的大师、名师、专家，其思想为何经久不衰、永葆青春？审慎地思考，发现他们都有鲜明的个性特色，即持久的研究能力。如何促进语文教师的自我持续发展，确实是一个值得研究的问题。

《教师教育标准》征求意见稿，从认识视角和需要维度要求教师：应该在研究和帮助学生健康成长、研究自身经验和改进教育教学行为、持续学习和不断完善自身素质的过程中实现专业发展。研究和学习是教师自我教育的核心，唯有研究和学习方能解除教师发展之瓶颈——思想力、思维

---

① 本文参考文献如下：
　　[1] 王尚文.走进语文教学之门 [M].上海：上海教育出版社，2007.
　　[2] 刘建琼.语文的境界与追求 [M].长沙：湖南大学出版社，2007.
　　[3] 张楚廷.教育哲学 [M].北京：教育科学出版社，2006.
　　[4] 赵中建.全球教育发展的研究热点——90年代来自联合国教科文组织的报告 [M].北京：教育科学出版社，1999.

力滑坡问题，语文教师自不例外。故笔者以为，研究当成为语文教师的一种风格。

一、缺少风格，语文教师难以坚守语文本色

我们不妨先以追问的方式来探讨一下有关风格的内涵。风格是什么？语文教师的风格是什么？语文教师的风格形成为什么可以让其坚守语文本色从而推动自身不断发展？《现代汉语词典》《汉英词典》和百度的解释凸显了风格的以下特点：一是指称艺术范畴，广泛地在美学、文学、艺术、音乐、文艺评论等领域使用该词；二是富有个性特色，一般是指艺术作品在整体上呈现出的具有代表性的独特面貌；三是风格形成需要长期修炼。以教育领域论之，当教师在教育教学中取得了突出成就时，一般来说也就形成了自己的独特的教育教学面貌和特质，可以说这个教师具有某种教育教学"风格"。拥有风格的语文教师将教学纳入了艺术创造的范畴，其课堂教学自成体系和格调，而这一切确实经由从学理而体验的长久锻炼。所以，语文教师风格的形成本身就是研究的结果。

没有风格的语文教学，事实上是缺乏研究的、欠缺科学性和艺术性的，也是语文教师不富思想力、思维力的表现。依据学科特点，语文教师似乎应在语言基础、阅读深度、创作热情以及书香气息上要比其他学科教师风格更为突出，且在语文学科的特定领域形成了自己的特质。按照杜威的说法，"教师是真正的上帝代言者，天国引路人"。语文教师担负母语教育、作为特殊职业的价值意义是替上帝代言，更为准确地说是替特定区域的汉语文化代言，这大概就是其风格形成的取向吧。不妨再来追问，语文教师假若不能基于人的和谐发展把握好语文学科的价值和意义，不能大视野地与其他学科一同给力实现整体课程目标，哪能够坚守语文的本色呢？假若不能经由作品的分析和比较来把握汉语特征，不能以审美维度来欣赏汉语的美丽，哪能够坚守语文的本色呢？假若不能葆有学术研究的常态，不能基于生活来体味汉字的魅力，哪能够坚守语文的本色呢？假若不能基于语文学科自身来确定和选择课堂教学目标与内容，不能符合特定学生心理、生理的特点来设置和优化教学程序与方法，哪能够坚守语文的本色呢？好呐，上述元素的拥有或者某一特定元素的独有，事实上就是语文教

师的风格。缺少风格，语文教师的思想力、思维力只好滑坡！因为其既没有成为体系的语文教学学科知识和能力，又没有将体系中某一个模块深入钻研和优质运用。结论不言而喻，唯有通过研究来推进语文教师自我发展。

二、加强语文学术研究，语文教师自我发展的必由之路

首先，加深语文专业理解。语文教师的根本任务是语文教学，当然，清晰准确地知晓语文学科的专业内涵是首要任务。它包括弄清楚语文教学的目标和任务，语文教学需要形成的核心能力和形成能力的途径，以及把握好语文教学的基本策略方法和科学评价体系，还有与此密切相关的学习资源占有和开发等等。简言之，就是明白语文教学干什么、怎么干。做好这两个方面的事情，需要借助研究渗透到语文教师理论学习、政策领会和实践体验的各个环节，更多地拥有语文教学的科学元素和艺术元素。

教师在寻求语文专业持续发展的路上，研究的起点应该是具有语文专业觉醒，暂且叫作语文专业觉醒。即语文教师必须正确理解三个方面的问题：一是理解语文教学和其他学科教学需要达成的课程目标之异同；二是理解语文教学的效率、效果和效应，即语文教学生产力；三是理解语文教师自我生命意义之所在。在语文教师队伍里，不是所教班级的学生考分高，其专业觉醒就强。正如政治觉醒一样，只有深入懂得政治间的隔阂的要害所在、经济发展对于社会发展的意义之深浅的人，才能算是真正的政治觉醒者。所以，只拥有高分学生的语文教师还不能算作语文专业的觉醒者。而要做到专业觉醒，真正地需要从学理维度去探究、从实践维度去体验，这就是将研究当作一种风格去追寻的道理，也是加深专业理解的关键。

加深语文专业理解，还需要加强比较性的知识背景阅读。从汉语言文学的角度来说，语文教师要不断地进行文学作品、文学理论和文学史的阅读，古今汉语、汉语美学和汉语史的阅读；从教育学的角度来说，要阅读与语文相关的教育哲学、文化学、心理学、教育学等著述，最好通读一个教育家的所有著作，从而领略到其中的精髓。以笔者的读书经验，有意识、有兴趣地读读政治、经济、军事、外交方面的经典著作和时事文本更有利于语文教学的深入，因为阅读中包含着研究。

其次，加强语文实践体验。语文教师也是反思性实践者，在研究自身

经验和改进教育教学行为的过程中实现专业发展。比如学科课程指向的教学实践，可以作学科间的实践比较。

当然，在进行语文实践体验之中，也可以比较新旧理念对课堂教学模式的影响，比如关于"活动"的理念是怎样影响课堂的呢？在语文课堂里，有活动进行，学生才会成为主体，教师主导也才会表现得更加明晰。请看：假如教授 A 项内容和方法，教师将自己知道的内容和方法教给学生，那么，学生跟着学习，必然学得没那么主动，自主机会少些，当然收获也会少些，至少体验感要差些。再请看：如若教授 A 项内容和方法，教师帮助学生在课堂里设计一个学习此项内容和方法的活动，学生在活动中学习思考，实践证明——学生学习主动些，机会多些，效果要好些。获得语文教学的真谛需要自我实践，即使观摩名师专家的精彩课堂，也需要自己因时因地躬亲。

总之，要保持语文教师的魅力，不论学习还是实践，都应具有研究的意识、思想、思维方法，让研究成为语文教师的一种风格。

知识美感靠什么彰显

【摘　要】知识是思维、方法、原则的基础,但是,学术论著、殿堂演讲、学校课堂等在演绎学理、传播思想、传授知识的历经之中,因生硬导致知识的美感丢失,从而变得索然无味的情形比比皆是。无论是自然科学或社会科学,从其自身的特质分析,都充满了美感,都需要知识传播的途径,本文就是从这个视角加以阐述的。

【关键词】知识美感;彰显方式

人类文明表现为真善美,美是追寻的终极要素。以真求美,可以理解为寻取科学之美、理性之美,美是求真的目的。无论是自然科学或社会科学,都从其自身的特质延展,探索自然、生命和社会的存在运行,找寻其中的规律和本质,并以概念、判断和推理的范式记录,继而形成浩瀚的知识和绵长的知识史,人类创新以此为基础,美感亦存于其中。知识的传播,转延而形成另外一个庞大的流通供需系统,其中如若对概念、判断和推理的自身魅力作深刻体验,常常需要追忆其形成的背景和情境,求取的过程将拥有美的资质。而今,学术论著、殿堂演讲、学校课堂等在演绎学理、传播思想、传授知识的历经之中,因生硬导致知识的美感丢失,从而变得索然无味。寻思:知识传承的应然情境被忽视,是导致知识的美感减弱的原因之一。

一、悟道当品味

何谓应然情境?就是传授某样知识必备的背景,可以是实验或生活现象。知识常常以概念、判断和推理来呈现，因此，学者的思维往往借助它们来编织和运行，这个道理没有什么不好理解的。正是这种潜在的规矩，导致了不少的知识人惯于概念运动，但这种高级别的思维形式在知识普及的平台上往往给知识流通以妨碍，因为大多数的接受者受着自身知识储存的影响。以教育科学为例，教师传授知识一味热衷概念，学生听之便惶惶然，恐怕知识的味道，就只能是"道"余存而"味"失之踪影。自然，传播的途径受阻、受者的收获打折，亦在情理之中。笔者思考，"味"与"道"，是知识构建的两个特征。"道"乃规律，"味"为事实。"味"是"道"的依托，"道"是"味"的升华。不容置疑，概念本身浓缩了大量的事实或情境，求取概念的意义，求知者运用的最好办法自然是分解其本质特征、捕捉其背景情景。概念如若失去可以依靠的背景，就会变得不好接近。于是，知识在传达之中，就很有可能失去可感和审美的特质，自然地陷于概念化的泥潭，让听观者迷迷糊糊，不知所云。笔者绝不是要否定逻辑自洽的传授方式，概念、判断和推理之于事实或者情境，的确如食盐之于白开水，纯粹的十几克食盐吞咽之难受程度与某些学者完全以概念、判断和推理范式传授知识之味同嚼蜡相似，"食之无味，弃之不能"。苏联著名科普作家米·伊林说："没有枯燥的科学，只有枯燥的叙述。"情境裹着知识之"味"，情境包含着知识之"道"，悟道当品味！

二、情境存规则

如同所有的实践活动都必须遵循一定的规程那样，寻找情境来彰显知识美感也有自己的准则。问题性是情境真实的保证。真的问题是思维场建立的基础。问题是需要研究讨论并加以解决的矛盾、疑难，思维是在表象、概念的基础上进行分析、综合、推理等认识活动的过程，思维场是众多过程交集而成的平台。用问题连带情景，给予认识以基础，思维场将各种认识组合，从而使知识立体化。知识的学习、表现和运用当存问题，问题本身就是一种情境，问题让探索、体验和对策并存，调查之中会激发实证追索，此过程就是美感滋生的土壤。传播学的流通原理明示，问题的消亡就意味着信息的消亡，问题是情境选择的基础。

遵循原点性是一种纠误原理。哲学家刘小枫说："现在的大学生几乎没读过几本经典原著,几十年前的大学生,一开始就由教授带着读原典,这是现在的大学生所不能比的。"同时又说道,"读谱,最能够接近作曲家的心性"。"读原典""读谱"为什么如此重要?简单地说,就是通过背景情境找经义和心性,就是借助原点原理改错。乐观言之,是寻找美味而富有营养的汤。知识以生活、实验而养成,接受公式凝固的知识,需要回到具有"实验性"特征的情境中去,只有这样,知识的美感才能为实践者所欣赏,可见回到原点的意义比走向遥远更加重要。另外,情境须讲求类别性,探究方可深入。知识传递是一个发现过程:不断地寻求条件和应用条件,且不断得到生活、实践的印证,整个流程是一个情境再生的生产场。区分类别,意味着要挖掘某一学科领域自身的魅力,利用学科自身的内容和特征来生发情境,比如数学利用其严密性、抽象性来创设传递情境,语文则利用人文性、言语性创设传递情境。

问题、原点和类别的意义,包含的科学、艺术原理,存于知识传递之中,见于整个生活实践之中,教学、演讲、著文等都不得例外。

辑 五
教师课堂之艺术构建

这是一个失去了的天堂,
或者说是一个
人们还希望能够找到的天堂。

——［英］齐格蒙特·鲍曼

教育关注的最重要的元素是"人",诗意的自我不该远去。①课堂是学生生命活力和教师智慧共存之处,应该是闪烁教育光芒的地方,而所有的光芒都应体现在师生的身心上。然而,曾有的课堂,因为种种原因,不小心失去了它的准则和魅力。作为教师,理当研究课堂的主体者、主导者和媒介,诸如课程、教材和技术;应当在教与学中去领悟那些关于教学的思想、理念、策略和艺术。我将这些曾经的教学之例、钻研之例、编辑之例、点评之例,奉献于您的时候,虽亦惴惴,但诚恳之极。

---

① 荷尔德林说:虽然我们充满劳绩,但是仍旧诗意地栖居在这片大地上。笔者曾经为北京师范大学肖川教授的学术随笔《教育的理想与信念》撰写评论,基本观点是"诗意的'自我'不该远去"。

把准体式与课堂学习的交融法则
——《柳永词两首》教与学设计的故事性辨析

【点滴思考】

教学简案,其义即指简洁的教与学设计文案。因此,设计教学简案,关键是抓住"教"和"学"两字,它是指如何教、如何学的目标、内容、流程、方法和实施等的说明,肯定不只是关于两首词本身知识的呈现。换句话说,不仅仅是两首词涉及的所谓的语文知识,更多的是两首词涉及的所谓教授和学习词的知识、方法,而且,学习词的知识、方法更为重要。基于此,本教学简案之"教"与"学"的过程大致呈现如下:

预习题→导语→追忆预习,追逼目标→表演诵读,独自品味→反复研读,撰写评论

教学过程的预设,从严格意义上说,应基于特定的学科课程目标、教材内容和学生实情。教与学的流程和细节,课前"预习题"不可或缺,这是学生独立思考、砥砺行为的良好平台,有利于准确把握文本。本课教学目标设定为"能够依据两首词的声律之美反复吟诵,做到声情并茂;准确理解两首词描述的景物情状,领悟其不同情感意境",这样的目标十分清楚地告诉我们,其设置依据更多的是从词这种文体体式特点出发的。柳永的这两首词皆属慢词,铺陈细描,篇幅较长,而且创作情绪不同,意境呈现相异。反复诵读可以加强理解,至于如何诵读,恐怕教师要依据词的特征,重视声律方面的指导;理解领悟内容、情绪和意境,要靠文字感受、体验把握和深思,这样又可以反过来加深诵读。笔者重申"教什么""学什么"永远比"怎么教"重要,预习题与教学目标有着千丝万缕的联系,大多从"学什么"出发来设置,也就是从学生维度来设计。

《柳永词两首》的学习,似乎从诵读开始比较贴切;当然,也应该把

握词这种体式的关键从而领悟到词的表情达意和意境创设。在预设流程时，明线是从懂得体式知识开始，而意象词意，而情绪意境，简言之，文体把握而内容理解而意境鉴赏；暗线是整体诵读而自我研读注解而表演诵读而自我研读。明暗两线最后锁定在词评撰写上。

具体说来，简明扼要的"导语"，主要从学生读的质量来模糊性检测其自学情况，而后对症下药。"追忆预习，追逼目标"的设计，主要通过检查预习来引领学生欣赏《柳永词两首》，在教师的引导和自身的感悟中习得关于词的鉴赏法则。笔者思考，大致需要这样几个环节，通过追忆预习来追逼教学目标。第一，熟悉词的知识；第二，熟悉词的创作者；第三，理解词的意象和内容；第四，比较两首词的情绪意境；第五，师生共同总结学习心得。为了突出欣赏的个性化特征，让欣赏延伸开去、深入下去，又设计了"表演诵读，独自品味"和"反复研读，撰写评论"两个强化性环节。

在"追忆预习，追逼目标"这个环节里，关于两首词的"创作缘起"和"描述内容"放在一块，且注明要引导学生"从创作起因、表达思路和意象选择上来品读内容"，意在强调对词的内容的把握需要了解作者创作的缘由，当然更加需要把准文本的行文路径和意象蕴涵。唯有如此，对词的"内容"才会理解得周全深刻。关于两首词"风格和情绪意境"的把握，笔者特别注明，要引导学生从"布局谋篇、氛围格调、思想情绪等视角来欣赏作品"，这样的预设意在领悟意境。

《柳永词两首》教与学设计 [①]

【教学目标】

能够依据两首词的声律之美反复吟诵，做到声情并茂；准确理解两首词描述的景物情状，领悟其不同情感意境。

【教学重点难点分析】

柳永的这两首词皆属慢词，情绪繁复，语言优美，意境幽雅。《望海

---

① 本文涉及的文本皆为《高中语文》课文，人民教育出版社，1996年版。

潮》近似豪放,《雨霖铃》纯属婉约。从词之体式入手,确定教与学的目标。课堂力求声情并茂地吟诵从而对词由声律而语言而情感意境,获得整体性认识。通过对《望海潮》所描绘的都市生活景象——杭州之繁华美丽的欣赏,领会词人抒发的思想情绪,鉴别此词的别样风格;品赏《雨霖铃》的离别之苦,领悟情景交融的凄约之美。两词比较,力求鉴赏有得。

【教学方法】

注意吟诵与比较品鉴相结合、学生自读自悟与老师示范指导相结合。

【教学课时】

建议两个课时来完成教学任务。

【教学过程】

一、预习题

(1)上网查找相关资料并记录:

①词的知识(包括词的起源与名称、词的分类、词牌与标题等);②柳永其人其事;③能够帮助自己读懂两首词的相关资料。

(2)研读《柳永词两首》,完成下面的任务。

①请每位同学背诵《柳永词两首》中你最喜欢的名句,最好能默写并能说出喜欢的理由;②依据注解、借助工具书,读懂两首词的内容并声情并茂地吟诵;③从填词缘起、描写的情景、词的风格和情绪意境等方面对两首词进行比较鉴赏(可以列表)。

二、导语

今天我们一起来品赏宋代词人柳永的两首词——《望海潮》《雨霖铃》。请大家打开书第90页,一起诵读两首词。

显示课件1:

柳永词两首(《望海潮》《雨霖铃》)

针对诵读时的字音,自我纠错,然后教师明确重要字词音义。显示课件2:

正音正字释词

形胜：地理形势优越。

参差：形容楼阁、房屋高低不齐。

天堑：天然的壕沟，此处形容钱塘江的壮阔。堑，qiàn。

重湖叠巘清嘉：白堤两侧的里湖、外湖和远近重叠的山峰都很秀丽。巘（yǎn），山峰。清嘉，秀丽。

高牙：原指军前大旗，因旗杆以象牙为饰而得名。词中代指高官孙何。

异日图将好景：图，画下来。将，助词，常用于动词后，无实义。

凝噎：噎（yē）。因为悲痛，喉咙梗塞得说不出话来。

三、追忆预习，追逼目标

自读建议：教学之时，完成预习（1），让学生自读相关注解，结合自己预习搜索的资料，思考后再针对预习题发言。引导学生把握词的体式特点，了解词人身世，从而利于更好地读懂两首词。

（1）关于"词"的相关知识，你知道多少？请你依据预习说说。

同学发言后，教师明确，显示课件3：

1. 词的起源与名称：词产生于唐，盛行于宋，其实在唐代已广为流传，最初是宋代的"流行歌曲"。词即歌词，指可以和乐歌唱的诗体，此见，词乃诗的一种。词有很多别称，如"长短句""诗余""乐府""琴趣""乐章""曲子词""曲词""歌词"等。

2. 词的分类：按字数可分为小令（58字以内）、中调（59～90字）、长调（91字以上）；按段落可分为单调、双调、三叠、四叠等。词的段落叫"阕"或"片"；按作家的流派风格可分为豪放派和婉约派。婉约派以写闺情、离绪为主，以清丽婉约见长，代表作家有柳永、李清照等；豪放派扩大了词的题材，对社会生活的种种感受皆可入词，大气磅礴，飘逸洒脱，代表作者有苏轼、辛弃疾等。

3. 词牌与标题：词之标题是词之内容的集中体现，它概括词之主要内容；而词牌是一首词词调的名称。

（2）关于柳永其人，你了解多少，请你依据预习说说。

同学发言后，教师明确，显示课件4：

柳永（约987—1053），初名三变，字耆卿，崇安（今属福建）人。晚年任屯田员外郎，后人称他为柳屯田。排行第七，也称柳七郎，或柳七。他出身于书香仕宦之家，但个人身世坎坷，多次应进士试却不第。生活落拓，长期出入歌楼舞馆，与歌妓们相处密切，靠为歌伎填词作曲维持生活。正由于这样的生活境遇，他便成了我国历史上第一个专业词人。

柳永精通音律，擅长写歌词，又擅长谱乐曲。他创制了许多词调，而且这些词调得到广泛的传播，是当时知名度很高的音乐家。许多歌妓因善于演唱他所作的词，或者得到他的嘉许而身价大大提高。柳永词雅俗兼擅，以俗为主，他继承和发展了民间词的传统，开创了文人俚词一路。他的词作具有很深广的群众基础，形成"凡有井水饮处，即能歌柳词"的局面。

诵读建议：教学中，完成预习（2）中第三个小题时，一定要让学生自由自在地对两首词诵读几次，再针对预习题发言。关于引导方向，可以从创作起因、表达思路和意象选择上来品读内容。

（3）两首词的意象选择及其作用有什么不同？请你依据预习说说。

同学发言后，教师明确，显示课件5：

词 题	意象选择	运用作用
望海潮	烟柳画桥，风帘翠幕，参差十万人家/云树绕堤沙，怒涛卷霜雪，天堑无涯/市列珠玑，户盈罗绮/三秋桂子，十里荷花/羌管弄晴，菱歌泛夜/千骑拥高牙，乘醉听箫鼓。	运用了动静结合、比喻、夸张等手法，极力铺排渲染，从不同角度表现了杭州的繁荣、美丽、富饶，西湖与钱塘胜景尽收眼底。极写杭州百姓之安居乐业，洋溢着祥和欢乐的气氛。
雨霖铃	蝉、长亭、雨、兰舟、烟波、暮霭、楚天阔、杨柳、晓风、残月。	渲染凄清冷落的意境，烘托惆怅伤感的人物感情。

（4）两首词的创作缘起和描述内容有什么不同？请你依据预习说说。

同学发言后，教师明确，显示课件6：

词　题	创作缘起	描述内容
望海潮	读P34注解②。思考：①应写作于杭州；②据说，柳永前往京城开封应考，路过杭州，为拜谒两浙转运使孙何而作此词。	此词着力描写钱塘的繁华，展现了一派物阜民康、和谐安定的社会风貌，借以歌颂此地的长官治理有方，政绩卓著。
雨霖铃	读P35注解①。思考：①应写作于汴京（今河南开封）；②伤于离别而作。	此词着力描写在萧瑟的秋天里，词人与其红颜知己伤心地惜别之情。

诵读建议：教学中，完成预习（2）中第三个小题时，一定要再让学生自由自在地诵读两首词后进入自由讨论，针对预习题发言。关于引导方向，可以从布局谋篇、氛围格调、思想情绪等视角来欣赏作品。

（5）《望海潮》《雨霖铃》的风格和情绪意境有什么不同？请你依据预习说说。

同学发言后，教师明确，显示课件7：

词　题	风格特征	情绪意境
望海潮	自创慢词。①以大开大阖、直起直落的笔法，描述杭州之繁华景象，仿佛展开了一幅宏伟壮丽的历史画卷；②大量运用数字组成的词组，带有夸张语气，对豪放词风的形成起了帮助作用。	整首词因期盼孙何的召见、赏识而唱赞美奉承之词。上片再现了杭州的繁荣和美丽，下片描绘了一幅国泰民安的游乐画卷。画面之美与音律之美交融，别具神韵。
雨霖铃	取唐旧曲翻制而成。①词调声情哀怨，委婉吞咽凄恻；②语言通俗，感情真挚，声情双绘，凝练有力；③章法起伏跌宕，变化多端，不拘一格，比如情景交融、虚实结合、白描手法。	整首词撰一对恋人饯行时之难分难舍之别情，渲染浓烈，融情于景，暗寓别意。浓情厚意从低徊婉转、一唱三叹的旋律里汩汩而出，离愁别恨也从悱恻动人、缠绵哀怨的诗意里幽幽而泻。

诵读建议：教学之时，完成预习（2），一定要让学生自由讨论，总结学习柳永词的体会，获得鉴赏古代词的方法。

（6）如何来通晓一首词？请你依据前面的学习，说说自己读懂一首词的方法性体会。

同学发言后，教师明确，显示课件8：

第一，把握词的体式特征；
第二，了解词的创作动机；
第三，理解词的描述内容；
第四，品味词的情绪意境。

同学发言后，教师明确，显示课件9：

解读意象→整串文本→领悟意境

四、表演诵读，独自品味

教学时，建议让学生在对词的体式特征、词人个性、文本内容和情绪意境有了比较全面的理解之后，再自我表演性地诵读，做到声情并茂，然后大家品评。

五、反复研读，撰写评论

布置作业，显示课件10：

王灼评《雨霖铃》："颇极哀婉"；而徐培均评《望海潮》："世人论宋词，说起豪放派作品，多推东坡的《念奴娇》，即使上溯，也只及于范仲淹的《渔家傲》，殊不知柳永此词早于范作十多年，其写景之壮伟、声调之激越，与东坡亦相去不远"。请你依据上述评家之论，对两首词之风格写一篇400字的评论小文。

戏剧课堂文体意义需要凸显
——对《长亭送别》两个戏剧教学案的剖析

【点滴思考】

以笔者的教学历经和调查研究看，戏剧教学的课堂质量欠缺，已经成为中学语文教学的一个问题。按理说，多种艺术形式相交融的戏剧，理当成为语文素质教育的一种最佳范式，以中国古代戏剧论之，更应如此，正如袁行霈先生说的，"你会发现，那种用曲词和说白相结合表演故事的形式具有独特的艺术趣味"[①]。按照比较传统的体裁划分，文学类可有诗歌、散文、小说、戏剧等，几种体裁相比较，戏剧尤其是中国古代戏剧拥有其他文学体式的各种美妙：小说的情节与冲突、散文的神韵与形象、诗歌的意象与意境；其叙事性、抒情性、表演性、综合性等演绎得最为强烈。换言之，戏剧较好地具备了一般文学体裁的欣赏要素，但是，笔者以为不可把戏剧课堂教学做成满汉全席，从而使得戏剧学习思路线索不清晰，内容过于繁复，让戏剧的味道从学习者的身上流失。如何彰显戏剧要素的优美内涵？恐怕应该对戏剧具有的文体意义有所侧重、有所彰显，即有所隐避，实际上，戏剧课堂文体意义需要凸显！

什么是戏剧的文体意义呢？简言之，戏剧自身含有的审美基因，是其自身表现出来的各种体式，是别于其他文学样式又与其他文学样式相交相容的涵盖。凸显戏剧的文体意义，是将戏剧诸如情节和冲突、形象和语言、神韵和意境等等，依据戏剧文本的特征表现和师生的喜爱与需要，突出戏剧的一种文体意义。比如《长亭送别》教学案，就很好地表现出不同

---

① 袁行霈. 普通高中课程标准实验教科书·语文（第4册）[M]. 北京：人民教育出版社，2004.

的文体意义。教学设计（一），基于文本的抒情性，从对话独白入手，以读诗的维度预设方案；教学设计（二），着眼于文本的叙事性，从戏剧内容切入，把戏剧之为戏剧的故事情节、矛盾冲突和人物形象摆在首位，让学生相对充分地掌握剧情和了解人物，并企望能留下深刻印象，能够复述和向他人介绍。但是，为了顾及文本的抒情性和叙事性特征，教学设计（一）在方案伊始设有"课前准备"，铺垫了剧情；教学设计（二）在方案结尾设有"品读剧本语言，鉴赏曲词之美"的教学环节，以此来领略词曲之美。如此构建，显得比较周到。客观地讲，两个案例在表达《长亭送别》的文体意义时，皆有很好的教学意义。若以笔者之审美倾向，当更爱教学设计（一）。理由有三：文本论之，《长亭送别》虽为戏剧，冲突激烈，但节选的段落，更像一首真挚的抒情诗，且《长亭送别》毕竟不是具有西方戏剧意义的纯粹话剧；主体论之，学习者更加看重文本的曲词之美，笔者为此特意进行了调查，90%以上的学习者都是因为诗意浸染而爱之；审美论之，当作诗歌教之，击中了作为文学作品的要害——所有文学的上乘之作皆为"诗"，再说，这正中《长亭送别》之迷人的艺术魅力。假如小说、散文美得像诗，那是怎样地让读者垂涎！实际上，所有的文学样式之美就是诗歌之美。

凸显《长亭送别》的文体意义，前文是从课程论来思考的。假如从教学论的角度来议论，笔者最想谈及的是这两个教学设计在"教学目标与教学内容、教学思路、教学方法以及教学情境等诸多因素"上达成的一致性。先来看看教学目标吧！两个教学设计的目标设置，都以自己要凸显的文体意义为基准，在技能层面设点——戏剧知识、戏剧语言和形象情节，在动力层面设点——情感培养、价值观念确立等。但是，两个教学设计在动力层面的"学习策略"点上用心不够。比如，养成戏剧欣赏的习惯和兴趣等就不太清晰，自然在教学的思路上也就看不见用心于习惯兴趣的办法。其次是思路构建方面，两个教学设计的思路都能围绕教学目标展开，目的性较强，皆有值得商榷之处。

教学设计（一）："感受"，为了引发与铺垫；"品味"，勾起共鸣与享受；"赏析"，着重评价与沉淀；"表达"，引向创作与分享。四个环节，都让学生在老师的引导和文本的呼唤之下愉快地由此岸游向彼岸。但是，曲词之美的品味，在很大程度上是基于对剧情的透析。曲词之美，美在情绪，美在细节，美在字词，因此，建议设计者，在"感受：长亭诗意"这个环节中，设置"剧情复述"，且尽量注重细节，也有必要在课堂之外，再次表演《长亭送别》的节选，从而深化文本。

教学设计（二）："整体感知剧情，了解前因后果"→"把握情节层次，提炼场面情景"→"赏析戏剧冲突，分析人物形象"→"品读剧本语言，鉴赏曲词之美"。此案以凸显《长亭送别》的冲突意义为基础来构建教学方案，这样的步骤程序还是可行的。只是笔者思考，既然要凸显作为戏剧的冲突性意义，那么，步骤四的"品读剧本语言，鉴赏曲词之美"可不可以放在"赏析戏剧冲突，分析人物形象"这个环节里？因为，曲词之情意，都是人物之情意，情意无价是作品之最。我们在品鉴语言艺术作品时，总是将人物情绪交融到字里行间。单列情节冲突去分析《长亭送别》的形象之美还是没有很好地抓住本曲要害。建议设计者将语言之美的赏析置于形象分析之中。

从教学情境论来说，笔者以为两个教学设计方案，皆可算作优秀。不论是当作"诗歌"来品读，还是当作"小说性"作品来品读，其课堂双主体作用都得到了激发。比如教学设计（二）的主线设置，教学理念上以感性的朗读、对话、交流、点评、举证、情感体验等为主，老师学生都围绕作品来深化情绪。教学设计（一）的"诵读"和"尝试"环节，使教者和学者达到学习的兴奋与提升。一个教学设计方案的优劣，评价指标很多。笔者虽说企盼从课程和教学两个角度来评论，但毕竟没有论透言彻，抛砖引玉，望大家都来议论，求得好的课堂效益。

《长亭送别》教学设计（一）[①]

【教学目标】

1. 认知目标

（1）了解《西厢记》，积累有关知识。

[①] 本文涉及的文本皆为《高中语文》课文，人民教育出版社，1996年版。刘建琼、刘虹设计。

（2）鉴赏本文诗化的抒情手法。

2. 能力目标

（1）运用所学诗歌鉴赏的知识，品味文中如诗的意境。

（2）分析主人公在分别时的复杂心理，评价长亭离情之美，理解主人公爱情理想的价值意义。

（3）尝试用诗的形式表达自己的阅读感受，提升语言表达能力。

3. 情感目标

（1）感受主人公的内心世界，歌颂自由执著的爱情。

（2）欣赏优美曲词，领略我国传统文化的魅力。

【教学重点】

赏析本文如诗的意境美。

【教学难点】

体悟崔莺莺离别时的复杂心理，评价主人公的爱情理想体现出的爱情之美。

【教学方法】

（1）策划分角色朗读和美读，在读中领略优美曲词的艺术魅力。

（2）点拨学生对曲词的赏析，学习和领悟曲词的艺术手法。

【教学思路】

课前准备：布置学生学习课文，要求：①借助注释通读课文；②查资料了解王实甫其人和《西厢记》全剧剧情（也可老师发下相关资料要求学生看）；③标记自己最喜欢的词曲。

一、感受：长亭诗意

（1）营造氛围：播放歌曲《送别》，幻灯片显示歌词。

（2）充分诵读：先放录音带要学生跟读，再要学生自由读，最后由学生推荐最喜欢的曲词齐读或表演读。

（3）交流感受：中国的戏曲是一门综合了诗、歌、舞、画、乐等艺术门类而逐渐形成的艺术，这部分曲词最鲜明地融入了哪一个门类的艺术呢？请简说理由。

（4）借用祝肇年先生的话说出自己的感受：《长亭送别》是一首真挚

的抒情诗，是一幅淡雅的水墨画，是一支撩人心弦的离歌，它给人以深沉的美感享受。

二、品味：诗境之美

1. 淡雅的水墨画

（1）学生给课文随情节展开的几幅画面取小标题，要求：切合画意、融入感受、文字优美。回答时要能依据以上三点说明理由，看哪个同学取得最好，说得最好。

（2）老师点评作结：不仅要感受画中景物美，更要用心融入画中人物的情感世界，才能把握意境之韵之美。

2. 撩人的离情

（1）再次诵读相关段落，请同学们更为细腻地感受崔莺莺在长亭送别之时的离愁别绪，并用自己的话表述出来。如：愁别离、怨功名、念羁旅、忧弃挪。

（2）引导评价离情之美。

①从情感角度评价，如：情深美、执著美。②从追求角度评价，如：自由美、自尊美。③从价值角度评价，如：叛逆美。

3. 老师归纳提升

《长亭送别》是戏剧不是诗，但也正是在戏剧独有的尖锐冲突下，长亭离情才有着超越才子佳人或缠绵之别的浪漫与深广，长亭送别才营造出了属于戏曲的诗境美。

三、赏析：诗化抒情

《长亭送别》有着浓郁的抒情色彩，而其抒情方式是诗化的，所以才似一首"真挚的抒情诗"。请同学们说说《长亭送别》借助了怎样的诗化抒情手法。

老师引导学生主要从以下两方面进行鉴赏：

①借景抒情，融情入景。以【正宫】【端正好】【一煞】【收尾】为例赏析。②妙用修辞。如：化诗用典、比喻、夸张、对偶、反复等。

四、表达：诗绘长亭

①幻灯片打出李商隐的《板桥晓别》，简要分析后要求学生用诗或词描绘《长亭送别》。可概括全文，也可只针对此片段写。②老师评点与示范。

【思路解说】

中国戏曲是一门综合艺术，就文辞而言，元杂剧历来分为"本色"和"文采"两派。《长亭送别》以其诗化的抒情方式，优美的曲辞突显了"文采"派的特征和戏曲中"诗"的融入。正如祝肇年先生所说，"《长亭送别》是一首真挚的抒情诗"。《长亭送别》的教学，笔者认为可以从读诗的角度来设计。

"如诗"毕竟不是诗，上课之前应让学生先疏理情节内容、了解《西厢记》剧情，一般预习习惯好的学生应可以做到。

明明是戏曲，为何要像品诗一样去读呢？学生会有疑惑，因此课堂的第一环节很重要。可以先营造点氛围，歌曲《送别》很合适，歌词恰似古典诗词，内容契合课文。要品出诗味，诵读比概括情节好得多，而且单就《长亭送别》而言，其情节内容并不十分突出，抒情占大部分。要读得充分，要读出感受，要在读中感到诗意。诵读本身，是学生与作者、与剧中人物对话的最"感性"的方式，而透过近似表演的个性诵读，学生可以在想象的虚拟情境中有"身临其境"的体验，尤其是体验诗意的文字之美。

诵读到位了，感受就出来了，但不应急于引出"如诗"的结论，尊重学生的感受，适时让学生交流一下：你认为本课文的曲词最鲜明地融入了那一门类的艺术呢？学生应当会有话说，也想说。不论说的是"画"，是"乐"，还是"诗"，巧妙点评之后都可以水到渠成地引导学生发现，《长亭送别》是一首真挚的抒情诗。

第一环节的设计重在引导学生诵读感悟，也为下面的环节作好了铺垫。"如诗"体现在什么地方呢？语言、技巧、情感、景物……学生会说出很多，但总的来说是情景交融后的意境，是"情境交辉"。这里要注意的是，仍要考虑戏剧情节冲突及人物形象。笔者考虑从两个方面来引导学生品味诗境之美。一是整体意境美的感受，设计"命画面小标题"来激发学生的兴趣，避免空洞的阐发，又兼顾了情节的层次梳理。小标题要求从"诗境"的把握入手来命才能归位于本课的教学目标。这里要理解，以境的角度去写景才能正确处理景与情的关系，所以诗境的灵魂不是"景"，而是"情"。第二是品味这"撩人的离情"，主要是崔莺莺的内心情感——有愁有怨，有不舍有忧虑，唯一坚定的是那"鄙薄功名执著爱情的心"。离情之美的评价有助于把握人物形象，又能使学生对情境诗意美有着更为浪漫与深广的体味。这一环节，可适当点出背景、戏剧冲突、爱情理想，让学生加强对《西厢记》的了解感受。

第三个环节的设计具体些，是理解分析之后学生评价能力梯级的进一步实现。本课的抒情方式借用了很多的诗的技巧，很多抒情语句直接化用古诗，老师可主要从借景抒情、融情入景和妙用修辞两个角度进行归纳。

第四个环节着眼于表达能力梯级的实现。笔者所教的学生多次尝试过这类训练，对此很感兴趣。如果学生尚觉陌生无从下笔，老师可以示范一下，供大家参考：霜林染醉黄河溢，长亭愁泪泠玉醅。劝君莫道不归誓，别后长堤翠柳衰。《长亭送别》本如诗，从诗的角度品味了课文，再自己写诗表达一下感受，描绘一下场景，可给本课画一个诗意的省略号，并让学生借助"写诗"的桥梁去向无尽的课外课文世界。

总的说来，"感受"是引发与铺垫；"品味"是共鸣与享受；"赏析"是评价与沉淀；"表达"是创作与分享。四个环节，都应该让学生在老师的引导下、文本的呼唤下愉快地由此岸游向彼岸，因为感受可以激发，可以推荐，可以分享，但绝不可以强加。

《长亭送别》教学设计（二）[①]

【教学目标】

（1）理解故事情节和戏剧冲突，把握、鉴赏女主人公崔莺莺的艺术形象。

（2）体味剧作情景交融的艺术境界，鉴赏剧作富于文采的优美曲词。

[①] 本文涉及的文本皆为《高中语文》课文，人民教育出版社，1996年版。刘建琼、张建斌设计。

（3）进一步了解元杂剧的艺术特点，领略中国传统文化的艺术魅力。

【教学重点与难点】

（1）教学重点：本折的戏剧冲突和人物形象的分析。

（2）教学难点：情景交融的艺术境界的理解领会。

【教学思路】

一、整体感知剧情，了解前因后果

本环节主要是考虑到课文为戏曲节选内容，有必要让学生整体了解《西厢记》的故事情节和主要人物，以利于更好地、更完整地理解课文的有关内容。

具体的教学实施主要采取老师和学生共同交流补充的形式，老师可提出以下问题，由学生自由作答，老师或同学相机补充，引入正题，结合课文注释掌握剧情梗概。

①同学们是什么时候、通过什么途径知道这部作品的？②读过哪些与《西厢记》有关的书？③是否欣赏过相关的影视戏曲作品？④《西厢记》的主要故事情节是什么？

二、把握情节层次，提炼场面情景

本环节主要是提要钩玄熟悉课文内容，把握剧情的思路层次。

在教学实施上可指导学生通过诵读课文的唱词和云、科等内容，结合剧中人物的上下场等场景的切换，理清情节层次。也可制作多媒体幻灯片体现有关场景画面，以更好地理解下面的教学内容。

本课写张生赴京赶考，莺莺送别的情景，刻画了莺莺离别时的痛苦心情和怨恨情绪，表现了张生和莺莺之间的真挚爱情，突出了莺莺的叛逆性格，强化了全剧歌颂婚姻自由、反对封建礼教的主题。全折以时间为顺序，以崔莺莺的心理刻画为主线，可分为四个部分，由四个紧密衔接的场面组成：

①赴亭路上，送别途中：表现莺莺为新婚离别而伤感烦恼与怨恨；②

长亭饯别,暗自离愁:刻画莺莺对张生的相思依恋与无可奈何的心情;③夕照离别,临别叮嘱:表现莺莺对张生的种种关心和担心;④别后愁思,目送行人:描写莺莺目送张生依依难舍与痛苦难耐。

三、赏析戏剧冲突,分析人物形象

本环节主要是考虑到戏剧是要通过矛盾冲突和舞台表演来刻画人物的,那么对戏剧冲突和人物形象的分析理解理当是本课的重点与难点。

在具体教学实施上主要采取课堂提问举证和探究交流的形式,完成以下教学内容。

(1)对待爱情和科举功名,老夫人、莺莺和张生各有什么想法?(适当组织讨论探究后明确)老夫人恪守教条,执意功名,并且高标准、严要求,全不以女儿和女婿的情感为念;张生本为举子,意在功名,尽管不忍分离,但在赶考求仕这一点上和老夫人是一致的,且对此充满了自信和自负;莺莺坚决反对张生上京赶考,珍视爱情,毫不在意功名富贵。这三个人在此问题上的不同态度与表现是本剧的矛盾冲突之一。

(2)莺莺内心深处的烦恼与痛苦是什么?(适当组织讨论探究后明确)莺莺的内心有两大矛盾:其一,一方面珍视爱情,坚决反对张生上京赶考,另一方面屈从于世俗和母亲的压力,不得不强忍离愁支持张生上京赶考;其二,一方面挂念张生赶考的成败和日常生活,另一方面又担心张生见异思迁移情别恋。这两大矛盾是课文节选部分最主要的矛盾冲突,集中交织在莺莺一人身上,其种种烦恼、痛苦、怨恨都是由这两大矛盾冲突引起的。作品也正是在这矛盾冲突的刻画中完成了人物形象的刻画。

(3)莺莺是重爱情轻功名的,具有反抗封建礼教的叛逆性格,哪些曲词中体现了这一点?(适当组织讨论探究后明确)这一折突出地刻画了莺莺的叛逆性格。在她心目中,金榜题名,是"蜗角虚名,蝇头微利",不是爱情的前提和基础,因此临别时不忘叮嘱张生"此一行得官不得官,疾便回来","但得一个并头莲,煞强如状元及第"。这些言语,与老夫人汲汲于功名的态度形式鲜明对比。同时,她也有深深的忧虑,明确地告诉张生"我则怕你'停妻再娶妻'"。"停妻再娶妻",这在男尊女卑的封建时代是有现实基础的。莺莺的态度突出地表现了她的叛逆性格和对爱情的执著。莺莺的离愁别恨，是她对不能掌握自己命运的悲哀和抗争，而不只限于"儿女情长"。她的离愁别恨中闪耀着重爱情轻功名、反抗封建礼教的思想光辉。

四、品读剧本语言，鉴赏曲词之美

本环节意在引导学生品味本课的语言之美，体会曲词的情味，了解景物描写的作用，体味剧作情景交融的艺术境界。

在具体的教学实施中，一定要在课堂上提供足够的时间让学生诵读涵泳、揣摩积累，甚至可组织学生当堂背诵部分曲词。以感性的诵读积累为主，以理性的鉴赏分析为辅。鉴赏分析可启发学生讨论交流，形成一定的理性共识，把曲词之美欣赏到位。

曲词之美有四（适当组织讨论探究后明确）。

一曰造型美。"碧云天，黄花地，西风紧，北雁南飞"一句，结构停顿章法严谨，空间布局节奏鲜明。又因为舞台上的曲文有赖于听觉的鉴赏，所以造型美还包括声韵格律的音乐美。古典曲文十分讲究句式、节奏、平仄、四声、押韵、衬字等等。"青山隔送行，疏林不做美，淡烟暮霭相遮蔽。夕阳古道无人语，禾黍秋风听马嘶"等句形声兼备，谓为造型美。

二曰情态美。是指准确、生动、形象地表现人物性格情态，谓为情态之美。在莺莺看来，状元及第并不值得羡慕，最重要的是夫妻并蒂相守。而事实上张生应试是被逼的，他们的分离乃是封建势力的压迫所致。因此莺莺发出了对封建势力的怨恨。莺莺还进一步把怨愤指向那可恶的名利思想。"蜗角虚名，蝇头微利"世俗的名利观念造成了青年男女的爱情悲剧，而莺莺却对这种虚名微利表示了极大的蔑视与痛恨，这就把莺莺的思想感情由一般的离别之苦，推到一个更高的水平。曲词在表现莺莺的这些心理的时候，直抒胸臆的词句并不多，而多是借景抒情的绮词丽语。

三曰意境美。"碧云天，黄花地，西风紧，北雁南飞，晓来谁染霜林醉？总是离人泪"这两句，作者化用范仲淹《苏幕遮》词中的咏秋名句，易"叶"为"花"，选取几样带有季节特征的景物：蓝天中的白云、萎积的黄花、南飞的大雁、如丹的枫叶。它们在凄紧的西风中融成一体，呈现出秋景萧瑟、令人黯然的境界。客观景物带上了浓重的主观色彩。枫叶经霜而红，作为自然现象，本无所谓悲喜，可在充满离愁的莺莺看来，便只觉得枫叶的红色，都是由离人的眼泪染成。这不但表明了莺莺内心深处的离愁别恨，而且生动地渲染了特定的环境氛围。"染""醉"二字，耐人寻味。不明写"红"却以红藏于"醉"；不说别泪涟涟，而用"染"字使其形象化，创造一种诗的意境。这支曲词情景交融，为全折涂上了底色，奠定了基调。

四曰神韵美。内容与形式的高度统一，使曲文达到一个全新的境界，这是曲文的最高品位。"到晚来闷把西楼倚，见了些夕阳古道，衰柳长堤"一段曲文，更是多处化引了古诗文语句。如李煜的《相见欢》："无言独上西楼，月如钩。寂寞梧桐深院锁清秋。剪不断，理还乱，是离愁。别是一般滋味在心头。"又如马致远的《天净沙》："枯藤老树昏鸦，小桥流水人家，古道西风瘦马。夕阳西下，断肠人在天涯。"再如柳永的《雨霖铃》："多情自古伤离别，更那堪，冷落清秋节！今宵酒醒何处？杨柳岸，晓风残月。"还如李白的《忆秦娥》："乐游原上清秋节。咸阳古道音尘绝。音尘绝，西风残照，汉家宫阙。"……"遍人间烦恼填胸臆，量这些大小车儿如何载得起"一句，南唐李后主《虞美人》中的"问君能有几多愁，恰似一江春水向东流"，秦观《江城子》中的"便作春江都是泪，流不尽，许多愁"，李清照《武陵春》中的"只恐双溪舴艋舟，载不动，许多愁"等亦屡有见闻。

【思路解说】

本课是长篇古典戏曲剧本的节选，在教学设计上，笔者以为既要考虑中国古典戏曲的文本特点，又要考虑学生对古典戏曲文本相对陌生这一学情，来设计教学方案。笔者以为，中国古典戏曲文本有三性：从演员的角度有可表演性，从观众的角度有可观赏性，从读者的角度有可阅读性。而要满足这三性必须有鲜明的戏剧冲突和饱满的人物形象。另一方面，我们的学生平常对戏曲文本接触并不多，感性和理解性的了解都比较欠缺，缺乏情感体验和思维训练。

鉴于上述情况，本课的课堂设计，教学理念上是以感性的朗读、对话、交流、点评、举证、情感体验等为主线，以理性的概括、抽象、鉴赏、评析、思维训练等为辅线，来驾驭教材和学生，使学生从具体生动的言语活动中感受人物和语言；教学内容上是以矛盾冲突和人物形象为主线，以剧本语言和曲词之美为辅线，来架构文本的解读，使学生完成对本课的意义建构；教学方法上是以学生自主朗读和探究交流为主线，以老师的提示启发讲解为辅线，来组织课堂教学，使学生成为课堂的主人。

因此，本课的教学目标和重点难点等均以戏剧内容为主，在具体的教学环节预设中，把戏剧之为戏剧的故事情节、矛盾冲突和人物形象摆在首位，让学生相对充分地掌握剧情和了解人物，并企望能留下深刻印象，能够复述和向他人介绍。在此基础之上，也充分考虑到《西厢记》的曲词之美，特别是本课的几段经典曲词的优美意境，再引导学生品读语言的情景交融之美，从而完成对文本相对完整的解读。

教材与学生：一个永远没法固定的元素共同体
——在江苏扬州中学教读《人是能思想的苇草》

【点滴思考】

2010年4月10日 7:40—8:25 在江苏扬州中学给高中二年级4班上课。听课者600人左右。

教材是课程标准的最直接表现，这样的界定不会引起更多的人质疑，但是，教材如何涵盖课程标准的内在价值和意义，编写者很难体现。事实上，在教室里教师落实课程标准、把握教材也是不容易的。钻研教材时，必须考虑文本、辅助系统（注解）、知识系统和检测系统等的相互关系，尤其要重视牵一发动全身，即找准问题切入点。教材体现课程标准，从某种意义上说，关键之处是教师，教师的眼界、见识、知识、信息、智慧和直觉等等元素，都会制约教师对教材的理解与运用。这里还有一个重要因素，那就是学生的实际状态。所以教材突显课程意义，受制于生情。

本教学案的学情研究很彻底，所以执教时特别从注解入手设计问题来牵动整个文本和课堂，效果是比较好的。语文教学专家、扬州中学特级教师蒋念祖说"建琼的教学设计带有很强的教材研究意识和对学生的极大尊重"。

《人是能思想的苇草》教与学设计[1]

【教学目标】

（1）多视角开掘领悟哲理性散文深邃的思想蕴涵。

---

[1] 本文涉及的文本皆为《高中语文》课文，江苏教育出版社，1996年版。

（2）品鉴用比喻将思想形象表达。

【教学重点和难点】

本文是一篇哲理性散文，其文字跳跃、偶闪、深奥，经由编者编辑调整而成现今整篇，学生需要在老师的指导下阅读。重难点确定为：对作者、原文本、标题和课文的梳理、探讨与提升，尤其是对文本中表现的几组相反性观点进行研究，学习探究哲理性散文的方法。同时，示范对课文详述文段的清晰钻研和对精略观点的个性解析，培养读懂哲理性文字的能力。

【教学方法】

朗读与默读结合，自究与讨论结合，领悟思想与品鉴表达结合。

【教学课时】

在学生做好预习的前提下，用一个课时完成。

【教学过程】

一、导入文本

非常高兴与中国名校扬州中学高二年级4班的同学一起来学习语文！探讨问题！交流思想！

请大家打开必修（五）第98页，一起来探索法国思想家帕斯卡尔的思想性文字:《人是能思想的苇草》。

显示课件1：

人是能思想的苇草（帕斯卡尔）

二、回顾预习

显示课件2：

（1）上网查找资料，记录下帕斯卡尔其人其事、《思想录》其书，并搜集能够帮助自己读懂课文的相关资料。

（2）读课文并思考下列问题。

①请同学们背诵帕斯卡尔的文章中你最喜欢的一两句名句。②注解说

"标题为编者所加",请你依据课文帮助编者说说加此标题的理由。③帕斯卡尔思想在课文中是以哪几组矛盾性观点来构成的?如何理解?(举例)

三、研读注解

1. 一读注解,走近帕斯卡尔

读注解①第3句话:"帕斯卡尔(1623—1662),法国思想家、科学家、文学家。作品有《外省人》、《辩护》等。"根据自己查找的资料,更为详细地谈谈自己对帕斯卡尔的了解。

显示课件3:

帕斯卡尔其人

帕斯卡尔就像一根能够思想的苇草——脆弱,但伟大。

他脆弱。①身体一直不好,病痛始终折磨着他。②母亲在他三岁时离开了他。③妹妹受他影响进了修道院,他一生内疚。④39岁英年早逝。

他也伟大。几何学上的帕斯卡尔六边形定理、帕斯卡尔三角形定理,物理学上的帕斯卡尔定理等均是他的贡献。他还制作了水银气压计,压强的单位帕斯卡就是以他的名字命名的。并写成了一部能陪你走到"阅尽沧桑和人情的老年"的《思想录》。他是一个数学家、物理学家、思想家、哲学家。有人评价:帕斯卡尔之于法兰西,犹如柏拉图之于希腊,但丁之于意大利,塞万提斯之于西班牙,莎士比亚之于英格兰。

2. 二读注解,把握《思想录》的内容梗概

读注解①第1句话:"选自《思想录》,何兆武译,商务印书馆1985年版。"根据自己查找的资料,更为详细地谈谈自己对《思想录》的了解。

显示课件4:

《思想录》的大体内容

《思想录》是帕斯卡尔思想光辉的结晶。

这是一部未完成的手稿,部分已大致成章,有些则仅有题目或提纲。

书中并没有建构思想体系，而是追随蒙田《随笔录》的方式，记录下偶然闪现出的思想，但这些零星无序的思想比逻辑演绎的思想更加真实、细致，是一种智慧，属于一种人生哲学，集中了帕斯卡尔对于人生和宗教等问题的沉思与感悟，以其思想的深邃以及文笔的流畅隽永成为思想文化史上的古典著作。

帕斯卡尔在《思想录》中，反复论述：人是伟大崇高的，又是卑鄙渺小的。是可以达到幸福的，又是处于十分悲惨的状况的，所以认识自己至少是认识人的一部分——伟大与卑微的统一，高贵与贫贱的统一，幸福与不幸的统一。我们对自己越是认识得深刻，就越接近于一个真实的人。

3. 三读注解，研究课文标题

读注解①第2句话："有改动。标题为编者所加。"根据自己查找的资料，请你依据课文帮助编者说说加此标题的理由。

显示课件5：

人是自然界最脆弱的东西，就像一根苇草。苇草是渺小的，因为他是一根能思想的苇草，所以，他又非常伟大。人，因为思想而伟大，所以，人的全部尊严在于思想。

标题运用比喻手法，深奥道理形象化。

四、研读课文，领悟思想蕴涵，学习探讨问题的方法

第一步，齐读课文。
第二步，问题探讨。
（1）检查预习题1，请同学背诵，为课文找观点语句。
（2）检查预习题3，同学讨论，探讨课文内容。
1. 方法提示
显示课件6：

正确地思考问题的方法，常常表现为：站在特定立场、选择一个或者若干个视角思考问题，从而挑选符合逻辑和习惯的阐述方式来呈现。

2. 研读的进程

学生找出几组矛盾，老师示范分析第一组矛盾后，让学生选自己理解得最清楚的一组来谈谈方法的使用，最后明确探讨的方法。

3. 总结"探讨课文内容"

显示课件7：

思想形成人的伟大！（第1自然段）——全文观点。
◇人是伟大的，又是脆弱的。（第2、3自然段）
从与宇宙力量的对比来思考。
◇人想表现为天使，却表现为禽兽。（第4自然段）——理解难句。
从美好追求与现实结果的矛盾来思考。
◇思想是伟大的，又是卑贱的。（第5—7自然段）——理解难句。
从思想自身的优点和缺点来思考。
◇人是伟大的，又是可悲的。（第8—10自然段）——理解难句。
从思想自身的优点和缺点来思考。

4. 小结问题探讨的角度

显示课件8：

从题目来思考，从文本来思考；
从作者的身世来思考，从课文源自的著作的内容来思考。

五、回顾总结全文

我们从标题开始，审读注解，研读课文，发现问题，深入实质。在这里，我们看到了法国思想家帕斯卡尔的思想的闪光、可信和美丽。我们至少获得了这样的感受：闪光的思想源于深刻地思考；可信的思想源于逻辑地推导；美丽的思想源于巧妙地表达。

显示课件9：

小结课文学习：
深刻地思考，才会有思想的闪光；

逻辑地推导，才会有思想的可信；
巧妙地表达，才会有思想的美丽。

六、作业

显示课件10：

针对本文中的某一句话谈谈自己的看法，写成一篇短文。

课程意识,单元优质教学的核心元素
——以人教版高中语文教材必修(二)第一单元为例

大家知道,课程,是新课标理念的关键词。单元课程,以教学论来阐述它,应该指本单元究竟要教什么、为什么要教这个、教这个的价值和意义如何。在新课标实施的过程中,所有高中语文教师还是会面临目标确定欠清晰、内容选取欠妥当、资源开发欠充分、实施评价欠公允等问题,课程的深入认识和具体化是科学教授教材的关键,故课程把握仍然是教学的关键。为了求取优质的语文教学课堂,本文围绕"课程意识,单元优质教学的核心元素"这个话题、以人教版高中语文必修(二)第一单元为例来展开。

一、科学地确立单元目标

新课程实施中如何确立单元教学目标,的确是一个不容忽视的问题。目前在各年级的语文教学中都实施了目标教学,但大家都注重了篇目课时教学目标的实践,而往往忽略了单元整体目标在教学实践中的设计与实施。如若具体论之,可从以下几方面入手。

第一,要有课程目标意识。确立单元目标要站在语文课程这一宏观的高度来整体把握,《普通高中语文课程标准(实验)》明确规定必修课程的目标分为两方面——阅读与鉴赏、表达与交流,新课标对这两个方面进行了详细的阐述,其中"阅读与鉴赏"有十二条,"表达与交流"有九条。我们在进行单元设计时应充分考虑课程目标的要求。如"阅读与鉴赏"的第六条明确要求:"学习鉴赏中外文学作品,具有积极的鉴赏态度,注重审美体验,陶冶性情,涵养心灵。能感受形象,品味语言,领悟作品的丰富内涵，体会其艺术表现力，有自己的情感体验和思考。努力探索作品中蕴涵的民族心理和时代精神，了解人类丰富的社会生活和情感世界。"依据以上这点，我们以必修（二）第一单元为例来确立这一单元的目标。这个单元的三篇课文都是写景状物类的散文，把握景物的特征和情感表达的方式、品味语言、感悟散文中的人文精神、理解作者丰富的情感世界应该是这个单元的重要目标。

第二，要有单元整体意识。单元教学中的几篇课文是按照一定的结构层次组成的一个教学系统单位，单元中的课文具有许多共性，因此制订单元目标时应从整体着手，对整个单元的内容作统一概括和归纳。必修（二）第一单元的三篇写景散文有着许多共同的特点：写景精美，情味浓厚；意蕴深厚，思想深刻，都能引发读者对自然、人生、社会的多方面思考；语言优美，表现力强。这三个共性应是教学必须重视的内容，在这个单元里培养学生把握景物的特征、感悟文中蕴含的思想和情感、品味语言所蕴含的情味的能力是单元的整体要求。如果三篇课文没有整体目标的控制而随意地进行教学，势必使教学重点凌乱，知识缺乏系统性，这对学生能力的形成、素质的培养是极为不利的。

第三，要有篇目的个性意识。单元中的几篇课文虽有目标的共性，但更有各自独特的个性。确定单元目标时不能因为注意了整体性而忽略了差异性。比如在情感表现的方式上，必修（二）第一单元的课文各有特色，《荷塘月色》的情感富有变化性（不宁静—排遣—超脱—不宁静），情感随写景叙事起伏变化，形成一条起伏变化着的感情线索；《故都的秋》的情感具有一致性，全文都是按"清""静""悲凉"这三个特点或三种感受来写作，作者的情感表达不是大起大落的，相对较"平"；《囚绿记》的情感具有含蓄性，作者没有直接写北平人民遭受日本帝国主义的铁蹄践踏的现实，只写与常春藤的"交往"及深深的怀念，将情感寄寓在物中。设置目标时我们除注重把握文章的情感和线索外，也要注意凸显篇目的个性特色。

二、如何选择单元教学内容最恰当

在实施语文教学的时候，面临的第一个问题，也是最重要的问题，就是基于课程目标确定教学内容，即一堂语文课或一个教学单元要"教什么"。课文并不是语文课本身要教和学的内容，它只是教学内容的载体，但是语文的教学内容又隐藏在课文中。

笔者以为，一篇篇课文，既存在着教学的内容，也存在着非教学的内容。前者表现教学内容的有效性，后者则体现教学内容的冗余性。教师应该迅速有效地选取有效内容，但即使是有效内容里可教的东西也太多了，如语言和言语的知识、文章和文学的知识、阅读和写作的知识等等。在一篇课文里能教完吗？比如《荷塘月色》的教学内容，有生字词、作品背景、人物形象、心理活动、修辞手法、借景抒情、写作目的与主旨，显然不是两节课能涵盖的。与其"蜻蜓点水""水过地皮湿"，不如"删繁就简三秋树"，重点突破，达到"一枝一叶总关情"的境界。

那么，选择哪些内容来教学呢？不同的教师或许会确立不同的教学内容。他们在对课文"二次开发"后将形成不同的理解，正如王荣生博士指出的，"这些课实际是个体的教师凭自己的语文个人知识（亚里士多德称为'臆断'）在从事教学"。比如《故都的秋》，有的教师将品味语言作为教学重点内容，因此设计品读语言、推敲语言、咀嚼语言，从而理解作者深沉隽永、绵绵不绝的生命况味；有的教师将情景交融的写法作为教学的重点内容，通过赏析"庭院品秋、清晨踏秋、听蝉鸣秋、闲人话秋、秋枣映秋"五幅画面来教学生如何写景；有的教师将探究写作目的作为教学的重点内容，从品味关键句——凝聚着作者感情体验和理性思考的语句入手，引导学生体会作者对文化之秋的眷恋之情。

这些教学内容的确立是否恰当？当然，我们应该鼓励教师积极思考，个性表达，毕竟"一枝独秀不是春，万紫千红春意浓"。但是，不能如风筝断线、野马脱缰般毫无原则，也就是说要确立起选择内容的依据。

首先，是否有语文味。语文课要上出语文味，就是要教出语感，教出情感，教出美感，能让学生积淀传统文化，丰富生存智慧，提升人生境界。假如没有明了语文学科的本质，可能会把语文课上成了历史课、思想政治课、生物课等。比如《囚绿记》，教师以多媒体课件时而演示"卢沟桥事变"的影像资料，时而是抗战中上海孤岛的介绍，时而是一幅幅藤蔓植物的图片；学生眼花缭乱应接不暇，无法静心品味文字的内涵，无法形成自己的见解。因此，这些不关注文本的感情基调和品味语言的教学内容都是不恰当的。

其次，是否注意了文体。不同类型的文体具有不同的教学功能，实现不同教学功能需要不同的教学内容。所以，需要考虑文体与教学内容之间的契合度，要明了哪一类文体最典型地承载了某一些语文知识，哪一类文体最适宜用来开展某项活动。诗歌教学应着眼于诗的意象与意境，诗的情与美；小说教学应该从三要素入手，鉴赏人物形象，体会创作意图；戏剧教学应以人物对话为突破口，以复杂的矛盾纠葛为重点；散文教学应通过鉴赏语言来体会作者情感流淌的过程，探究其中的人生感悟和文化内涵，领悟作品反映的社会生活和情感世界。比如人教版必修二的第一单元，《荷塘月色》《故都的秋》《囚绿记》都是写景状物的散文名篇，画意的营造与诗情的表达是它们的审美特征，所以，品味语言和探究借景抒情的写法就是教学的重点内容，而把鉴赏人物形象作为教学内容就不合适了。

即使是同一个教学内容，侧重点也不同。比如，都是品味语言，诗歌重在品其语言的含蓄与凝练，散文品其语言的典雅优美，小说品其语言的个性与意蕴，戏剧品其语言的情味和雅趣，文艺评论品其语言的针对性和批判性，说明文品其语言的严谨性和准确性，等等。

再次，是否考虑了单元目标。编者之所以将几篇文章组合成一个单元绝非随心所欲，而是按照一定的主题——或情感或话题或表达方式或表现手法——排列的。在同一学习主题中，后一课的教学内容是前一课教学内容的延续、拓宽、提高或加深。那么，教师在备课时，要先想想这些问题：为什么要学这篇文章？为什么要在这个单元来学？要凭借它学习哪些知识和技能？学习此篇与前后文章有何联系？这些问题，教师可以通过课文后面的练习设计来获得提示，教学内容的基本部分就是这样生成的。

最后，是否考虑了学情。在备课中，教师应该了解哪些是学生已经懂了的，哪些是学生不懂但自己读教材可以懂的，哪些是学生读教材也搞不懂但通过合作学习可以弄懂的，哪些是老师必须讲授的，哪些是老师讲了学生也弄不懂，而需要通过活动才能掌握的。这些都是教师设计教学内容时应该考虑的。另外，在真实的课堂教学中，教学内容还可能受学情影响而调整。教师可以"学生提问"为教学起点，以让学生参与讨论"关键问题"的方式重构教学内容。此举能顺应学生的心理逻辑和认知特点。例如《故都的秋》，教学对象是高一年级学生，他们对散文这种体裁并不陌生，在初中时已接触过不少写景散文，进行过初步的鉴赏，知道写景散文"形散神联"的特点，但"知其然而不知其所以然"。所以，教师抓住"北国的秋，却特别地来得清，来得静，来得悲凉"这句提纲挈领的句子，循此线索整体把握文章大意。同时，写作时间和地域造成的隔膜，也会影响学生对文本的意蕴和情味的理解。所以，教师应适时对作者情况和背景进行介绍，并指导学生反复诵读，细细体会景物描写所蕴含的思想感情，从而明了情景交融的写法。在赏析了五幅画面之后，也许有学生提问："作者选取这些灰暗的景物，说明他的审美观很颓废吧？"那么，教师对此问题不能置之不理或者轻率地答以是或否，因为这恰是学生需要的东西。

三、对话是单元教学实施的重要途径

有一句广告词说得好：如果你知道要去哪里，所有人都会为你让路！语文的课堂设计千姿百态，但实施的效果却不尽相同。借用一句俗语，"失败的课堂各有各的原因，成功的课堂却总是相似"。在我看来，这"相似"的地方就是，他们知道"要去哪里"，并且懂得"要如何去"。破解这"相似"的密码，在这里以必修（二）第一单元为例，略谈浅见。

语文教学实施的步骤之一，当是教师与教材的对话。在这里，我之所以不用"文本"的概念，就是想强调这第一步对话的全局观。语文教学应是"用文本教"而不是"教文本"，教材单元精选的篇目，肯定有其"单元总归属"和各自承担的"分任务"。因此，我们必须建立教材单元对话观，既从整体上把握单元的编排意图、目标，又能体会选文的各自特点、任务，包括课后习题的设计导向，这都是我们在单元教学实施前要完成的。必修（二）第一单元都是写景状物散文，单元阅读目标应围绕写景、抒情、审美、语言来确定，再在此基础上进行读写结合的表达训练。同时，《荷塘月色》可重点赏析融情入景的优美意境和精美的语言，精彩的写景段落可精读细品，适合诵读指导和小段仿写训练。《故都的秋》也是写景状物，但更有感染力的是文中浓郁的情味，在披文入情的阅读体会和探究中提升审美情趣是教学实施的重点。《囚绿记》精巧别致而含蓄蕴藉，浅层阅读上与学生的心理体验层次贴近，也很适合写作构思的借鉴；深层阅读上，适合引导学生对于作者与"绿客"故事的背后含蓄而多重的主旨的探究。

语文教学实施的步骤之二，当是教师与学生的课前对话。这一步对话主要通过教师自问来完成，直接影响着教学实施方法的设计和教学流程的安排。比如，我们要这样问自己：我的学生会喜欢这个单元的课文吗？该如何激起他们的兴趣？完成单元目标，我的学生有过怎样的经验和基础？该设计哪些环节来实现目标？他们会对哪篇课文的哪些地方产生兴趣或疑问？该如何利用这些兴趣或疑问点来引导学生深入品味和探究？课文的哪些隐藏的闪光点估计是我的学生难以发现的，该如何引导他们去发现？不到"火候"就不直接丢给他们？我的学生还存在哪些学习习惯和学习方法上的"盲区"与"误区"？该如何在教学过程当中引导他们去发现和改变？当然，这步对话也可以通过让学生预习摸底的方式来完成，恰好也促使学生完成了与文本的初步对话。若能长期坚持，会让学生养成很好的自读习惯和自我评价习惯。有条件的话，还可尝试让学生进行单元综合预习，对三篇课文一起阅读提问。

前面两步做好了，才能很好地为实施课堂教学做好充分预设。课堂教学的实施重点应关注以下要素：情境创设的有效、课堂对话的充分、动态生成的积极自由有效和学习习惯与方法的指导。必修（二）第一单元皆为至情至性的美文，须得在特定的氛围下，展开想象的翅膀，力求身临其境地体会美景，感受作者心灵的搏动，课堂导入要费点心思。相较其他单元，导入语要更加温柔煽情，或从景物描述切入，或以感受作者性情铺设，或用文化背景引路，皆可。总之，要能瞬间平定浮躁的心灵，打开敏锐细腻的毛孔，给学生一个徜徉于美中的对话准备。在情境创设的技巧上，可借助音乐、图片、其他相关诗文等帮助实现，但三篇课文尽量在手段上有所区别，保持情境刺激的新鲜感。课堂对话的充分与否，取决于预设了什么来挑起对话。就这一单元而言，诵读环节是必须预设的，文本语言本身就有着无穷的魔力，能挑起读的欲望，在读中涵泳情韵，在读中完成一次想象的美的旅程；而互相倾听诵读本身就是无言的对话。接下来的过程，我主张用"散文式"对话来保持本单元教学流程的美感。一种方式是，整篇教学由教师设计一个核心主干问题牵动而成，其他枝叶问题在对话中动态生成；一种方式是，老师预设（能从学生的预习提问中挑选更好）很多备选问题，将之按问题解决指向的目标完成方向大致归类，再适时挑一个问题引路，在课堂对话生成中适时抛出其他类别中的问题，环环推进。这两种设计，都要求老师既把握住课堂主线，敏锐发现并开掘推进新对话生成的契机，又保证学生掌握对话主动权，始终在自由畅快地完成审美旅程，老师是灵活的导游而不是固定行程的游览车。例如，《故都的秋》可用"结合自己有关秋天的生命体验，谈谈在作者笔下你感受到了怎样的秋天"为主干，带动"领悟意境，品评语言，揣摩感情，欣赏探究'凋零悲凉的生命之美'"等等枝叶，完成预设目标。《荷塘月色》可从"诵读喜欢的写景段落"切入，由学生谈谈理由，说说体会，从而揣摩语言，适时仿写交流；再提提问题，交流疑惑，从而引导关于情感的复杂变化流程与文眼"这几天心里颇不宁静"的关系的探究。

就学习习惯与方法的引导而言，本单元适合练习圈点批注法鉴赏文章中的精彩语句，并适合引导运用比较法，从抓住景物特点、选择写景角度、运用语言技巧等方面分析三篇课文的写景特点，并指导养成制作小卡片摘录精彩语言、积累鉴赏术语、写写阅读感受的语文学习习惯。最后，还可指导建立"爱上一个散文作家——延伸阅读课文作者其他作品"的课外阅读体系。

四、立体化：单元教学资源开发途径多

教学资源，通俗地说，是指一切可以帮助学生达成学习目标的教学组成要素。从"一切可以帮助学生达成"的教学要素来阐释，单元教学资源的开发途径理应多渠道、多层次，做到立体化。

1. 充分地解读文本资源

在教学资源中，文本资源是最根本的也是最重要的一个资源，所以，我们要充分深入地解读文本资源。

对话文本。俗话说"言为心声"，文本是思想、精神与情感的表现，所以，我们要教会学生养成与文本对话的习惯，要在不断地朗诵、悟读的过程中，与文本中的人物以及作者产生情感上的共鸣，从而使学生的阅读体验逐步深入，避免浮于表面的浅层次的文本理解。本单元的三篇文章，都是经典的美文，是我们诵读感悟的好资源。我们要在了解作者思想情感的基础上反复诵读文本。例如《故都的秋》是抒情散文和典范之作，感情浓厚，文辞优美，全文紧扣"清、静、悲凉"落笔，以情驭景，以景显

情,所以我们在学习时首先可以"诵读",要求学生带着美好的感情来读,声情并茂地读,让学生在诵读过程中整体把握和感知文章。通过"诵读",努力引导学生进入课文的情境当中,体会课文所蕴含的思想感情,培养学生初步鉴赏散文的能力。

放大细节。"细微之处见真知",文章中的细节刻画,往往是文章的精髓所在。我们在教学时要关注一些看似简单却富有深意的细节,要关注字里行间渗透出的作者的喜怒哀乐,并在教学过程中有效放大这些细节,将文本所蕴含的种种情感无声地注入学生的心田。例如《荷塘月色》中对"月下荷塘"的细节刻画,正是作者自己复杂情感的一种细微流露,我们在教学时就应该对这一段作"放大式"的分析。

放飞想象。本单元的三篇文章都有很多"留白"之处,可引导学生放飞自己的思维,在文本的基础上,通过改写、续写、扩写、仿写等形式,对"留白"进行联想与想象。这种对课程资源的教育扩展,可以使学生更深入地理解文本。例如《囚绿记》的结尾写到"有一天,得重和它们见面的时候,会和我面生么?",我们可以这样设题:请同学们想象抗战胜利后的某一天,作者和"绿"终于见面了,他会看到一幅怎样的情景?这种对"留白"的想象,有效地拓展了文本资源。

2.巧妙地利用生成性资源

所谓生成性资源,是相对于教师的预先设计而言的,指在课堂教学中通过师生互动、生生互动等活动即时产生的资源,包括互动、对话中产生的问题、情境或行为等信息。

课堂教学是在教师指导下的一个有组织、有计划、有步骤的学习活动,因此合理预设是课前的必要准备,是生成的基础。在教学过程中,我们关注生成资源之前应该关注课前的预设。作好了课前的合理预设后关键是充分利用课堂生成资源。预设是生成的基础,生成则是预设的延续和动态升华。课堂教学具有丰富性、多变性、复杂性的特点,教学过程是师生互动、相长的过程。面对学生的回答,教师要敢于挖掘,要善于巧妙利用,只有巧妙利用生成资源,课堂才会涌动生命的灵性。

例如讲授《荷塘月色》这一课,为了加深同学们对"月下荷塘"一段的理解,笔者曾经预设了这样一个题目:请你借助某一种表达形式,将你对"月下荷塘"的理解表现出来。结果,在学生的答案中,有两个比较特别：一位同学画了一个月亮，这个月亮却是一半黑一半白；另一个同学借助 flash 动画，制作了一个"荷塘之风"，这风很特别，是不断打着漩涡的。笔者请这两位创作者来作解释。一位说，作者心里一半是清醒一半是迷茫，半黑半白的月亮正体现了这种复杂的心态。另一位说，作者的心是矛盾的，打着漩涡的风正是他的这种矛盾的体现。两位学生课堂上这种精彩的回答，无疑是一种极好的课堂教学中的生成性资源。

3. 有效地运用多媒体资源

从教学资料角度来看，教材文本虽然是一个主要的资源，但建立在多媒体基础上的信息资源，能营造意境，有助于我们更好地领悟文本。我们可以借助多媒体来有效地"还原"文章的情景与作者的情感，从而让学生最大限度地产生情感的共鸣。无论是月光荷花的图片，还是萧瑟秋清的音乐，都能够给我们进入文章情境营造一个最好的氛围。

曾看过一堂《荷塘月色》，开课老师运用了多媒体教学手段，开头播放的是 flash 动画，目的是把学生引入荷塘月色的意境。在传统语文教学中，教师是很难让学生进入文学作品意境的。《荷塘月色》课件一开头，随着《春江花月夜》柔和的乐韵，荷叶荷花渐渐变暗。天黑了，一轮圆月冉冉升起。看着荷塘上如水的月光，仿佛思绪已在荷塘月色中漫步……学生进入了意境。接着介绍作者在那腥风血雨中的内心感受，把学生的心由舒缓而引向紧张。重点分析时，再次进入作品那"月下荷塘""塘上月色"的优美意境，听着播音员那抑扬顿挫的朗诵，感受着那大自然的恬静和幽雅，更感受到朱自清那想逃避现实而最终无法逃避的无奈。情感上的或喜或悲，心理上的或舒缓或紧张，形成了课堂情绪的起伏，最后用与开头相呼应的意境画面结尾，节奏美自然显现。

又如《故都的秋》，有教师将这篇课文总结成五幅"秋景图"——秋晨静观图、秋槐落蕊图、秋蝉残鸣图、秋雨话凉图、秋果奇观图，并巧妙地利用多媒体，与大家一起绘出这五幅图，通过画面的美感，让大家感悟到了文章意境的美感，可谓"一箭双雕"！

当然，多媒体资源仅仅是一种辅助资源，我们要围绕着教学目的，以教材为载体，从学生的知识与技能、过程与方法、情感态度与价值观等方面多功能、多维度地去考虑，有效地利用多媒体资源。否则，过于堆积，或者脱离文本范围，则失去了其辅助的意义。

4. 探究性地挖掘课外资源

语文即生活，生活即语文。如果我们的语文教学仅仅局限于把课本教好、课文学好，那显然无法有效提高学生语文素养，新课程所倡导的"用教材教"而不是"教教材"，其深意就在于此。所以，我们要"依据文本、超载文本"，鼓励学生在掌握了课内资源的基础上，探究性地去自我挖掘更多的新的课外资源。

例如，这个单元都是"借景抒情"的散文，我们可以依此组织一个"借景抒情散文专题阅读"，让同学们去阅读更多的同类性质的散文，探究这类"借景抒情"散文的写法。依此方法，我们还可以组织"朱自清散文专题阅读""郁达夫散文专题阅读"等等，鼓励同学们多阅读、多思考。这样挖掘开发和利用语文课程资源，让学生在获得知识的同时，还有可能获得潜能的激发、方法的领悟、思维的启迪、智慧的生成、情感的熏陶。

******

一个单元的教学思考角度有很多，比如学生如何学习，可从准备、倾听、互动、自主、达成等视角来思考；又如教师怎样教授，可从流程、呈现、对话、指导、智慧等维度来思考；再如课堂文化如何构建，可从民主、思考、创新、关爱、特质等取向来思考。名师工作室的刘兵、蒋雁鸣、曾京和刘虹四位老师参加了讨论，提出了很多有益的建议。他们从单元课程意识的角度，着眼于目标、内容、资源、实施等展开思索和实践思辨，这对正在课堂践行中的语文教师应该具有启发意义。

蒋雁鸣老师的目标多层论是符合中学语文教学实际情况的。将目标分为课程目标、单元目标、篇目课时目标，并在具体事例中切实阐述了目标设定的学理和操作技术，很有教学指导意义。笔者认同，在实施单元教学时科学地确立单元目标并用既定的目标宏观调控整个单元的教学过程的观点。

教学内容的选择，怎样是最有效的？针对这个问题，曾京老师从语文味道、文体特征、单元目标、学生实情等角度进行分析，比较清楚地理清了遴选依据。我以为关键在于把准目标与内容的本质，语文课程是目标和内容确定的指挥棒。

对话是单元教学实施的重要途径。刘虹老师从课堂实施出发来强化课程意识也是很有价值的。一方面强调了教师与教材的关系，另一方面又强调了教师与学生之间的关系，事实上，两组关系点击了课程要害。总之，有单元目标引路，有充分而又不失个性的文本解读做底，时刻以学生为中心预设教学流程与方法从而引导课堂动态生成，及时利用学生的反馈信息发挥课堂调节智慧，这样的语文教学，该是成功课堂的"相似处"吧！

　　单元教学资源开发的立体化，是刘兵老师的一个重要观点。这一观点遵循的主要原则是教师和学生结合、文本与拓展结合、课内与课外结合、主导与辅助结合。依据原则去推进，自然引出了充分地解读文本资源、巧妙地利用生成资源、有效地运用多媒体资源、探究性地挖掘课外资源等观点。我以为，在开发资源的进程中，必须遵守恰到好处的原则。（此文由笔者主持的名师工作讨论整理而成）

母语文化意蕴：语文课堂教学的永恒追求
——基于语文学科课堂教学的整体追求

从文化学视角来说，语文课堂教学作为母语研习活动，主要是通过向学生和老师传授或自习汉民族独特的文化意蕴，从而融入知识、信仰、艺术、道德、法律、风俗以及作为社会成员的人所具有的听说读写能力和习惯，又从而形成被发展创新了的文化自我，达到接受母语教育的目的。[①]语文课堂教学所言之三维标准，在某种程度上就是这种母语文化呈现，其中文化凝结与文化创新是关键词。所以，可以这样来阐述——语文课堂教学的永恒追求是母语文化意蕴。

目前，中小学语文课堂严重缺少母语文化熏陶，个中缘由，或缺少文本真切感悟和深度开掘，或缺少精妙的艺术传递和相互感染，当然都是语文教师专业化程度不高而致，前者是因为语文知识和能力不够，后者则是因为语文教育的知识和能力不够。比如指导学生美读《伯牙绝弦》这种文化短文，如何达成朗读起来——抑扬顿挫、摇头晃脑的美妙境界？这就需要要对文本的应有钻研。在引领朗读"善哉，峨峨兮若泰山！"和"善哉，洋洋兮若江河！"两句时，就需要研透"哉""兮"两个虚词的义项用法。哉，叹词，读来短促；兮，起连接作用，读来绵长。准确把握它们，气势、情绪、内涵都会潜藏在朗读之中，诵者自有得意洋洋之意，勿信，按此理解两虚词而自读两行美妙之句，母语味道全在其中了，旋即可现高山流水遇知音的境界了！

笔者曾经听过一位优秀语文老师教授《桂花雨》，她用文中一个"浸"字的揣摩赏析，将整体感受与精辟字句交融一块、语言学习和文化感受融

---

①［英］泰勒.原始文化［M］.蔡江浓，译.杭州：浙江人民出版社，1988.

为一体，学生津津有味、兴致昂扬。赏析开始，要求学生读第二自然段，"桂花盛开的时候，不说香飘十里，至少前后十几家邻居，没有不浸在桂花香里的"。然后，以学生对桂花香息的自我感受是否强烈为质疑起点，自然寻找到本段闪烁艺术气息的"浸"字。尔后巧转，追问文中是否还有"浸"字，学生饶有兴趣地发现第四自然段确有一个，课文这样写着——"全年，整个村子都沉浸在桂花的香气里"。继而，在比较之中给学生设置一个理解、感受、领悟"浸"字韵味的探究比较活动。在这种巧妙的艺术设置里，学生在整个"浸"的研习活动中，思维活跃、表达周到。有同学说，"浸"是慢慢渗透的意思，可以组成"浸泡、浸透、沉浸、浸染"等词语；有同学说，前一个"浸"字，实写成分很多，因为"至少十几家邻居"都可以闻到桂花的清香，而后一个"浸"字呢，虚写的成分多了，因为"全年"时间是比较长的，但是，桂花可泡茶，可做糕饼啊，的确可以香飘全村全年，不过，还是有渲染之意；有个同学说得很有深度——"这家乡的桂花啊，不仅香得宽，而且香得久，真是香及久远，难以忘怀啊"。笔者听了这堂课啊，心旷神怡，思绪绵绵。母语文字里的那些美妙，字里行间的诗韵，作品传送的情绪，刻写在心灵深处的文化记忆，需要老师的文化厚重来转达，从而将这种文化的符号记录在新的生命墙上。而何以让其墙上的文化设置不褪色？老师美好的感染和传递艺术是何其重要啊！

语文教师们，抓住那些闪光的汉字吧！要知道，汉字形体构建本身就充盈着强烈的文化意蕴，例如"母""女""字"等等，它们关涉人类生命的起始、发展和丰满，包含人类生命延续的故事、传说和神秘。曹明海先生非常明晰地阐述，一个汉字就是一个特定的意义世界，一个汉字就是一个特定的情感世界，一个汉字就是一个特定的形象世界，一个汉字就是一个特定的审美世界。那些泛化的阅读，不亲昵字字句句的阅读，流失的是我们中华文化呢。

认真想想，语文课堂教学是不是应该不懈追求母语文化意蕴呢？答案是毋庸置疑的。语文课堂教学是不是应该乐此不疲地咀嚼那些意蕴深长的汉字呢？答案仍旧是毋庸置疑的。答案的理由，德国现代语言学家威廉·冯·洪堡特在《论人类语言结构的差异及其对人类精神发展的影响》里一语中的、入木三分。他说："民族的语言即民族的精神，民族的精神即民族的语言，二者的同一程度超过了人们的任何想象。"也就是说，母语是民族精神的符号，是民族精神的载体，它显示着民族的个性与灵魂。毫无疑问，汉语语文教育当传承中华民族的文化、历史传统，负载中华民族的情感、思想和哲学，包蕴独独属于我们的民族精神和智慧，这也是语文课堂与其他学科课堂的显著差异点，紧紧抓住语文课堂的文化元素，才会永葆语文课堂的青春。

　　在语文课堂里，文化需要我们经历，需要体之验之，需要将那些经历变成自己的永远存于心中的含意特征，即属于自己的记忆，干脆就是属于自己生命的符号。比如，中国古代诗歌中的那些不朽意象——夕阳、空山、地坛、孤雁、野鹤、蟋蟀，就注入了几百几千年的习俗风情、喜怒哀乐。铭记这些文化痕迹，储存这些汉字印象，经由那些生活磨砺，回应那些历史音像，文本里的信号在心灵中荡漾，这是一种稍瞬即逝的体验。遵循体验的原则，理解、醒悟才会深入、深层和神秘。笔者曾经站在北京地坛的中央，一种广袤与厚重袭上心来，顿觉出史铁生《我与地坛》的厚重；当笔者看见自己的八十老母，步履蹒跚，轻声细气，心静神怡，一种与母爱遭遇后的平静，迅即于地坛周遭笼罩。没有体验，文化意蕴不会通过师生间的对话传递凝结成个体的特征，读与写都不会例外。体验，是文化意蕴吸收的有效途径。可以将语言作为心灵触摸的支点，可以将想象作为心弦拨动的情线；或者去穿透作者作品的背景与意旨，或者去掂量倾诉着的思想情绪的缘由。都是不错的办法，但是，都需要博大与细腻的心！

　　在语文课堂里，文化需要陶冶，需要借助体验来影响自我性格和思想情感，把文化的因子汲取而永存心中。比如读《岳阳楼记》，"不以物喜，不以己悲"的境界随同范仲淹精美的文字渗透到心灵里，人在漫漫征途，杂念丛生，它是多好的激励和追寻啊；"居庙堂之高则忧其民，处江湖之远则忧其君。是进亦忧，退亦忧。然则何时而乐耶？其必曰：'先天下之忧而忧，后天下之乐而乐'乎"，人的意义正在于其是否拥有强烈的社会性，与民忧乐才会使生命的价值与意义深远。那些中华传统的精髓将注入后来的言行里，教化公民，代代相融啊！这就是裹含在千百年文字文章文学里的滋味。

　　是的，面对厚重的中华文化，我们当真真切切地寻觅吸收。面对眼前的那些字字句句、章章节节、一部部、一册册，我们需要吟诵涵泳，认真地读准读通，忘我地品读美读，融为一体地背诵而走向通达；我们需要大胆地联想创造，唐诗的恢宏而宋词的忧患，韩文的雄阔而曾文的古朴，横连纵思，绵情缠思。陶冶需要品味，而品味尤其要注意将文本里流淌的情绪与行文思路的不紊逻辑相结合。

语文课堂教学作为母语教育，请不忘那文化意蕴！

问渠那得清如许？为有源头活水来
——点评两位语文特级教师[①]的公开课

【点滴思考】

> 半亩方塘一鉴开，天光云影共徘徊。
> 问渠那得清如许？为有源头活水来。
>
> ——朱熹《观书有感》

"半亩方塘""天光云影"，引起观赏者无限的遐思。两堂小学语文课，包含的语文教学规律和艺术营养，正似"半亩方塘"之"天光云影"，"一鉴"之中"徘徊"景色，天分白蓝、云显明暗。事实上，再好的艺术作品，总是优点与瑕疵并存。但无论如何，两堂语文课给了与会者、听课者以丰富的启示。

一个艺术作品，总会引来不同的评议，仁者见仁，智者见智，观赏者尽可以各抒己见。然语文课堂教学作为一门教育科学，一门教育艺术，又必须遵循其科学要素、艺术要素的内在组合规律。两位特级教师的两堂语文课都值得推敲，他们都是优秀的语文教师，具有良好的语文修养；其语文教学课堂都是有效的，充满了语文味道；真正实现了扎实而有意义，充实而有效率，丰实而有生成感，平实而保持了课堂常态，真实而体现了课堂待完善性。

下面我想结合两堂课谈谈自己学习的感受，供老师们参考！

[①] 余丽英，湖南省语文特级教师，长沙理工大学子弟学校校长。赵挚，湖南省语文特级教师，执教于湖南师范大学附属小学，长沙市小学语文名师。

一、对两堂语文课的具体印象和感受

一堂课到底怎样来评价，才与目前语文教学的学术研究相吻合呢？这是一个十分重要的问题。各唱各的调，各吹各的哨，那就会出现不在一个立场说话，从而变得没有前提、没有基础，探讨不出课堂的一二三四、甲乙丙丁，即语文课堂教学的"道"不清晰。

（1）两堂"阅读课"的课型和目标，给予的课程意义，让听观者明白了在教什么。

中央教育科学研究所所长袁振国先生建议，"课程意识，应该作为评选特级教师的首要条件"。窦桂梅老师的体验是——"能对'教什么'进行选择，是一个'优秀'教师和'成熟'教师的重要标志。"课程是什么呢？课堂里的课程就是指教什么，为什么要教这个，教这个的价值在哪里。两堂语文课作为阅读课型，在做阅读的事；设定的目标已经达成，整个教与学的过程与目标保持了一致性。

课文标题	教学目标	教学内容	突破效果
三月桃花水（散文诗）	培养读的能力，在"读、画、想、读"基本方法的导引下，借助情境设置感受文字、大自然之美。	着重"第4、6、9自然段"，学习作者从"听、看、品"等不同感觉视域出发，品味文字信息、写作艺术。	学生有收获，教师有感受。
伯牙绝弦（记叙文）	培养读的能力，由朗读到背诵；在文字涵泳之中，受到"高贵友情"的漫染与润泽。	文本短小。着重"读准、读通、读懂，进而美读美诵"。抓住文本关键词，指导朗读。	同上。

（2）明朗的思路和优化的方法给予的教学意义，让听观者明白了怎么来教。

下页表格从四个角度来思考，可以见出教与学的设计艺术。

课文标题	教学思路	教学方法	运用效果
三月桃花水	教学思路保证了层次化、明朗化。情绪激发而"读、画、想、读"实施而最后回归文本的整体朗读。突破重点，各有不同。	以"生活体验、仿写、美读"来促进阅读能力的培养。	"读、画、想、读"的方法形成与运用。
伯牙绝弦	教学思路的层次化、明朗化。内容上，从"成为知音"到"知音逝去，不复鼓琴"，以故事来推进。方法上，依照"读准、读通、读懂、美读美诵"。	以"化解重要词语、强化朗读、仿写"来增强阅读效力。	"假借工具、猜度、合零为整"的方法形成。

（3）融洽的双主体关系给予的教学意义，让听观者明白教学效果是师生双赢。

李吉林老师在她的一首儿童教育散文里写道："诗人是令人敬慕的。其实，教师也在用心血写诗，而且写着人们最关注的明天的诗——不过，那不是写在纸上，是写在学生的心田里。"两位特级教师的课堂，都在眷注孩子们生命世界的灵性召唤、诗意栖居、内在体验和全面生成，可以算作具有湖湘特色的语文课堂教学模式。具体说，很好地处理好了"生成性与预设性的关系"。

第一，突出了教学主体（师生）的创新意识，主体二重性得以交融。学生的自我能动性得到了较好的发挥，并不是一味沉浸在对他人的期待之中，思考热情和活力得以张扬。余丽英老师的课堂：让孩子们质疑、体验、再现，来培养生成意识，培养创新能力；老师在表现预设价值，假设、设计、引领、答疑，来回应孩子们的心灵感应。赵挚老师的课堂：师生的对话交流自发自觉；课堂气氛给师生身心健康带来了营养。

第二，突出师生对知识的自由创造，教学内容的二重性得以交融。在课堂上不仅教师表现了对"文本的独特理解"，而且学生也根据自己的个人体验表现了对"文本意义的自我选择"。

第三，突出了确定性（即因果性、预设性、可预测性、可控性等）与生成性（即不确定性、非因果性、不可预测性、不可控性等）的巧妙结合，教学过程的二重性得以交融。两位特级教师的课堂，并不是"完全的自由发挥"，不是"教堂中带领人们作弥撒的人或者说牧羊人"，而是遵循小学语文教学的基本规律做设计。当然，面对学生的"积极思维"和课堂的"民主气氛"，也给予了正视、利用，没有让好的教育契机失去，更没有伤及学生的自尊性和积极性。

第四，把知识传授融入情境之中，显出了活力和美感，情境二重性得以交融。情境之于知识，犹如汤之于盐。盐需要融入汤中，才易于吸收；知识需要融入情境之中，才能显示出活力和美感。这就是教师为什么要在课堂教学中创设情境的缘故。两位特级教师都在了解学生的基础上，结合教学内容，设计出了激发学生兴趣、增强学生感知认识能力、调动学生积极性的情景。余丽英老师的"图片、音乐"背景的使用，赵挚老师的"配乐故事讲述、墓前吟诵"皆属此等。苏霍姆林斯基说："真正的教师智慧在于教师从来不伤害学生的自尊心，而是经常激发他要做一个好学生的愿望。"

二、两堂语文课给语文教师成长的启示

启示一：只有书籍和生活才会使你变得滋润，生活语文可以丰富课堂语文的情致。书籍，的确是滋养一个教师最好的营养。余丽英老师作为一个校长，多年不教语文，并不等于她没有研究语文，只要她在关注语文教学，在审慎思考语文教学，这就是基础。一个教师，只要把语文教学当作一种生命的形式，那力量就无与伦比。所以，德国作家迪特里希·朋霍费尔在他的《狱中书简》（四川人民出版社，1997年版）中写道：

在我心里，只有黑暗，
与你同在，就有光明。
我孤孤单单，但你不会离我而去。
我内心软弱，但你不会离我而去。
我坐卧不安，但与你同在，就有安宁。
我心中悲苦，但与你同在，就有了耐心。

余丽英、赵挚两位老师，读书不断，写作不断。他们对书籍充满了好奇心，并没有被"教师职业异化"，广博采集，才如此；他们发表的文章被"人大复印资料"转载，有些文章思考力度极不寻常。生活的外延等于语文的外延。他们都热爱生活，有想法有实施，教而不息。所以，参研文本细致真切。

启示二：只有学科知识和科学方法才会让你理性，学术语文可以提升课堂语文质量。学科知识是由程序性知识和活动性知识构成的，既要具有知识的系统性，又要具有展开某个环节的突破力量。比如，语文课程，是系统性知识，像汉语知识、文学知识、哲学方法、历史知识等；活动知识，像要教会理解某个段落，就得使用多种活动知识。余丽英老师在突破《三月桃花水》的不同段落时，分别采用了"理解性朗读、感受性诵读、仿写促读"等方法；赵挚老师在突破《伯牙绝弦》的关键句时，分别采用了"句读理解、猜读理解、仿写促读"等方法。这些方法需要学术语文作基础。

附一:《三月桃花水》教学设计 ①

【教材简析】

阳春三月，燕子飞来了，桃花盛开了，冰雪融化了，河流苏醒了！《三月桃花水》用诗一般优美动人的语言，描绘了春汛到来时的胜景，抒发了对大自然的热爱。作者把河水比作竖琴，把波纹比作琴弦，把浪花比作鼓点，三月桃花水的流水声与田野上拖拉机的轰鸣、大路上马车驶过的铃铛声汇聚成一首和谐的"春忙"交响曲；又把清澈的河水比作明镜，映照出春天山乡的美景；最后对三月桃花水的美发出了内心的赞叹。本文文字韵律皆很优美，很适合朗读。

【教学目标】

（1）借助拼音、字典等，自学"绚丽、流淌、纤细、应和、开犁、袅袅炊烟"等生字词，读通课文。

---

① 余丽英老师设计的教学案。文本选自北京师范大学出版社《小学语文》教材。

（2）用"读、画、想、读"的方法有感情地朗读课文，感受三月桃花水的美丽，激起对春天的热爱之情。

（3）摘抄和背诵喜欢的句段，在诵读、想象、表达中感受散文诗的文字魅力，提高语言兴趣，发展语言思维和能力。

【教学创新】

引导学生在朗读中想象桃花水的声音和画面，在想象中朗读并表达这些声音和画面，培养学生凭借语言文字再造想象的思维能力和语言创新能力。

【教学重点】

引导学生用正确的学习方法读课文，从中感受三月桃花水的独特美丽和散文诗的语言魅力。

【教学难点】

针对学生平时作文中词语贫乏、句式老套的毛病，巧妙利用文本的读写结合点，随文练说（写）。

【教学准备】

多媒体课件。

【教学时间】

二课时。

第一课时

1. 猜疑导入，揭示课题

齐读课题，猜一猜三月桃花水是什么？（春天冰雪融化，雨水渐多，河水上涨，称春汛。因时桃花盛开，故又叫"桃花水"。作者：抒情诗人刘湛秋。）

2. 自学生字词，读通课文

绚丽、流淌、琴弦、节奏、应和、纤细、催促、开犁播种、花瓣、袅袅炊烟、草如茵。（注意读准"弦、纤、和"，写对"犁、瓣、袅"，理解"开犁播种"。）

3. 默读思考，给课文分段

方法：默读课文，找出与第1自然段两个问句对应的段落。

（1）（第1、2自然段）用设问开头，总写桃花水到来时的声音、颜色和流动的形态。

（2）（第3、4自然段）三月桃花水是竖琴，声音很美。

（3）（第5、6自然段）三月桃花水是明镜，颜色很美。

（4）（第7—9自然段）总结全文，赞美三月桃花水让人沉醉。

4.作业

（1）在生字本上带词抄写11个生字。

（2）有感情地读课文。

第二课时

1.创设情境，美读课题

（1）欣赏视频范读，思考：三月桃花水给了你怎样的感受？

（2）带着感受读课题。

2.初读课文，整体感知

（1）（课件出示）在作者心中，三月桃花水是什么？

（2）抽生读课文，其余同学边听边用波浪线画出与上述问题相关的语句。（板书：读、画。）

（3）师生交流，引出重点段的学习。

3.融情体会，个性品读

在作者心中，三月桃花水是什么？

预设一：听，水声如琴声。

（1）根据回答出示句子：三月的桃花水，是春天的竖琴。（板书：竖琴。生画出这句话。）简介竖琴，引入第4自然段的学习。

（2）抽生读第4自然段，其余边听边思考：这一段共有几句话？分别从哪些方面写了三月桃花水像竖琴？（出示填空）

这一段共（两）句话。第一句写（波纹）像（琴弦），第二句写（水声）如（琴声）。（板书：比喻。）

（3）第二句句式体察：这五个分句哪些可为一类？（比喻类、拟人类。板书：拟人。）

（4）自由读第二句，用小圆圈画出描写水声的文字，想想这些文字背后的声音是怎样的？试用象声词模仿。（板书：想。）邀同桌读、小组读。（加象声词模仿或想象说话：谈心、催促。）

（5）小结提升，引读、诵读第3、4自然段。

预设二：看，水清如明镜。

（1）根据回答板书：明镜。出示第5、6自然段，生质疑。

（2）用"读、画、想、读"的方法自学第6自然段：小声读课文，画出表景物的词语。想象：透过文字，你看到了怎样的画面？读喜欢的句子，再用自己的话说说从这句里看到了怎样的景物。

（3）用"它看见……"的句式想象和续写段末的省略号。（出示图片和背景音乐。）预设：它看见鱼儿在快乐地嬉戏，它看见青蛙在水草中欢歌，它看见大片油菜花金灿灿地盛开，它看见岸边的桃花露出了粉红的笑脸，它看见蔚蓝的天空飘着五颜六色的风筝……

（4）小结提升，引读、诵读第5、6自然段。

预设三：品，味甘如美酒。

作者心中的桃花水还是什么、像什么呢？从课文其他段再找一找。一串小铃铛、明洁的丝绸、小酒窝、美酒（板书：美酒）。根据回答相机导读第1、2节和第7—9自然段。

4. 拓展延伸，诗意表达

在你心中，三月桃花水是什么？

预设：三月的桃花水，是大自然的音乐家，是春天的摄影家，是一幅流动的画卷，是一条彩色的绸带，是一个花枝招展的姑娘，是睡醒的春仙子……

5. 总结提升，诗意诵读

配乐诵读诗歌形式的课文。

6. 作业

（1）选择自己喜欢的比喻、拟人等句抄在采蜜本上。

（2）有感情地把课文读给父母和朋友听。

（3）课外阅读《春潮》这篇文章，与本文比较，看朗读感受有何不同。

7. 板书设计

三月桃花水

读　画　想　读

竖琴　明镜　美酒

比喻　拟人

附录二:《伯牙绝弦》教与学设计 ①

【教学目标】

(1) 读懂、读好课文,力争背诵。

(2) 感受伯牙与钟子期之间的美好友谊,懂得"知音"的含义,学会珍惜友情。

【教学重点】

指导朗读。

【教学难点】

读懂课文,在理解的基础上读出句子蕴含的感情。

【教学准备】

多媒体课件。

【教学过程】

1. 新课导入

(1) 读准下列词语。

峨峨泰山 / 袅袅炊烟 / 依依杨柳 / 蒙蒙春雨

洋洋江河 / 徐徐清风 / 霭霭云雾 / 皎皎明月

(2) 今天,我们学习一篇文言文,它融美景美情于一体,是一段千古传诵的佳话。读课题,解课题。

2. 初读课文,力争读准、读通、读懂

(1) 读通、读准。

①学生自读课文2~3遍,借助注释读懂、读通课文。

②师检测学生自读效果。抽查课文朗读,正音。

③师范读课文,带读课文。(视情况而定)

④学着老师的样子,再自己练读一遍。齐读全文。

(2) 读懂。

同学们能把课文读得正确、流利,不知是否读懂了课文,老师来检测一下。

---

① 赵挚老师设计的教学案。文本选自人民教育出版社《小学语文》教材。

①用自己的话说说文章大意。

②分析全文五句话之间的关系。师问，生读相关句子。（师生互动）

③试着把全文分成两部分。第一部分：伯牙遇到知音，欣喜万分。第二部分：伯牙失去知音，悲痛欲绝。

④文章大意把握得很好，不知字、词掌握得如何。有没有自己不懂的词语？说出来大家讨论讨论。

谓：说，对人说。（查字典）

善（鼓琴）：善于、擅长。（扩词、换词）

善（哉）：好！（看注释）

终身：从此以后至生命终结。（猜读）

3.精读课文，品悟"知音"，体验情感

好！同学们对于一篇课文，既能读通，又能读懂了！是不是可以打上句号啦？我们还应该读出感情，读出疑问。

（1）精读课文第一部分（前四句）。

①默读全文。思考：茫茫人海，为什么伯牙独独把子期当作知音？派生问题思考：伯牙作为全国闻名的大琴师，难道没有人称赞过他？别人是怎么夸奖他的？（想象）

②指导朗读课文第2、3句。指导学生读出字里行间的感情。

③想象说话。

伯牙的琴声还表达了哪些自然景物？钟子期又是如何称赞的？

伯牙志在清风，钟子期曰："＿＿＿＿，＿＿＿＿＿＿＿＿！"

伯牙志在明月，钟子期曰："＿＿＿＿，＿＿＿＿＿＿＿＿！"

伯牙志在云雾，钟子期曰："＿＿＿＿，＿＿＿＿＿＿＿＿！"

不管伯牙琴声中表达了什么，钟子期都能感受得到并由衷地称赞。这就是："伯牙所念，钟子期必得之。"

④用一个词来形容伯牙此时的心情。用一个字来概括伯牙此时的心境。

⑤相识满天下，知音能几人！得到人生的知己，岂一个喜字了得！听伯牙谱写的《高山流水》，读出他得遇知音时的欣喜若狂。

师生对读第1—4句。

(2)精读课文第二部分（最后一句）。
①配乐，教师讲叙钟子期与伯牙的故事。

子期和伯牙因琴相识，相见甚欢，并约好第二年中秋老地方见。第二年八月，伯牙千里迢迢赶到汉阳江边，久等不见子期。于是，弹起《高山流水》，仍不见子期。伯牙到处寻觅子期，遇一老者，老人说："子期去年染病身亡。死前有嘱咐'请把我葬在江边，此生不能听到伯牙操琴，让我九泉之下聆听他的琴声！'"知音死了，伯牙的琴还有谁能欣赏得了呢？伯牙悲痛万分，久久伫立在子期墓前，长歌一曲后，把琴摔个粉碎，至死不再弹琴。

②练读课文最后一句。
③用一个词语来形容伯牙当时的心情。用一个字来概括他当时的心境。
④知音已死，岂一个悲字了得！摔碎瑶琴凤尾寒，子期不在对谁弹，满面春风皆朋友，欲觅知音难上难！（读出最后一句的感情）指导朗读。
⑤伯牙在子期的墓前吟诵了一首诗，请听：

忆昔去年春，江边曾会君。今日重来访，不见知音人！但见一抔土，惨然伤我心。伤心伤心复伤心，不忍泪珠纷。来欢去何苦，江畔起愁云。子期子期兮，你我千金义，历尽天涯无足语，此曲终兮不复弹，三寸瑶琴为君死！

⑥齐诵。
4. 背诵
伯牙为了纪念自己的知音，绝弃了一生钟爱的瑶琴。这就是——伯牙绝弦！这个故事，千百年来，一直被人们世代传诵。让我们把它背下来吧！
①练背；②抽查；③齐诵。
5. 板书设计

25 伯牙/绝/弦

喜　悲

知音

子期　死

多结合多渗透多选择[1]
——从一套语文教材的编写意图去领悟课程的价值和意义

素质，现代化的基石。教材，学科课程和实际教学的体现。学科教育，依据课程指导的教材学习，从而获得基本的素质建构，达成学科学习的有效目标。中央教育科学研究所组织编写，由笔者主编的《新编职业学校教材（语文科）》于2007年4月由教育科学出版社出版，本套教材分为上下册。全套教材以新的课程理念、教材体系和知识呈现形式编著，将课内与课外结合、文本与活动结合、传授与自学结合、守正与延伸结合，比较鲜明地体现了中等职业教育和高等职业教育语文教学的实际需要。教材根据《国务院关于大力推进职业教育改革与发展的决定》的精神，参照2000年教育部颁布的《中等职业学校语文教学大纲（试行）》及五年制高等职业教育语文课程教学的要求，借鉴国外先进的职业教育理念和模式，结合我国职业教育的实际，按照以就业为导向、以能力培养为本位、以"必需、够用"为度的基本原则编写，可供三年制中等职业学校和五年制高等职业学院学生使用。下面就教材特点作一些说明，供校长们选择教材时参考。

一、明确的指导思想

1. 注重培养学生的语文综合素养

技术技能型人才培养，高素质劳动者的塑造是中等职业学校教育的

---

[1] 此文为中央教科所组织编写，本书作者主编的《新编职业学校教材（语文科）》之前言。这篇前言较为全面地反映了作者的教材观点。

基本目标。本套教材着眼于学生全面素质的提高，注重语文素养和语文能力的培养。在遵循语文教学、学生生理心理及认知特征规律的基础上，依据中等职业学校语文课程的性质目标，着力于提升学生语文学科的文化素养、应用能力和探究能力。

2. 教材设计力求体现教师和学生的双主体性

本套教材设计编写极力追求学生学习的自发性和教师引导的自觉性。教材坚持学生素养能力的自我认识和提高，变传授式为主的学习方式为自我重构的主动性学习方式，引领学生观察积累、思考探索、实践体验、感悟整合，实现了语文课程的常态性与学术性的有机结合、语文方法的多样性与开放性结合的目标，能激发学生语文学习的自发意识和潜力。教材坚持教师教学的方向导引和趣味激发，清晰地呈现知识，切实地滋养文化，将工具性和人文性较好地结合了起来。

3. 教材选文追求文化意韵、时代特色和实际运用

本套教材本着为专业性较强的中职学生终身发展作文化垫底的原则，寻求文本选择的精神意韵和时代意识，寻求文本言语表现的美丽多样，较好地落实了教材选文的文质兼美原则。继承和发扬传统文化，较为系列地提供了祖国优秀文化的代表范本，利于学生吸取人类社会的文化精华；反映生活实际和时代发展，选录了显示实践活动的应用类范本和表现当今时代文化亮点的可读性范本。就言语学习的形式而言，特别注意了文体格式、言语特性、风格流派的丰富性。总之，教材力求为师生构建出科学实际、多维适用的教学依据。

4. 练习设计突出了参与性和创造性

本套教材练习设计立足于对所学知识的巩固与掌握，立足于对学生独立思考能力的培养，立足于发展学生的智力与创新能力。"探究交流"式的练习设计富有层次和弹性，可以获得很好的效益。一是让学生主动深入地参与从而提出富有意义和价值的问题；二是通过交流锻炼学生勇于发表自己独立的见解和认真地倾听、合作、交流、分享的态度与能力；三是师生对话交流，启迪思维，互动提升，利于创新意识和解决实际问题的能力的培养。

二、突出的编排特征

1. 整体构建，多维表现

本套教材设计的总体原则是：把准教育改革的发展方向，吃透语文新课程的目标体系，依据中职学校教与学的实际，整体构建以培养语文素质和语文能力为核心的新教材。在具体的教材架构中，一条线索着眼于"语文素养"，另一条线索特别突出"语文能力"。基于需要将理论和实践、策略与方法、教师与学生有机结合的实情，编著者将全套教材划分为文本系列、知识系列、活动系列、文化系列等等。文本系列，每册编排14个单元，每个单元3个文本，共42个文本，两册课本84个文本；知识系列，以"附录"嵌入，以"趣谈"形式表现，9则知识短文，用以引导语文知识的学习积累；活动系列，通过语文学习实践活动的开展，着重于听说读写的实际运用，每个单元都从不同角度精心设计，总共28次；文化系列，是从大语文观念出发设置的，它是语文素养的小窗口，透过窗口，学生可以博览众采，共有28个。可以看看下面的配置表格。

第一册配置表：

单元＼内容	学习提示	语文活动	文化视窗
第一单元	揣摩品味语言	观察·思考	姓氏源流
第二单元	整体感知文本	联想·想象	人类基因组研究大事记
第三单元	理清文章思路	文章修改	走进西藏
第四单元	提炼文章主题	自由表达	濒临灭绝的动植物
第五单元	散文欣赏	散文的表现	教你吃西餐：西餐菜谱
第六单元	感悟语言，践行写作	学写事理说明文	风云二号（FY-2）
第七单元	小说欣赏	写作·叙述	新写实小说·新历史小说
第八单元	伟大的唐代诗人	唐诗欣赏	兵马俑

续表

单元＼内容	学习提示	语文活动	文化视窗
第九单元	豪放、婉约词	宋词欣赏——宋词、意象、意境	网址与搜索引擎
第十单元	唐宋游记	文言文的诵读	《搜神记》《世说新语》及小说的发展
第十一单元	古代寓言	文言文理解·实词与虚词	QQ空间与博客
第十二单元	史传文与史论文	古诗文中的词类活用	讽刺小说《儒林外史》简介
第十三单元	学写条据和礼仪文书	自我介绍·倾听倾诉	书法之美
第十四单元	公文写作	即席发言和交谈	无界的音乐
附　录	语文趣谈四则		

第二册配置表：

单元＼内容	学习提示	语文活动	文化视窗
第一单元	重要概念的理解	立意·选材	传统节日
第二单元	依据内容推断想象	遣词·造句	通讯技术
第三单元	鉴赏与评价	谋篇·布局	张家界
第四单元	探究疑点难点	自由表达	具有强大生命力的动植物
第五单元	新诗欣赏	写作·抒情	人物春秋
第六单元	阐述类文章研读	写作·议论	科幻世界
第七单元	戏剧欣赏	写作·多种表达方式	夏威夷
第八单元	诗歌的意象	从意象入手鉴赏诗歌	与人关系最亲密的动物

续表

单元 \ 内容	学习提示	语文活动	文化视窗
第九单元	诗歌的意境	从意境入手鉴赏诗歌	成语中的动植物
第十单元	先秦诸子散文	文言文理解·文言句式	影视节日与奖项
第十一单元	明清小品文	文言文理解·翻译	外国名著导读
第十二单元	通俗小说鉴赏	口语交际·演讲	一个人成长必看的十大奥斯卡名片
第十三单元	应用文概述	口语交际·辩论	绘画·雕塑
第十四单元	应用文写作常识	口语交际·面试	舞蹈·体育
附　录	语文趣谈五则		

2. 模块组合，分布实施

本套教材引进心理学研究的模块理论，促成语文学习效果的提升。所谓模块，在这里是指构建语文素养的有效要素，包括字词句篇的积累模块，语感和思维品质的培育模块，语文学习方法和习惯的养成模块，识字写字、阅读、写作和口语交际的能力的形成模块，文化品位、审美情趣、知识视野、情感态度和思想观念等等的提升模块，这些模块经由语文事例和语文理论的有机结合、课堂语文和生活语文与学术语文的有机结合、语文问题质疑和语文问题求解的有机结合等等，从而构成一个系统化、科学化的语文平台。编写者认为，语文学科所有的认识都源于语文实践。在语文活动的基础上，学习者在大脑里建立语文认识的一个个"图式"，即脑内的"模式"，在自觉不自觉中形成语文素养。基于这样的理念，本套教材的文本阅读，第一，以文章的一般阅读方法组成模块，比如每册的第一至第四单元；第二，以文学体裁组成模块，如"新诗欣赏""散文欣赏""小说欣赏""戏剧欣赏"等四个单元；第三，以文本体式研读组成模块，如"阐述类文章研读"；第四，以古代诗文鉴赏组成模块，如"伟大的唐代诗人""豪放、婉约词""先秦诸子散文""唐宋游记""明清小品文""古代寓言""史传文与史论文"；第五，以实用性的常见文章组成模块，有了每册的十三单元和十四单元。这些文本的阅读学习，在两册教材中分散落实，表现了语文学习的基础性、螺旋性和趣味性。其次，语文综合实践活动，分为书面表达活动模块、口语交际活动模块、阅读欣赏活动模块，各个模块按照难易程度分梯级分布在两册教材中。再次，文化视窗，着眼于语文素养的背景性知识，拓展学生的视野，属于大语文的范畴，其模块组合大致包括"历史文化""科学知识""旅游天地""自然生命""名著推介""网络荧屏""艺体世界"等方面，每个大类别都有内容放置于两册教材的相应单元，很有可读性。还有语文趣谈，从语言文字的应用切入，设置九个模块，从而构成语文学习的基础。总之，"模块组合，分布实施"的特点，在教材里得到充分表现，学习者可以细细琢磨。

3. 能力分级，讲求方法

本套教材对语文能力的分级采用了六分法，即识记能力、理解能力、分析综合能力、鉴赏评价能力、应用表达能力和探究能力。比如对文本阅读后的"探究与交流"内容，就是依据能力层次来设置的。从语言现象入手，由文本内容学习而艺术形式学习，抓住了阅读的要害。

本套教材学习要以模块为基点，从而举一反三；从模块间的联系入手，从而构成更大模块的知识框架，获取举一反三的效果。其次，讲求对听说读写事例的精细探究，突出自主性和合作性。再次，学会从教材出发延伸到课外，真正实践"功夫在诗外"的语文学习方法。比如"文化视窗"的学习，学习者应该以那些短文为研究性学习的起点，从小小窗口看语文的大世界。最后，由于模块组合的灵活性，本教材可以针对职业教育的不同学制作选择性的使用，也就是说既适用于中职语文教学，也适用于高职语文教学。

辑 六

教育智慧之真诚传播

人的突出的特征，人与众不同的标志，既不是他的形而上学本性也不是他的物理本性，而是人的劳作（work）。正是这种劳作，正是这种人类活动的体系，规定和划定了"人性"的圆周。语言、神话、宗教、艺术、科学、历史，都是这个圆的组成部分和各个扇面。因此，一种"人的哲学"一定是这样一种哲学：它能使我们洞见这些人类活动各自的基本结构，同时又能使我们把这些活动理解为一个有机的整体。

——摘自恩斯特·卡西尔《人论》之第六章

　　学术演讲，应该成为教育研究者的特殊劳作形式。我们服务政策、指导实践、创新理论，就可以借助殿堂传播推动学术进步。一个真正意义上的教育人，必然拥有实践的体验、理论的锻炼和观点的传递等方面的素养。传播知识而不损害知识美感，不是一件容易的事。那些传播的途径之中的美妙自应有艺术元素融合其中，诸如情景创设的鲜活、问题提出的奇巧、流程推进的跌宕、语言运用的精妙、学道术理的提炼等等。笔者曾经在大中小学、幼儿园作演讲，其中体会有三：坚持劳作既尽力亦用心，坚持观点存体验赋学理，坚持听观接地气求效益。

读书：应该成为教师生命的一种文化状态[①]

读书，我们都是这样忧心忡忡——

亲爱的老师们，大家好！我的讲座的题目是"读书：应当成为教师生命的一种文化状态"。在当下的教育现实中，被反复强调的是成绩、升学、速度、规模、效益等等显赫的东西，如此而至的，必然决定教育成为其自身的"文化性"常常被搁置和遮蔽。也就是说，教师生命，其本质是"传道授业解惑"这一颠扑不破的真理被亵渎，教师丰腴之源干涸。什么时候开始，读书，不再是教师作为职业读书人的命脉、习性、习惯。留下来的教师读书：教材、教参、教辅的减负阅读，抑或是网络数字化文字的消遣而已。

噫吁嚱，读书之难，难于上青天；读书风气，何时再染中华校园！

我读到教师专业标准的制订者钟启泉教授的估评之语，真是无语无语。他表示：按照他领衔起草的标准，今天的绝大多数老师不合格。现在我国的幼儿园和中小学教师存在三个主要问题：不读书，不研究，不合作。面对听观者的不满意，他只好表示：我提到的绝大多数老师都不合格并不是说这些不合格的老师要遭到淘汰，而是说大多数的老师需要进一步的学习，事实上所有的老师都应该是终身学习者。一点都不过分，现实离开钟先生所言之数据，不会差离太远。改变学校教育唯有靠教师素养的提高，唯有读书以保证教师教育生命永葆青春。

[①] 依据演讲 PPT 整理而成。从 2008 年开始，应三湘名校长郡中学邀请，给语文教师讲如何读书而作。后来在湖南大学幼儿园、湖南师范大学国家级校长培训班以及广东、广西等地的学校做过演讲 20 余次。

黄玉峰说:"语文教师只是一个'贩卖人',他们的教学方法不需要读书,只需要做题目,题海战术的结果是苦了自己也苦了学生。繁琐的语文分析,照本宣科的教学方式已经越来越不为学生所接受,学生的阅读面阅读量正在超过老师。"我试着假想,假如一个学生读2本书,那么一个班以50个学生计算,该班老师又该读多少书才能满足学生的求知欲呢?

我们曾经是怎样的读书之邦呢?打开历史的陈色记忆,还真是无法奉献哪怕是一个短暂的全民读书之历史时段。恐怕要好好地敲打几下我们这个特殊部落的国民性。

不常去阅读,就是疏远灵魂!

一名印度工程师把他对中国的感受写上了网络——《令人忧虑,不阅读的中国人》,他说:"现在的中国人却似乎有些不耐烦坐下来安静地读一本书。""为什么中国人都在打电话或玩手机?没有人看书!""或喧嚣地忙碌,或孤独地忙碌,惟独缺少一种满足的安宁。"

读到这些描述,真是无地自容。曾几何时,这是一个我也期盼自己的所在——是一座仿佛图书馆模样的国家。现在算是彻底地失望了。

看看媒体公布的数据:邻近几个国家的人均年读书量——韩国7本、日本40本、俄罗斯55本,而中国0.7本。我在思考,但愿是弄错了,中国人的阅读真是少得这么可怜?

日本管理大师大前研一的著作《低智商社会》意外触动了中国人的敏感区。此书写道:在中国旅行时发现——城市里遍地都是按摩店,书店却是寥寥无几,中国人均读书每天不足15分钟。中国是一个典型的低智商社会,未来毫无希望成为发达国家。

清华附小的窦桂梅老师,说得有点意思——语文教师每年的阅读量应不少于200万字,要有考核。苏霍姆林斯基也曾经这样写道:"我私人的图书馆里,在几间房子和走廊里,从地板直到天花板都摆上了书架……有成千上万册图书……我每天不读上几页,有时不读上几行,我是无法活下去的……"① 请热爱读书吧!

---

① 相关材料来源于微信。

一、特别警醒您养成每日读书的好习惯

根据好读书者的经验，必须坚守十二条。

第一条，每日 30 分钟读书。无论发生什么事情都不影响读书时间。

第二条，随身携带一本书，让书籍与钥匙、驾照、饭卡同在。

第三条，选好适宜读书处，创造一个安静的读书地方。

第四条，减少上网时间，靠近油墨香纸。

第五条，每天为你的孩子读上一段文字。

第六条，记录所读之书的名字和作者，写上几句感悟话语。

第七条，多逛打折书店，卖掉旧书，淘回所值的旧书。

第八条，每月最后一个周末定为图书馆日，读上半天悠闲书。

第九条，寻找阅读有趣且耐读的书，手不释卷读三遍。

第十条，腰上一把椅、手上一杯茶，惬意款待读书时间。

第十一条，构建一个自我读书的博客，交流心得，广交书友。

第十二条，设置年读 30 本书的目标，管它是享受还是挣扎。

作家谢冰莹说得好："如果是真心想做一件事，无论它再苦再难，我们都能甘之如饴，且做来轻松无比。如果是发自真心地欣赏、喜欢一个人，我们便能轻而易举地与对方在心神与言语之间，产生无远弗届的交流。读书，也一样呀！"明代于谦说得更加形象："书卷多情似故人，晨昏忧乐每相亲。眼前直下三千字，胸次全无一点尘。"

那我们不妨从基本习惯、趣味养成开始。来吧！属于教师自己的那些读书境界很快就会形成的。这是一种植根内心的读书铁规，无需提醒的读书自觉，以约束为前提的读书自由，这就是一种教师生活的文化状态。

二、向您说说不为什么而读书的美妙

读书的作用多多。可以娱乐治疗，孤独寂寞时，阅读可以消遣；亦可医治心智疾病。读书利于演说辩论，高谈阔论时，知识可供装饰。读书可以增长才干，处世行事时，知识难道不意味着才干吗？教书辩难，不也增添无限乐趣吗？

链接几则故事，请您细细听听。

故事一：学生群殴事件，我班一个女生A跟着去了，围观了。学校给予严重警告处分。她觉得委屈，有一部分学生也觉得处罚过重。为了端正他们的思想态度，我说："有一个店主，面对弱智者来购物，如实找他零钱，没有骗他。店主是这样想的：如果我骗他，传出去会影响店的声誉，导致利润下降，所以我不骗他。你们说这个店主是道德高尚的人吗？为什么？"学生答："不高尚。因为他的动机不纯，出发点不对。"我顺势说："评价事物，你们回归到起点，看动机。哲学家康德认为，道德评价与其出发点有关，动机对才是有道德，而不是以其行为对错看待问题。那么，A同学没有挟持、打人的行为，但是，她跟去围观的动机是什么？对邪恶势力的追捧屈从还是为了显示与打人者的交情深呢？动机不纯，那么行为也就是极其错误的，难道不该严厉惩罚吗？"

你以为这个故事背后潜藏什么玄机呢？

故事二：上"文化经典"课程，学生问："孔子说，唯女子与小人难养也，他怎么能对女子性别歧视还加上道德歧视呢？"我说：其实不然，孔子只有性别歧视和阶级歧视，没有道德歧视的意思。君子和小人的含义首先代表身份制度、等级制度。一夫多妻下，妻子生的大儿子是长子，是长房，大宗；妻生的其余儿子和妾生的庶子，都是旁系，叫小宗。长房少，旁系多。长房尊贵，旁系低贱。大宗继承爵位，为君；小宗不能继承，为臣。君子就是君之子，小人就是小宗之人。所以君子小人是身份地位的区别。孔子的那句话说，男人对待女人和君子对待小人一样不好处理，左右为难。亲近他们呢，他们忘记了君尊臣卑、男尊女卑而无礼；疏远他们吧，他们又抱怨。为什么呢？大宗小宗都是同宗，女人男人都是家人。所以"近之则不逊，远之则怨"。

上"外国小说欣赏"课程，我讲现实主义文学、现代主义和后现代主义的区别。"'月黑风高夜，一蒙面高手破窗而入，说时迟那时快，宝剑一挥，人头落地，随之一个腾空不见踪影。'此为现实主义文学。'我分明看见一黑影，接着寒光一闪，我感觉中了一剑，心很痛，我慢慢倒下，心想：活着太痛苦了，人生就是一场悲剧，一切都结束了。'强调感同身受和灰色调的人生，这是现代主义文学。'我分明看见一黑影，寒光一闪，一个冰凉的东西刺破我左胸的第二根肋骨，从左心房穿过去，从后背第五根肋骨穿出去，我像一片落叶忽悠忽悠地飘下来。'以物观物，不动感情，描写细腻甚至繁琐,此为后现代主义文学。"

你以为教师课堂的魅力只是口才好而已?

故事三:读书就是用自己所有的生命体验去观照书中的印验,像佛教的"觉悟",有所觉是读到的东西,醍醐灌顶,然后是长长的悟,参悟。读来的只是有所觉,悟出的智慧贯通于心。人是否通透关键是读以后的悟。怎么悟?

佛门弟子闭门读书整十载,依然没有彻悟,他去找方丈,请师父启愚开智醍醐灌顶。师父一撩袍子抬脚边走边说"上厕所去",弟子心想:师父怎么这么不尊重人呢?方丈走几步后回头说:"瞧,像这样的小事我得自己做。"故事涵义深刻。很多事可以让别人做,比如我腿骨压断了躺在病床上,我的课是张宇、戴兴敏老师代的,买饭打水的活是护工干的,但是有三件小事是别人代替不了的,你非得自己做的,就是吃饭睡觉上厕所。读书也这么简单,悟道这种事谁能替你呢?你也不能指望一辈子就吃饱一次睡足一觉都解决了,所以你也不能指望把自己关在屋里十天半个月不吃不喝苦读,这一辈子就不用读书了。饭得天天吃,觉得天天睡,书也得时时读,道得时时悟。

你以为万事万物没有互通之处吗?

欧洲近代蒙田、培根、帕斯卡尔等,都是视读书为生命的思想家。细读《随笔集》《论人生》《思想录》,当中智慧足以见出饱读万卷之书的痕迹,隐隐再现间,只有书的气息在升腾。

培根在书中直截了当地说:(1)读史使人明智;读诗使人灵秀;数学使人周密;科学使人深刻;伦理使人庄重;逻辑修辞使人善辩。(2)知识就是力量。(3)一个人从另一个人的净言中所得来的光明比从他自己的理解力、判断力中所得出的光明更是干净纯粹……(4)读书在于造成完全的人格。

三、向您说明我喜欢的读书策略与技术

1. 我们可以依生活需要来选读书籍

一是尽早喜欢上一本艺术欣赏类书籍,要知道懂得一门艺术的人生与隔阂艺术的生命,本不在同一条船上。

二是尽早喜欢上经典尤其是经典随笔——读通一本生命感悟的书籍，为提升人生之文化品位奠基。

三是尽早喜欢上学科方法类书籍——读通一本讲求教育学术追求的书籍，帮助自己找到寻求学理和创新操作的途径，储养一种属于自我的学习方法。

2. 我们可以依书本特点来选取读书方法

一是从书的层次来读。

第一层面：作者在研究的问题和表达的观点是什么？

第二层面：作者为什么这样来研究问题和表达观点？

第三层面：作者对研究问题和观点是怎样来表达的？

这三问基本展示出"问题观点（研究方式）—思维方法（思维方式）—表达方法（呈现方式）"的内在逻辑。

二是从书的内容特点来读。

第一，目的不同，读法不同。浏览，在乎筛选信息；略读，在乎概括总结；精读，在乎全面了解观点、把握研究思路与方法。

第二，情状不同，读法不同。诵读，因为心境不好读不进；重读，因为内容庞杂读不清；细读，因为体系艰深读不懂。

第三，类别不同，读法不同。全新的领域、最新的研究成果、翻译的著作，先读评论介绍再读原文本；以材料取胜的书籍，先读完观点再专读材料；以观点见长的书籍，抓住概念反复读；以方法见长的书籍，抓住结构理论体系、注重思考问题的立场方法。

四、您可以这样来选读书籍

教师尤其是语文教师以及语文课程论研究生，可以这样来选读书籍，供您参考——

语文课程论的研究生就学科而言，所属一级学科是教育学。从学科的阶梯来讲如何读书的话：读语文课程论书籍是平行方向阅读，向上一个层面的阅读就是读课程论书籍，再向上就是读教育学方面的书籍了。事实上，三个层面还有好多的平行门类。比如一级学科层面，按照国家的一级学科分类，总共13类，教育学是其中一类，就是说应该读读其他12类学科中的若干类学科的重要书籍若干本。13类学科门类如下：01 哲学、02 经济学、03 法学、04 教育学、05 文学、06 历史学、07 理学、08 工学、09 农学、10 医学、11 军事学、12 管理学、13 艺术学。又如二级学科的课程论平行门类还有诸如教育基本原理、教育史、教育心理学等等。门类多层次、多种类，各层面种类的书籍，鉴于时间关系，不要太多，选择非常重要的读读吧。以语文教育来说，还得读汉语言文学专业的书籍，又若你不是中文系学生，还要补补这个学科。当然，也许您已经自修过了。

读书，没有思考不行，没有实践也是不行的。

下面是浅略的读书看法，供大家学习时参考。

第一类：读点与自己的职业、专业相关联的"政策法规"方面的书籍，在实践中做到有规范求法度，依法执教。

（1）《中华人民共和国教师法》。

（2）《中华人民共和国义务教育法》。

（3）教师专业标准（幼儿园、小学、中学）。

（4）《国家中长期教育改革和发展规划纲要》（2010—2020年）。

（5）学科课程标准（语数外、音体美、科学、品德等）。

第二类：读点似乎离开自己远了些，却是引领教师关注自然、社会和个体生命的智慧之书，其中道理皆在哲学、社会学、心理学方面的书籍之中。

（1）冯友兰：《中国哲学史》，华东师范大学出版社，2000年版。

（2）［德］卡希尔：《人论》，甘阳译，上海译文出版社，2004年版。

（3）［德］伽达默尔：《真理与方法》，洪汉鼎译，上海译文出版社，1999年版。

（4）叶秀山：《思·史·诗》，人民出版社，1998年版。

（5）李泽厚：《美的历程》，生活·读书·新知三联书店，2009年版。

（6）徐长福：《理论思维与工程思维》，上海人民出版社，2002年版。

（7）张楚廷：《课程与教学哲学》，人民教育出版社，2003年版。

第三类：读点与自己所从事的学科教学相关的，体现价值取向、文化意蕴、知识意义等的书籍，主要是改变学科知识和应用方法的旧思维旧习惯。便于理解，以语文为例，其他学科依样跟进。

（1）［瑞士］索绪尔：《普通语言学教程》，高名凯译，商务印书馆，

1999年版。

（2）陈嘉映:《语言哲学》，北京大学出版社，2003年版。

（3）申小龙:《文化语言学》，江西教育出版社，1993年版。

（4）黎运汉:《汉语风格学》，广东教育出版社，2000年版。

（5）王德春、陈瑞端:《语体学》，广西教育出版社，2000年版。

（6）邵敬敏:《现代汉语通论》，上海教育出版社，2001年版。

（7）祁寿华:《西方写作理论、教学与实践》，上海外语教育出版社，2000年版。

（8）马正平:《高等写作学引论》（第二版），中国人民大学出版社，2011年版。

第四类：读点与自己相关的文学或者其他门类艺术、美学等方面的书籍，教师对于文学艺术之美的体味和参透方法，是需要掌握的。便于理解，以语文为例，其他学科依样跟进。

（1）董小英:《叙述学》，社会科学文献出版社，2001年版。

（2）金元浦:《接受反应文论》，山东教育出版社，1998年版。

（3）［德］沃·伊塞尔:《阅读行为》，金惠敏等译，湖南文艺出版社，1991年版。

（4）赵志军:《文学文本理论》，中国社会科学出版社，2001年版。

（5）［德］姚斯、［美］霍拉勃:《接受美学与接受理论》，周宁等译，辽宁人民出版社，1987年版。

（6）滕守尧:《审美心理描述》，中国社会科学出版社，1985年版。

（7）申丹:《叙述学与小说文体学研究》，北京大学出版社，1998年版。

（8）［美］布斯:《小说修辞学》，华明等译，北京大学出版社，1987年版。

补充说明一下，从事语文教育的人，读读文学作品是十分重要的。文学是艺术的一个重要门类，长期地不亲密接触具体的文学作品，会丧失体悟欣赏艺术作品的感觉和能力。可以读诺贝尔文学奖作品，可以对比性阅读中西方大作家的作品，可以通读教材注解涉及的作品，并将其归为其中某个类别。

第五类：读点与自己工作相关的教育学、课程论、教材论、教学论方面的书籍，从教育学维度让自己对教育有更加深入的了解和理解。

（1）陈桂生：《教育学的建构》，湖南教育出版社，1998年版。

（2）石中英：《教育学的文化性格》，山西教育出版社，1999年版。

（3）郝德勇：《课程与文化》，教育科学出版社，2002年版。

（4）[日]佐藤学：《课程与教师》，钟启泉译，教育科学出版社，2003年版。

（5）皮连生：《教学设计——心理学的理论与技术》，高等教育出版社，2000年版。

（6）石鸥、吴小鸥：《中国近现代教科书史》，湖南教育出版社，2012年版。

第六类：以语文教师为例，应该读点语文课程教学论方面的入门书籍，不至于讨论起语文来没有基础，缺少对话平台。

语文教育史方面：

（1）张隆华等：《中国古代语文教育史》，四川教育出版社，2000年版。

（2）李杏保等：《中国现代语文教育史》，四川教育出版社，2007年版。

（3）江苏母语课程教材研究所：《当代外国语文课程教材评介》，江苏教育出版社，2004年版。

语文课程论方面：

（1）王荣生：《语文科课程论基础》（第二版），上海教育出版社，2003年版。

（2）倪文锦等：《语文教育展望》，华东师范大学出版社，2002年版。

（3）王荣生：《新课标与"语文教学内容"》，广西教育出版社，2004年版。

（4）李维鼎：《语文课程初论》，浙江教育出版社，2004年版。

（5）郑国民：《新世纪语文课程改革研究》，北京师范大学出版社，2003年版。

语文教学论方面：

（1）李海林：《言语教学论》（第二版），上海教育出版社，2006年版。

（2）周庆元：《语文教学设计论》，广西教育出版社，1993年版。

（3）王尚文：《语感论》（第三版），上海教育出版社，2006年版。

（4）王建华：《语用学与语文教学》，浙江大学出版社，2000年版。

（5）章熊：《中国当代写作与阅读测试》，四川教育出版社，2000年版。

（6）韩雪屏:《中国当代阅读理论与阅读教学》，四川教育出版社，2000年版。

（7）马正平:《中学写作教学新思维》，中国人民大学出版社，2003年版。

（8）李明洁:《口语交际新视点》(第三版)，华东师范大学出版社，2007年版。

（9）李乾明:《作文教学理性的突围》，四川人民出版社，2002年版。

第七类：读读至少一个西方教育家完整系列的书籍或者重要书籍。比如苏联教育家苏霍姆林斯基的教育著作、美国教育家杜威的教育著作。没时间只读部分，读苏霍姆林斯基的话，至少有《给教师的一百条建议》《把整个心灵献给孩子》等。

第八类：学会阅读杂志。事实上，阅读杂志也是有方法的。比如归纳阅读，就是很好地积累知识的好办法。

总之，作为教师，从某种意义上说，读书是最好的备课。只读教材和教参的教师，无论如何算不上真正的优秀教师。谢谢大家！

个性特色：名特优教师寻求持续发展的文化归属

一、标题解说

这个标题的关键词是"名特优教师、个性特色、持续发展、文化归属"。文化归属，对于名师、特级教师、优秀教师来说，即以其被同行认同而怀有价值感、幸福感，也就是学校文化归属感。钱文忠教授说："文化有什么用，我不知道，但是我知道，没有文化肯定没用。"没有文化归属感的教师，至少在四个方面可能会失去创造魅力的源泉，比如不愿为植根内心的学养而持续努力，不愿为无需提醒的那种自觉而循规践行，不愿为以约束为前提的自由而坚守寂寞，不愿为以爱为前提的善心而平心静气。

个性特色是专家型、学者型教师的一种文化属性。

"个性"是以心理学视角来界定的，它又叫人格。①是指一个教育人在思想、性格、品质、意志、情感、态度等方面独特的、稳定的、本质的心理倾向和心理特征的总和。表现于外是指一个教育人的言语方式、行为方式和情感方式等等。②一般包括个性倾向性、个性心理特征、自我意识。比如人的态度表现为个性倾向性，即需要、动机、兴趣、理想、信念、世界观等；人的心理特征表现为能力、气质、性格等；自我意识则表现为自尊心、自信心。

"特色"是以社会学视角来界定的。指事物所表现的独特的色彩、风格等，是一个事物或一种事物显著区别于其他事物的风格、形式，是由事物赖以产生和发展的特定的具体的环境因素决定的，是其所属事物独有的。

个性强调内在，特色侧重外在。

如若永葆作为教师的责任、使命与荣誉，拥有持续发展的潜在力量，必然以其鲜明的个性和突出的特色站立于社会、学生和同行面前接受铁的事实性考量。但是，保持个性特色是需要持久的努力和辨识时务的心胸的。我们今天一起来作些交流！

二、以三个问题为起点来讨论

第一，特级教师与专家型教师之评选、经验型教师与学者型教师之内涵。请看下面的材料：

① 2013年启动正高级教师试点评选，湖南省域内产生19位教授级高级教师，按理属于专家型教师。② 2014年暂定评选第九届特级教师。湖南省新的评选标准围绕"师德表率，育人模范，教学专家"12字细化条例。③比较特级教师和专家型教师：前者的评选标准重在师德、育人和教学成效等方面；后者的评选标准重在教学研究、创造性表现等方面。道理上，各有侧重。概括起来说，对特级教师的要求更"全"，而对专家型教师的要求则更"专"。按照"专"的要求看，有些名特优教师还只能算是"准专家"型教师。

再看一组材料：

经验型教师，是指通过反复教育实践从而得到学科知识、教学技能且经验丰富的教师。

经验，哲学上指人们在同客观事物直接接触的过程中通过感觉器官获得的关于客观事物的现象和外部联系的认识。辩证唯物主义认为，经验是在社会实践中产生的，是客观事物在人们头脑中的反映，是认识的开端。但经验有待于深化，有待于上升到理论。在日常生活中，亦指对感性经验所进行的概括总结，或指直接接触客观事物的过程。形而上学的思想方法和工作作风，其特点是在观察和处理问题的时候，从狭隘的个人经验出发，不是采取联系、发展、全面的观点，而是采取孤立、静止、片面的观点。

学者型教师，一般指具有较好的学科专业技能、较高的文化水平，且能从学术维度进行教育教学研究的教师。在一定程度上，学者型教师的思想能影响教育发展。

学者，又名学人，近义词可以是专家、顾问等。学者型教师，以自己的学科性质特点为基础，研究自己的教学个性和特色，形成自己独特的实践操作体系、教学思想或教育理论，以及完整的教学体系、教学风格和流派。其具体特征：一是拥有的知识以脚本、命题或图式出现，并能进行更完整的知识整合。不仅有科学知识，也有人文知识，而且实现了两者的融合。二是具有较高的解决教学问题的效率。其认知资源集中在教学领域高水平的推理和问题解决上，依靠广泛的经验，只需少许努力就可以迅速地完成各项任务。三是富有敏锐的解决问题的洞察力。能鉴别出有助于问题解决的信息，并有效地将这些信息联系起来，找出相似性及运用类推来重新建构问题的表征，从而取得新颖而恰当的解答方案。

第二，教师专业发展知识能力价值探寻。

更多的时候，我们总是忽视了基础性、起点性问题，在不断行走之中，又常常犯下让人发笑的错误。比如，一个从事学科专业教学的教师，如何来发展自己的能力？这就需要弄清楚学科专业和学科教育专业的联系与区别。这样可以帮助学科教师寻找到自己专业发展的突破口和路径，这样，至少可以少走些没有必要的弯路。

按照王尚文教授的观点，学科教师专业化是提高学科教学质量的根本。学科教育作为专业，其自身建筑了一个双层的上下结构，基础是学科知识、能力，在基础之上的是学科教育的知识、能力，后者是建立在前者之上的上层建筑。学科教师如若使自己在真正意义上寻找到"个性和特色"，必然在此建构起属于自己的文化归属感。

为了说明清楚上面这段话的意思，下面以汉语言文学专业和语文课程与教学论专业的课程设置作个比较。请看：

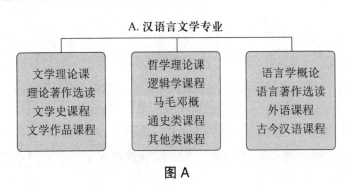

图A

```
                    B.语文课程与教学论专业
        ┌──────────────────┬──────────────────┬──────────────────┐
        │ 语文教材比较研究 │ 语文教育哲学课   │ 语文课堂评价学   │
        │ 语文教育史课程   │ 语文心理学课程   │ 语文课堂管理学   │
        │ 语文科课程论基础 │ 语文社会学课程   │ 语文设计学课程   │
        │                  │ 语文文化学课程   │                  │
        └──────────────────┴──────────────────┴──────────────────┘
```

图 B

图 A 说明，从事中小学语文教学，其专业基础就是汉语言文学专业的知识与能力。包括文学和汉语，另加上位学科或者关系密切性学科的方法论。图 B 说明，如若培养汉语的听说读写能力，必然以教育学之语文课程与教学论专业的知识和方法去实现目标。由此可见，教好语文，需汉语言文学加语文课程与教学论两个专业的知识和方法。一个中文系的大学生，甚至是一个文学博士，因为缺失教育学之语文课程教学理论与实践，在从事中小学语文教育时，可能变得手足无措，效果甚微。在一种特殊情况下，高学历可能比不上低学历。进一步说，一个优秀的汉语言文学专业毕业的学生之于优秀的语文教师的距离，可能是十分遥远的。我们从语文教育工作出发，解剖其专业需要，学科专业与教育学科专业必然建立起相互促进的关系。

弄清楚这个起点性问题之后，实际上也就明白了形塑自我个性和特色的路径——或从学科专业，或从学科教育专业。

第三，学科专业性质的把握是学科文化归属之首要。

假定从教育学角度进一步探究，我们不妨再拿语文教育来思考。找这样一个维度来说吧：语文的学科性质对语文的学科教学有什么样的启示呢？

"语文是最重要的交际工具，是人类文化的重要组成部分。工具性与人文性的统一，是语文课程的基本特点。"（《全日制义务教育语文课程标准》《普通高中语文课程标准》）工具，熟练掌握和使用需要训练，需要把握其内在构造和属性，寻找到语言感；人文，强调浸染，强调"慢"的特性，表现为时间上的长久性和内容上的反复性以及立体感。前者更加强调"学"，即教师引导；后者强调"习"，即自我吸收。故以分析为主的语文教学时代已经一去不复返之说法，也就很好理解！

举一个实例来说说吧！语文、数学两个学科都教学《田忌赛马》，由于学科性质的指示不一，其教学目标、内容要点、流程方法等等都不一样。语文课程角度的教学指示：读完这个故事，第一层面教学，故事在说什么，即段意和主旨，事实上，最重要的还是方法指示；第二层面教学，故事是怎样说的，包括说得好不好，好在什么地方，这里是以主题为中心来展开的，围绕主题之选择材料、选择语言体式、选择文本思路和内容呈现结构等等；第三层面教学，用怎样的生活体验去感受第一、第二层面的问题。

数学课程角度的教学指示：读完故事思考，田忌用什么办法才能取胜。依据比赛规则，最低限度的取胜，是三赛二胜。于是假想，用枚举法列举对抗形式——好马对抗对方中等马；中等马对抗对方差马；差马对抗对方好马。怎样才会使这种对抗形式得以实现呢？寻找条件———是后出马，二是知道自己马的品质，三是知道对方马的品质。合并为两个条件形成必须遵循的两条原则，一是后出马，二是知己知彼，从而形成基本的逻辑思维和对策。

回头来说，在寻求持续发展的过程中，基于学科教育的建构问题不甚清楚，事实上，已经失去基础性的建设，个性特色只是空说而已。

三、探寻名特优教师如何持续发展、个性特色如何形成

第一件事情：绝望中坚守师德，守护教堂钟楼的大钟完好。

首先，教师是社会伦理基石的守夜人。于教师，师德不可放弃、不可逃逸、不可堕落，否则，带给一个民族的影响是致命的。

海德格尔有段可怕的言论。他在校长就职演说时说："任何教条和思想，将不再是你们生活的法则。元首本人，而且只有他，才是德国现在和未来的现实中的法则。"纳粹的德国，知识分子处于最绝望的堕落之中，一种哀怨式孤鸣。我们可能没有走到这步，但是，教师确实在滑向陷阱，因为缺少廉耻的约束，哪来个性与特色！

拉塞尔·雅克比《最后的知识分子》中说道：真正的危机是知识分子这一群体正在消失。哈耶克说道：知识分子的真正陷阱，是沦入过度专业化与技术化的陷阱，失去了对更为广阔世界的好奇心。因为今天的学校，

分数控制了人，职称变成了唯一，学校也争夺级别。

其次，于民族，最可怕的是作为知识分子的教师的道德与操守的旁落；教师思想、道德的堕落，是一个社会和民族最后的堕落和腐败，这是水源坏死。

请思考：教师还是不是教育的守望者？是不是教师集体沉默，从而进入眼前利益的个人争夺？面对物质、荣誉等，教师是不是已经集体投降和背叛了？是否缺失终极关怀，是否摇摆道义立场，是否泯灭社会良知，是否淡漠忏悔意识，是否走向轻蔑冷漠？

学者朱学勤说："世界史上的优秀民族，在灾难过后，都能从灵魂拷问的深渊中升起一座座文学和哲学巅峰，唯独我们这个民族例外。"——卢梭就有《忏悔录》。作为教师，我们应该作何思考与行动？

再次，明确师德铸就的视角。

①具备坚实的政治思想理论基础。树立正确的世界观和方法论，积极践行，敢于创新，科学运用。②遵纪守法。依法从教，廉洁从教，自觉培养学生的法制观念，使每个学生都成为遵纪守法的好公民。③爱岗敬业。忠诚于人民教育事业，树立崇高的职业理想和坚定的职业信念；努力探索教育规律、学生身心发展规律和不同时期学生的特点，根据不同时期经济社会发展对人才的需求，适时调整人才培养规格和教育教学内容、方式、方法与评价手段，提高教育教学的针对性和有效性；忠于职守，服从工作安排，认真履行工作职责。④以学生发展为本，充分了解学生的发展需求，根据教育教学规律和学生身心发展特点开展教育教学。注重个体差异，尊重、爱护学生，平等、公正地对待并严格要求每一个学生；保护学生的安全，关心学生的身心健康，维护学生的合法权益；耐心细致地教育学习上有困难的学生。⑤树立终身学习理念，准确把握国家政治、经济、文化以及社会发展的新形势与新要求，不断学习和掌握国内外教育研究的新成果、新进展，不断学习新技术、新方法。不断拓宽知识视野，更新知识结构；不断潜心钻研业务，具有不断地自我超越、自主创新的精神和能力。注重将理论学习与本职工作相结合，不断提高专业素养；注重将所学的先进经验和成果与学生实际相结合，不断提高教育教学水平。

第二件事情：不断地丰富文化基础，形成健康的文化个性与特色。教师是真正的读书人、文化人。

第一，拥有民族文化优越感。

2013年，李克强在与新聘任的国务院参事、中央文史研究馆馆员的座谈会议上说："在发展中既要运用市场和法治的力量，也要运用道德和文化的力量。""道德"于教师，在这里就是师德；"文化"就是中华文化，既包括传统文化，亦包括现代文化。事实上，道路自信、制度自信、理论自信，根本上是文化自信。

"中国传统文化博大精深，学习和掌握其中的各种思想精华，对树立正确的世界观、人生观、价值观很有益处。学史可以看成败、鉴得失、知兴替；学诗可以情飞扬、志高昂、人灵秀；学伦理可以知廉耻、懂荣辱、辨是非。我们不仅要了解中国的历史文化，还要睁眼看世界，了解世界上不同民族的历史文化，去其糟粕，取其精华，从中获得启发，为我所用。"① 习近平的文化意义论述是十分深刻的。

"一个国家、一个民族的强盛，总是以文化兴盛为支撑的，中华民族伟大复兴需要以中华文化发展繁荣为条件。对历史文化特别是先人传承下来的道德规范，要坚持古为今用、推陈出新，有鉴别地加以对待，有扬弃地予以继承。"②

"中华文化源远流长，积淀着中华民族最深层的精神追求，代表着中华民族独特的精神标识，为中华民族生生不息、发展壮大提供了丰厚滋养。中华传统美德是中华文化精髓，蕴含着丰富的思想道德资源。不忘本来才能开辟未来，善于继承才能更好创新。对历史文化特别是先人传承下来的价值理念和道德规范，要坚持古为今用、推陈出新，有鉴别地加以对待，有扬弃地予以继承，努力用中华民族创造的一切精神财富来以文化人、以文育人。

"要讲清楚中华优秀传统文化的历史渊源、发展脉络、基本走向，讲清楚中华文化的独特创造、价值理念、鲜明特色，增强文化自信和价值观自信。要认真汲取中华优秀传统文化的思想精华和道德精髓，大力弘扬以爱国主义为核心的民族精神和以改革创新为核心的时代精神，深入挖掘和

---

① 2013年3月1日，习近平在中央党校建校80周年庆祝大会暨2013年春季学期开学典礼上的讲话。

② 2013年11月26日，习近平在山东考察时的讲话。

阐发中华优秀传统文化讲仁爱、重民本、守诚信、崇正义、尚和合、求大同的时代价值，使中华优秀传统文化成为涵养社会主义核心价值观的重要源泉。要处理好继承和创造性发展的关系，重点做好创造性转化和创新性发展。"①

第二，确立学科文化认同感。

"不要轻蔑小时候感动过的东西。"② 一个学科教师在初教学生时的那些细节甚至微不足道的小事，应该格外注意其对未来的渗透性。就像一个人小时候的吃穿住用的些微感动与刺激，对父母的生活准则和行为情趣的点滴记忆，必然地对于成年后的自我有暗指意义。电视剧《父母爱情》里的江德福的吃饭姿势和咂嘴习惯，他的妻子安杰使尽浑身招数、历经好几十年才使其改掉，但是江德福还是觉得那样的咂嘴习惯没有什么不好，可见其小时候的那些细小经历的力量。所以，正如雅典人说的那句话——正确的抚养制度必定最能使身体、灵魂完善和卓越。我们难道不觉得，对于学科教师初始教学的规则习性的养成，会促进教师对自己的学科产生认同感？

张楚廷在《数学文化与教育卷》的序中写道："实际上，我的数学知识是很有限的。但是长期接触数学，长期从事数学教育，对数学还是很有感情。又是十年过去了，对数学更加生疏了。然而，那份感情还在。"他这样的大家也没法否认这种潜在的力量的存在，还在序言里昭示，"数学的影响对任何人都是宝贵的，而不是只对我"，这又进一步发掘了数学的那些细节的价值。比如在这本著作里，他非常深入地阐述了这种记忆的细微和铭心。数学之美、数学对人的发展、数学的智慧、数学与语言，这些概念涵盖的都是数学对人的意义，尤其是对张楚廷的影响。我试图做这样的结论：如果一个学科教师没有学科的内理和外联的细小感染，必然不会有对学科的认同，也就没有更长远的发展，也许一直在学科外逗留彷徨。

学科的认同感，可能会从学科自身基本知识开始，经由概念、命题和推导的训练，进而得以事实、实践的验证，再继而深深地体验，从而会不自觉地以脚本或者图示范式呈现。比如对于母语的认同，就是从字词句、段篇章这种语言单位开始的，由此，收藏那些思想的、情绪的观念与事

---

① 2014 年 2 月 24 日，习近平在中共中央政治局第十三次集体学习时的讲话。
② 王甘，何怀宏. 童年二十讲［M］. 天津：天津人民出版社，2008.

实。在对于涵盖思想情绪的文本解读中，身体和灵魂得到净化、藻雪和熏陶。我想，所有的学科认同最终都是一样的，即被感动，继而产生经久的热爱。

学校是人类文明的反应堆。学科应给予教育者和被教育者以概念与命题、事实与数据，养成自觉与自由、学养与教养。

第三，构建学科文化复合。

很早的时候，笔者在《湖南教育》杂志以"语文素养需要'远亲婚姻'"为标题，阐述语文学科文化魅力需要远领域阅读和表达来催发的重要性。就一个普遍意义的教师而言，其学科专业性当然重要，但真正的学者型教师的专业精准性是建立在宽广的常识基础上的。换言之，学科文化复合性愈好，其专业水准则愈高，学科审美力量则愈强。

数学家很多都是音乐高手。毕达哥拉斯、欧几里得、普托拉米、笛卡尔、伽利略、莱布尼茨等等，对于音乐的欣赏与创新，见解独到，还多有撰文著书。也有不少数学家是诗人、剧作家，像麦克斯韦、科瓦列夫斯卡娅、华罗庚等。毋庸置疑，知识面狭窄，会影响专业深度发展。李泽厚，精通哲学、美学、思想史、学术史，博古通今、融通中外。但他也说"自己的科学领域的阅读贫乏，影响了后来的学术研究"。

于漪是语文特级教师、语文教育家，可她本科毕业于复旦大学教育系。查有梁是教育学家，在教育建模领域，为中国开创性研究者，物理学教学是其专业背景学科。这也说明另外一个问题，学科间可以彼此接纳和推动。所以，几乎整个世界都认同这样的观点——常识教育与专业教育要相辅相成，相互推进。

"复合"强调常识教育，而常识教育的背后常常隐藏着重大的人生命题：培养健康的人格，传承人类社会的基本价值观和常识，传承人类优秀的思想文化学术，在此基础上进行文化创新和促进社会进步。常识教育着眼于人的全面发展，培育具有独立思考能力和道德判断能力的自由个体，以及随之而来的普遍的人文精神氛围和社会公共生活，抵御知识的异化，人的异化，制度的异化与社会的异化，促进社会的共同福祉。

"单一"强调专业化教育，其背后主要着意于培养专业技术人才和职业个体，乃至于螺丝钉似的现代"部件人"，如"工具主义个体"；或为学术而学术，为科技而科技，专意在促进专业学术发展和科技进步，有时甚至可能忽略对科学技术的价值判断和伦理反思。

专业化教育往往着眼于知识的精深，常识教育则着眼于知识的基本、根本与全面，一为专家之学，一为通人之学，但这里的通人之学又不同于中国古代"通者千篇以为，万卷以下，通人也"的通儒硕学，或所谓的"大通人"（仍是相对而言），这显然只能要求极少一部分人。此处所谓的通人并非意味着博闻广识，无所不通，事实上以人类有限的时间精力和智力水平而言，不可能做到"天上地下，无所不知"的地步，而在于对涉及人与自己、与他人、与社会、与世界之间关系的基本常识的了解，尤其是涉及个体心灵生活和现代公共生活的最基本相关知识的掌握。换言之，常识教育或通识教育永远是与人类知识水平和智力水平相对而言的，是对最核心、最重要的基本常识的教育与掌握。①

第三件事情：以理论与实践相结合，催生教育思想，继而发展与成熟，推进个性特色的形成。教师是真正的学者，要有真切的自我体验与思考，也要有具备系列性的观点命题探索。

思想的内涵及其特征。《说文解字》："思"者，心之田；"想"者，心之相。英语：idea，点子；thought，很多共同性质的点子形成的结构性意识。思想是一种意识活动。一是由外而内，处理外部信息，是"思"；二是由内而外，影响外部事物，是"想"。思想是具有相同性质的意识点形成的意识流。思想具有抽象性、系统性、主观性、新颖性、一贯性、天赋性等。

思想及其产品的三要素或者三过程：一是个人思想的主要过程，如思考、判断、分析、反省等；二是已经具有某种客观化形式以至载体的概念与理论；三是成为许多人头脑中的观念（指变成社会上流行的东西，被许多人支持或反对）。

寻找优秀的教育人之思想产生。在工作实践中体验、萌发、成长、成熟；在理论学习中吸收、反思、构想、成型；在工作学习中学与术相互推进。以当代教育家张楚廷②为例来作一个简要的阐释。

张楚廷的教学经历——

---

① 前三段文字，来源于《2014年湖南省高考语文试卷》之选文。
② 本文关于张楚廷的资料均来源于 http: //baike.baidu.com/view/585831.htm? fr=aladdin。

1937年1月出生于印度尼西亚，同年底随父母回到家乡湖北省沔阳县（今仙桃市），在家乡度过了他的童年，在天门和武汉接受了良好的中学教育。1955年考入湖南师范学院（今湖南师范大学）数学系。1959年毕业后留校任助教，长期任教师范院校的大学数学课程。1979年以后，历任数学讲师、副教授、教授。后研习教育学，并任教育学教授、博士生导师。

张楚廷的管理经历——

1981年起任湖南师范学院数学系副主任、系主任。1982年任湖南师范学院副院长，主持学校行政工作。1983年任湖南师范学院党委书记。1986年至2000年任湖南师范学院、湖南师范大学校长。在执掌湖南师范大学校政的18年里，张楚廷校长将湖南师范大学这样一所名不见经传的普通省属师范学院办成了全国"211"工程重点大学。此间，曾任中共湖南省委委员10年，任湖南省科协副主席10年。亦曾任省政协常委，湖南涉外经济学院校长。

张楚廷的著述成果——

他的著述颇丰，已在人民教育出版社、高等教育出版社、教育科学出版社、华中科技大学出版社、湖南教育出版社、北京师范大学出版社、湖南师范大学出版社、南方出版社等出版学术著作90余部，其中独著40余部，涉及哲学、教育学、心理学、数学、管理学等多个领域。独著的著作分别是：《高等教育哲学通论》《教育基本原理——一种基于公理的教育学》《高等教育学导论》《教育哲学》《高等教育哲学》《课程与教学哲学》《教学论纲》《教育论》《校长学概论》《素质，中国教育的沉思》《人力学引论》《教学原则今论》《学校管理学》《教学细则一百讲》《教学协同效应研究》《大学人文精神构架》《教学论概要》等教育学著作；还出版了《学校管理心理学》《数学教育心理学》《子女的培育》《数学与创造》等心理学专著；《数学文化》《大学数学概要》《数学方法论》《微积分基础》《复变函数学习导引》《猜想，一道绕不过的湾》等数学专著。并先后在《教育研究》《高等教育研究》《中国高教研究》《中国高等教育》《中国教育学刊》等杂志上发表论文 720 多篇。2007 年,《张楚廷教育文集》第 1—10 卷由湖南教育出版社出版，2012 年出版《张楚廷教育文集》第 11—20 卷。他先后承担国家、教育部 21 世纪的中国高等教育教学改革与素质教育、教学论综合研究、大学人文精神构架、素质教育理论研究等课题研究；承担湖南省湖南高校素质教育研究、微格教学研究等课题研究。

获国家级教学成果一等奖，国家级教学成果二等奖，国家图书奖，全国教育规划成果二等奖两项，教育部大学出版社优秀学术著作奖，教育部优秀高等教育论文一等奖，全国高等师范研究会优秀著作一等奖，湖南省最高教育奖——徐特立教育奖，曾宪梓教育基金优秀教师奖二等奖，湖南省教委优秀著作一等奖两项，湖南省优秀教学成果一等奖，湖南省优秀高等教育论文一等奖，湖南省五个一工程奖，日本创价大学最高荣誉奖。1997 年被评为湖南省十大优秀社会科学家等。张楚廷校长的教育思想在中国高等教育领域有着深远的影响。北京大学高等教育研究所前所长喻岳青教授把张楚廷与匡亚明、朱九思、曲钦岳列为当代中国最优秀的大学校长。

张楚廷的教育演讲——

以湖南人民出版社出版的《张楚廷教育文集》"第十九卷"之"巡回演讲提纲卷"收录为准，共 111 篇。涉及哲学、教育哲学、高等教育哲学、教育基本理念、学科基本理念、学科建设与发展、教师专业发展、学生成长、师德师风、大学精神及发展，等等。呈现形式也很有意思，就是提纲。

张楚廷的学术兼职——

全国大学生素质教育指导委员会副主任委员，全国教育学名词审定委员会副主任委员，中国高等教育学会学术委员会委员，全国高等教育管理研究会常务理事，全国高校教学研究会常务理事，全国高等师范院校面向 21 世纪教学内容与课程体系改革指导委员会委员，教育部教师教育专家委员会委员，湖南省教学质量评估委员会副主任等。

张楚廷例析启示：有坚实的学科专业基础，且有丰富的教育教学生活史，积淀丰厚；有持久性的工作和专业热爱；有机遇将教学实践、教育研究、政策研究有机融合，将微观与宏观相结合，互为表里；有呈现能力，基于特定的实践与研究方向，不断总结经验、发现问题、总结规律。简而言之，思想深刻，思维繁复，学识渊博，文字自然，其成就由工作学习中"学"与"术"相互推进而成。

第四件事情：没有真正的阅读和写作，就没有真正的教育。真正的教育家本身就是一种传播。

阅读！阅读！再阅读！

关于读书之事，我在《读书：应该成为教师生命的一种文化状态》的报告里讲了很多。因为用文字之故，避免重复，此文不再详尽言说。需要提醒的是：如果研究一个问题，需要阅读资料，那必须知晓如何来读书，知道读什么书，这是一种非常重要的能力。比如研究"大学课堂教学的文化思考"，至少要读读下面的书籍。

（1）［德］卡西尔：《人论》，甘阳译，上海译文出版社，2004年版。

（2）张楚廷：《课程与教学哲学》，人民教育出版社，2003年版。

（3）王策三：《教学论稿》（第2版），人民教育出版社，2005年版。

（4）［美］奥恩斯坦等：《当代课程问题》，余强主译，浙江教育出版社，2004年版。

（5）查有梁：《课程改革的辩与立》，重庆大学出版社，2009年版。

（6）王鉴：《课堂研究概论》，人民教育出版社，2007年版。

（7）沈毅、崔允漷：《课堂观察》，华东师范大学出版社，2008年版。

写作！写作！再写作！

一是记录故事、体验。以数据为基础，为辨析数理提供基础性资源。包括：教育教学日志，如备忘录、描述性记录、解释性记录；教育教学叙事和教育教学案例。二是用论文专著来提升思想力和思维力，以思考来凝聚学理、政策和体验，呈现于文字。包括：教育教学反思性论文，如专题性整体反思文章、即时反思和延迟反思文章、课前课中课后反思文章；还要写作教育教学研究著作，全面深刻地阐析学与术。

讲到这里吧！

微型课题：我们可以这样做

教育科学研究，是一项学术性工作。问题要用标题来表现，而后进行文献搜集、整理与综述，其目的是以前人研究为基础，继续深入。对于问题还要界定核心概念，准确疏理、澄清和厘定，再根据问题和假设设计设定研究过程，撰写研究方案。最后将研究假设的证实或证伪以研究报告或论文加以呈现。我们一起来弄清一些关键性问题。

一、请看微型课题案例

如何提高小学高年级学生数学作业质量的研究

研究人：姜夔一　研究时间：2013年9月6日至12月6日

| 问题提出 | [用白描手法叙述此课题提出，即产生的过程——"我遇到了什么问题"]
　　今年新接1305班，四周来，认认真真地批改每一天的作业，发现情况令人担忧：<u>一是作业正确率极低</u>。每天的作业完全正确的仅有2～3位同学。<u>二是作业态度欠端正</u>。从字迹上可以看出来，尽管再三要求把字写端正，但只有不到1/5的同学字能基本达到要求。<u>三是作业习惯不良</u>。不按照要求做，或做错题目，或抄错数字，或抄错符号；该笔算的不用笔算，即使笔算，也是随便抓一片纸演算，或干脆在书或作业本的封面上，甚至在桌子上算上一通；作业拖拉，没有及时纠错的意识，只有老师在身边，才会改正。<u>四是大多数家长不太关心辅导孩子作业</u>。
　　本人迫切希望改变这种状况。 |

续表

课题界定	[从"我遇到的问题"提炼出课题名称,即"我将研究什么课题"] 　　课题名称的确定。本人迫切希望改变学生完成数学作业的态度、习惯、计算技能不佳和家长对作业督促辅导不力的状况,故将研究问题提炼为:如何提高小学高年级学生数学作业质量的研究。课题名称的范围(可以涵盖目标)。关键词是"高年级、作业质量"。其中"小学高年级"指的是小学阶段的4～6年级;"作业质量"包括作业书写的正确率、规范性、完成时间等。
内容设定	[为了达到研究目标,可以假设,即"我将要具体研究哪些问题"] 　　为了解决"提高小学高年级学生数学作业质量"的问题,可将研究内容单列为四个具体问题: 1. 寻找学生作业质量差的原因。 2. 培养学生自主提高作业质量的自信心、积极性。 3. 通过跟踪典型学生作业的完成情况,寻找解决问题的办法。 4. 取得家庭对学生作业管理的配合。
过程设计	[我将用"什么研究方法(策略)"、采取"什么研究行动"解决问题] 1. 通过调查访问,寻找学生作业质量不高的根源。 2. 通过主题阅读,包括网上搜索浏览(属于文献研究),借鉴"他人经验"。 3. 通过行动研究,认真地进行"二次备课"和"课堂教学反思",在课堂上力求扫清学生的作业障碍,增强其完成作业的自信心,特别是针对差生;通过修订《我的成功本》上的"数学魔法书"中的相关规则,让学生明确作业的作用和做作业的方法,以更好地激发学生认真完成作业的积极性。 4. 进行个案分析,用"我的作业点滴"和"我的成功足迹"培养学生对待作业的主人翁精神;用每周"我的成功足迹"中的"家长评语"以及《给家长们的信》(两周一次),获得家长的支持和配合,并告诉其检查学生作业的方式方法。 5. 通过叙事研究,寻找个性化解决问题的方法。 6. 通过搜集、整理,总结研究成果。
成果展望	[我将获得怎样的预期成果:学生的变化、教师变化、研究过程中呈现的文字、影音资料等] 1. 学生作业:100%的学生能自觉完成作业;50%的学生能认真完成作业并有良好的作业习惯;20%的学生对待作业极其负责。 2. 教师方面:批改作业更认真细致,作业讲评更有针对性,课堂教学更注重有效性,平时更关注学生的学习态度和学习习惯的培养。 3. 研究成果:研究过程中的数学日记、个案分析、教育教学故事以及论文。
援助要求	[在研究中希望得到的数学教研组和家长的帮助与支持]

微型课题研究的基本要素如下图所示:

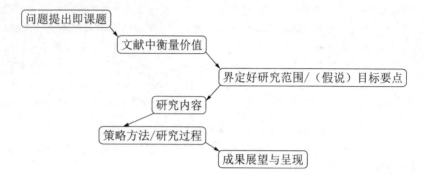

二、寻找微型问题

提出一个问题往往比解决一个问题更重要。因为解决问题也许仅仅是一个数学上或实验上的技能而已,而提出新的问题、新的可能性,从新的角度去看待旧的问题,却需要有创造性的想象力,而且标志着科学的真正进步。

——爱因斯坦

1. 问题选择的准则[①]

(1)可行性。

经费和时间够吗?需要的数据中,有获得样本的方法吗?有没有充分的理由使人相信你能够为问题找到答案?研究方法好不好理解和处理呢?

(2)确当性。

问题大小和范围足以达到研究目的吗?有足够使用的变量吗?有得到实现的可能吗?

(3)教师视角。

教师对要研究问题的范围、具体内容和可能出现的成果确实有兴趣

---

① 以王金洲教授《教师如何做研究》的说法为依据。

吗？与教师处境、经历有密切关系吗？可能促进教师业务能力的提高吗？教师通过研究此问题可以学得更多有用的技术吗？

（4）实用视角。

研究成果也会使其他教育工作者发生兴趣吗？研究成果能在校内推广吗？可使教育教学有所改进吗？

2.学科教学里的可选问题

学科教师方面：包括公民基本素养、教师职业道德、学科专业知识与能力、学科教育知识与能力。

学科教材方面：包括文本遴选、知识选取、作业编写、助读资源、课程思想。

学科教学方面：包括目标确定、内容择取、过程预设、方法选择、作业设计、辅导咨询、考试评估、课外活动。

三、研究问题的界定

研究问题的界定，至少包括术语的界定和研究范围的限定。前者，是为了使"课题"很清楚范围和变量；后者，则是对课题的研究对象总体范围的具体规定，主要是明确研究的角度。那么，就生出这样几个层次的问题：

第一层次，如何对重要概念、术语进行界定？

第二层次，如何明确总体范围的具体规定和研究角度？

第三层次，如何陈述或描述好一个研究问题？

【例1】课题

启发式教学对培养学生创造性思维的作用

启发式教学有哪些特点？怎样才算得上是启发式教学？

这个术语太抽象。不易把握，实际是指发散性思维，操作性定义可以表述为：对同一事物的多种用途和功能的设想能力。

小结：为了使"课题"清楚，必须界定。界定后，不太明确的或太抽象的名词概念较为清晰和具体了。这样才可观察和操作。

【例2】研究范围

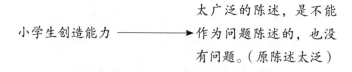

×××教学方法对学生成绩的影响研究

研究的角度比较多：（1）从已有的教学经验出发，通过经验总结，得出有关认识；（2）从对学生的实际情况进行调查和访谈的角度来操作，得出有关认识；（3）从有关理论角度出发来探讨，得出有关认识。

小结：范围和角度表述不妥，研究者一般是扩大实际进行研究的对象的总体范围。比如，"当代中学生兴趣爱好新趋向"，"大帽子、小脑袋"。

【例3】陈述问题

小学生创造能力 ⟶ 太广泛的陈述，是不能作为问题陈述的，也没有问题。（原陈述太泛）

长沙市小学科学课程对提高学生科学实验能力的效果（再陈述）   或   长沙市小学科学课程对提高学生科学实验成绩有哪些影响（问题陈述）

小结：选择好了研究问题，并不意味着它已经陈述好了。可以采用陈述或者描述的方式，但是陈述或描述要合理。

四、研究假说的提出

所研究的问题已经选定，下一步就是假说。假说就是对所研究问题预先赋予答案。

【例4】假说

问题：小学语文班级读书会的策略研究界定。

1. 班级读书会：是指以班级为单位，在教师的组织和指导下进行的阅读活动。班级读书会是一个自主、合作、分享的团体，通过成员阅读共同的材料，分享心得与讨论观点，以吸收新的知识，激发新的思考，进而促使精神、生命高质量地成长。

2. 策略：是指在班级读书会的阅读过程中，为完成特定的阅读目标，达到预定的培养人的目的，依据主观条件和客观条件，特别是学生的实际，对所选用的阅读内容、班级读书会的组织形式、整本书的导读、班级读书会中讨论策略的研究、班级读书会的延伸活动等的探索。

假说：

1. 班级读书会是对儿童阅读权利的最大程度的尊重，对于形成儿童的自主学习意识、独立思考精神都有着很大的帮助。通过班级读书会的策略研究，让广大的学生在班级读书会这个大家庭中，在教师、专家和家长的引导下，能饱览群书、开拓视野，从而传承人类文化的精髓，从中吸取成长的养料，成长为对社会进步有所贡献的人。

2. 班级读书会能够改变语文课堂的低效率状况，它鼓励教师跨越一本语文教材进行教学，让学生对语文，对阅读保持兴趣，并通过阅读提升语文素养。

【例5】假说

问题：学生的性格与教学方法对学习成绩的影响。

假说：

1. 对于形象思维强的学生来说，有结构的教学方法可能诱发较好的学习成绩；而无结构的教学方法，对于那些抽象思维强的同学来说，可能会引起较好的学习成绩。

2. 对于形象思维强的学生来说，无结构的教学方法可能诱发较好的学习成绩；而有结构的教学方法，对于那些抽象思维强的同学来说，可能会引起较好的学习成绩。

3.有结构和无结构的教学方法，对于形象思维强的学生和抽象思维强的学生来说，可能会诱发同样好的学习成绩。（此项为虚无假说，没有什么意义，所以要随时消除这种假说。）

小结：假说有三个特征：
（1）假说设想出两个或者两个以上变量的关系。
（2）假说要用陈述句，毫不含糊地陈述意思。
（3）假说应当是可检验的。
假说可以使用演绎法、归纳法。

【例6】假说

问题：充分开发儿童智慧的潜力。

假说：课题假设是"儿童具有很大的潜能，特别是有相当一部分儿童因为先天和主要是后天的种种原因智力发展比较好，只要教学过程组织得比较合理，就能提早打开儿童的智慧闸门，使得智力水平在中等以上的儿童少年能提前两三年时间完成现行中小学所规定的教学任务，获得良好的发展"。

解说：

1.这个假设决定了研究者探索行为的性质和方向，这一课题研究的核心在于教学过程的合理组织与儿童少年智慧发展的关系。

2.对解决问题的方案作了预见性的规定，这就是立足于对课程、教材、教法、评价、管理等方面的综合改革和合理组织。

3.为收集事实，分析和解释材料提供了框架。该实验关注收集儿童少年潜力获得提前开发的资料，儿童少年超前掌握学科内容的测试成绩以及全面发展的有关材料。

4.假设对研究成果、效果进行了预测，这就是提前两三年时间完成十二年学制规定的教学任务。

事实说明，一个好的假设，是探索教育规律，形成理论的前阶，是进行教育研究的核心。

五、查阅文献

文献是记录情报信息和知识的载体。
文献搜索是研究的重要环节。

【例7】文献时间

日本国家统计局（美国科学基金会）统计的研究活动的时间比例

研究环节	选定课题	搜集与加工	科学思维/科学实验	学术观点形成（论文等）
社会科学	7.7%	52.9%	32.1%	7.3%
自然科学	7.7%	32.2%	52.8%	7.3%

文献分布：专著、报刊、教育档案类、专家询问、非文字资料。

文献的三个等级：一次文献，指专著、论文、调查报告、档案资料等；二次文献，指对一次文献加工编辑而成的文献，主要有题录、书目、索引、提要和文摘等；三次文献，指在二次文献的基础上对某一范围内的一次文献精细分析研究后综合浓缩而成的参考性文献，如动态综述、专题述评、进展报告、数据手册等。

文献检索方法：时间顺查法、时间逆查法、引文查找法、综合查找法。

文献检索要求：全面、准确、积累、搜索。

查找文献四步骤：第一步，选定有关领域和主题词——侦查；第二步，查找有关的课题和文摘——浏览；第三步，确定主要文献——细读；第四步，作书评或者摘要——记录。

查阅文献时，常用的教育类网站有：

（1）中国期刊网。

（2）EBSCO信息服务网。

（3）教学网。

（4）教师网。

（5）美国教育部官网。

（6）美国应用图书馆官网。

（7）美国国会图书馆官网。

（8）中国教育科研网。

（9）中国人民大学书报资料中心官网。

（10）北京师范大学官网。

（11）首都图书馆官网。

（12）中国出版物之窗。

（13）教育资料信息中心。

（14）教师教育平台。

（15）香港教育网。

（16）台湾教育网。

常用搜索引擎网址为：

（1）http：//compass.net.edu.cn：8010。网络指南针，中英文搜索引擎。

（2）http：//www.alltheweb.com。收录网页最多，检索速度最快的搜索引擎。

（3）http：//www.easy-searcher.com。专业搜索引擎总汇。

（4）http：//www.search.com。世界各国搜索引擎目录，按国家字母排列。

（5）http：//www.searchpower.com。世界上最大的搜索引擎目录，分类排列。

（6）http：//www.searchengineguide.com。搜索引擎指南，分类排列。

（7）http：//www.infojump.com。杂志和报纸文章的专门搜索引擎。

（8）http：//www.ditto.com。一个非常实用的图像搜索引擎。

（9）http：//www.refdesk.com/index.html。参考文献搜索引擎。

（10）http：//www.cseek.com。搜索客，信息量较大，内容较新。

（11）http：//www.tonghua.com.cn。常青藤，附有文字帮助，提供目录检索功能。

（12）http：//www.5415.com。我是野虎，一家位于美国的中文搜索引擎站点。

六、拟定研究方案

研究方案基本上是对研究程序的具体规划，涉及研究工作的方方面面，具体如下：

（1）课题研究的缘由和意义。

（2）名词和术语的界定。

（3）课题的表述和假说。

（4）研究设计（研究时序、方法、手段、工具的选择或使用）。

（5）实施程序和研究进度表。

（6）研究的组织形式（个人研究或者集体研究即课题组）。

（7）预期结果和研究限制。

（8）经费预算。

（9）参考书目及有关附录。

春秋笔法：教育史志鉴撰写之重要方法

在座的都是从事史志工作的人员，我们一起来讨论一下"教育史志鉴撰写的重要方法——春秋笔法"。

英国历史学家爱德华·霍列特·卡尔，为了探寻历史的意义和价值，曾经千百次地问自己——历史是什么呢？缩小一点讲，历史研究的核心是什么呢？历史撰写中的最大规则是什么呢？那也可以这样来质问：历史学家用什么方法在干什么呢？

历史学家包括历史记录的编撰者和历史学研究者。在古代中国，历史学的传统任务主要是历史编撰，西汉历史学家司马迁属于先行者，唐代的刘知几开创了另外一种门类的工作，即对历史编撰这项工作本身的研究。历史学家也称史学家，是指以撰写历史著作为职业或对历史学的创立、发展与应用付出努力的知识分子，以历史为自己学术研究对象的人群，一般都是指在该领域颇有威望的人士。

教育年鉴编撰者属于历史编撰者，他们在相应的历史机构里工作。比如教育厅史志办就是这样的历史编撰机构，其人员属于司马迁那类；湖南省教科院教育史志研究所属于对历史编撰工作进行研究的机构，其人员属于刘知几一类才是正道。当然，两类人员对于历史编写和研究都下力气，那就更好了。

历史学家的职责大致是这样的。那么，历史是什么呢？英国诗人雪莱写道："历史是刻在时间记忆上的一首回旋诗。"中国学者胡适之写道："历史就像一个小姑娘，你爱怎么打扮就怎么打扮。"也有历史爱好者说：历史应该是写在纸上的过去发生的对当时和现在产生重大影响的事情和借由这些事情而变得高大渺小的人物。

我比较赞同这样的观点——历史是记载和解释人类社会发展的具体过程及其规律性的叙述。

《新不列颠百科全书》中"history"的定义：这是一门研究事件（影响国家和民族的事件）的编年纪录之学科，它奠定于对原始史料的考证基础之上，并对这些事件的缘由作出解释。《苏联大百科全书》中"История"的定义：来自希腊语 historia，意味对于过去事件的叙述，对于已认知的、研究过的事件的叙述。尹达《中国史学发展史》中的历史学定义：史学是通过利用史料来研究和描述人类历史的学科。它包括人们占有史料、认识历史以及历史研究、历史编纂的理论和实践。

好了！不需要再定义，我想大致就是这样的。那么，今天讲的"春秋笔法"就是历史记录和研究的一种方法学说，它应该是历史学者一种唯物史观的本质态度、见识和技术。

一、春秋笔法的沿革与特点

《左传》之《秦晋殽之战》，写及双方交锋的干戈笔墨极其有限，总共24个字。"夏四月辛巳，败秦师于殽，获百里孟明视、西乞术、白乙丙以归。"实写秦晋殽之战的内容如此之短小，到底想写什么呢？《左传》是中国第一部大规模的叙事性作品。比较以前任何一种著作，它的叙事能力表现出惊人的发展。许多头绪纷杂、变化多端的历史大事件，它都能处理得有条不紊，繁而不乱。在《秦晋殽之战》中，作者选择了蹇叔哭师、弦高犒师、文嬴释囚、秦伯悔过几个小故事，把这一历史事件的曲折经过，有声有色地呈现在读者面前。全文1000余字，可是仅24字书写战争。这种详略安排是伴随作者文意而至的。事实上，《左传》之战争记录，皆重在论战，而疏于实战，《曹刿论战》亦是如此，这种写法就是有名的"春秋笔法"。

（1）春秋笔法的出处与确定。

"孔子在位听讼，文辞有可与人共者，弗独有也。至于为《春秋》，笔则笔，削则削，子夏之徒不能赞一词。弟子受《春秋》，孔子曰：'后世知丘者以《春秋》，而罪丘者亦以《春秋》。'"（司马迁《史记·孔子世家》）

孔子在司寇职位上审理诉讼案件时，判词若有可以和别人共同商量的地方，就不独自决定判词。至于撰作《春秋》，他认为该写的就写，该删的就删，即使是子夏之流的高足弟子也不能建议一字一句。弟子们听孔子授讲《春秋》时，孔子说："后代了解我凭的是这部《春秋》，而怪罪我也凭的是这部《春秋》。"

  左丘明说："《春秋》之称，微而显，志而晦，婉而成章，尽而不汙，惩恶而劝善，非贤人谁能修之？"意思大致是说，《春秋》的记述，用词细密而意思显明，记载史实而含蓄深远，婉转而顺理成章，穷尽而无所歪曲，警诫邪恶而褒奖善良。呵呵，如果不是圣人谁能够编写？

  （2）左丘明给出的"春秋笔法"的说法，对后世历史编写和研究具有非常深刻的启示。至少有五个方面：

  一是微而显。善于勾勒细节，准确缜密用词；善于处理材料——做到收集要全，鉴别整理要清，运用要精，以少胜多，表意显明。二是志而晦。记述史实，材料要典型，有举一反三之功效；理解空间大，显出含蓄深远。三是婉而成章。文章要"错综见意，曲折生姿"，通顺流畅，切不可过于浅显。四是尽而不汙。实录其事，不可污秽直白，留下空白思考。五是惩恶劝善。主旨积极健康，弘扬真善美，惩罚假恶丑。

  （3）给"春秋笔法"作个界定吧。春秋笔法，亦称春秋笔削。春秋，实指春秋时鲁国的史书，相传为孔子撰写；笔法，写文章的技巧，当属古代的一种历史叙述方法和技巧。可见，春秋笔法是孔子首创。

  （4）《应用写作》巧用"春秋笔法"写公文。公文中命令、通报、意见等文种，是国家机关表彰先进、批评错误、反映问题、确立舆论方向的重要工具，公文在发挥这些功能时，必须通篇表现出鲜明的立场，体现在文章中，则表现为公开叙事与隐蔽叙事的综合使用。

  公开叙事是指叙事者的身份是公开的，它提醒着读者，是叙述主体在进行讲述；隐蔽叙事则意味着用"事实"说话，叙事者隐藏在"事实"的背后进行讲述。二者的差别在文本层次上体现为是主观发言还是用事实说话。最强烈的公开叙事表现为议论，最强烈的隐蔽叙事表现为描写，介于中间的是叙述。在这三种语言表达方式里，叙述在公文中占主导地位，其次是议论，再次是描写。在公文叙述中，如果时不时跳出一个叙述者来主观发言，显然是一件滑稽的事情。

  为了既能保持公文庄重平实的文体风格，又能体现发文机关鲜明的态度，在隐蔽叙事的文本形式下发出公开叙事的声音，运用"春秋笔法"是最好的解决途径。

二、以"春秋笔法"点评"年鉴文字"

下面的被点评的文字实例，皆出自《2013年湖南教育年鉴》。

第一类:【概况】写作评析。

【例1】

【概况】地处罗霄山脉的桂东县，人称"湖南西藏"，集"老、山、边、穷"于一身，是国家新一轮扶贫开发工作重点县，2011年被列入纳入罗霄山脉连片特困地区扶贫开发范围。全县共有中小学校91所，校外活动中心1所，幼儿园28所，在校中小学生21116人，在园幼儿5017人，在职教职工1756人。2012年9月，桂东被国务院评为"全国'两基'工作先进县"，11月与12月，桂东通过省义务教育均衡发展专项督导和国家三类城市语言文字工作评估验收，桂东教育工作在"两项督导评估考核"与教育强县视导中均被定为全省优秀等次，成就了"小县办大教育、穷县办富教育、山区办名教育"的经典。

评概念:1."桂东县"与文中"桂东"概念不统一。2."列入""纳入"有重复之疑。

评层次:这段文字涉及"学校、学生、教职工"三个概念。必须采用";"分层，否则，层次显得不清楚。

评表述方式:最后引号中文字涉及"公开叙述"，采用议论方式，稍显拔高。事实上，无需评论，因为开始的"地貌地势"描述，与后面的"各类奖项"形成了反差对比，春秋笔法的功效已经显示出来。

（选自《2013湖南教育年鉴》P529。）

【例2】

【概况】汝城县地处湘、粤、赣三省交界处，是一个典型的农业大县、劳务输出大县，属于国家扶贫开发工作重点县。全县总面积2401平方公里，辖8个镇、11个乡，总人口40万。2012年全县共有中小学校153所，其中普通高中2所、职业中专1所、普通初中9所、九年一贯制学校11所、中心（完全）小学13所、村级小学（含教学点）117所，教师进修学校1所、学前教育机构111个（含县机关幼儿园1所、乡镇中心幼儿园23所）。在校中小学生44404人（其中普高3221人、职高975人、初中9664人、小学30544人），在园幼儿11150人。

（选自《2013湖南教育年鉴》P527。）

> 评表述方式：这段文字是使用了春秋笔法——地偏、面积大、人稀、需扶持。第一，按照这种思路，还得将"全县面积……总人口40万"一段置于"交界处"后面。第二，以此客观条件与下面全县学校、学生和教师状况形成比较，还应该有基于人口和地域面积的学校布局、学生分布以及师生配置的百分比。

> 评层次：这段文字涉及"其中"与小括号重复。并列之中的"、""，"运用也有一处有问题。但是，此段概况性文字比上段好一些。

【例3】

【概况】2012年，全区共有区属中小学38所，其中中学6所，小学32所，在校学生24300人，在职教师1430人，离退休教师1452人。

（选自《2013湖南教育年鉴》P250。）

> 整体述评：此【概况】写作过于简陋。1.缺少主体性概念——天心区。2.一是缺少学前教育部分；二是一年来天心教育没有成绩，当然更没有不足和教训。3.缺少分明的层次。学校、学生、教师等数字，一"，"到底。

第二类：【自创条目用词】评析。

【例4】

湖南教育报刊社之自创条目：

【教育宣传有声有色】【数字出版积极推进】【养老产业发展顺利】【人才队伍得到稳定】【文明成果得到稳固】

【例5】

长沙市芙蓉区教育局之自创条目：

【基础教育<u>加速发展</u>】【师资队伍<u>继续加强</u>】【优质资源<u>快速扩张</u>】【教育改革<u>彰显活力</u>】【内部管理<u>更加优化</u>】【中心工作<u>更加出色</u>】【各类教育<u>协调并进</u>】

点评：自创条目当采用春秋笔法，即中性叙述，使用断词表达，切忌议论描写。上面的"自创条目"以形容词和议论性方式，带有很强的公开性叙述性质，不符合"史志"撰写规定。

三、"春秋笔法"在年鉴撰写中的注意事项

首先，依时纵述，记事单一。按照事物或者事件的发生、发展的前后顺序，采用顺序法记事，其间不倒叙、不插叙；切忌两件或者两件以上的事物交叉记述，或者齐头并进，或者离开事物主干，旁逸斜出，横生枝节。如此造成线索不清、文笔混乱。

其次，叙事完整，记事单元的要素齐全，基本资料的要素完备。记事单元的要素指时间、地点、人事、事件、原因、结果等；基本资料的要素指背景资料、过程性资料（典型资料）、现状性资料，此与"上溯发端、中记沿革、下载现状"相对应。

再次，重视年鉴条目撰写。条目是年鉴的最小组成单元，但也是年鉴的主体，条目撰写的质量如何、安排的结构是否合理，直接关系到年鉴质量。条目撰写，详略得当，轻重区分。条目署名，文责自负。

最后，年鉴编写要体现年度特色。时间要限制，不能随意跨越。年鉴属于官修之史，责任和使命同在。

后记　朝圣路上，淡淡地走着

> 灵魂和身体，
> 总有一个在路上。
>
> ——《罗马假日》

我说过，自己一直在路上，并非纯粹地"行万里路，读万卷书"。家庭清贫，正是读书的时间，没有书可读，借阅也相当困难。没有过多奢望自购书籍，父母能够让孩子们少受些饥寒，也就算是不错了。等到自己参加工作，工资微薄，因为我那儿子需要长身体，先得供应他，故一直伴我心底的爱好——逛书店买便宜书，也立刻就会靠边站，好在家人不太在意金钱的粉饰。算起教书的旅程，也算是疲惫的身子有灵魂在陪伴吧，事实上，自己也是一直没心没肺地行进，虽然时不时地回味，却无多地审慎思索，来不及或者说不懂它的重要。准确地讲，工作后的前15年，一路上两手空空，没有相应的物质支撑，顾不上精神皈依。我比较同意历史学者高华的话——做历史研究，是很严谨很神圣的事情，但你会遇到生活的问题，养家糊口的问题，怎么办？所以说，做学问，要家里有钱，最好是公子哥来做，他们没有什么生活压力。看来不止我一个遇上生活的尴尬，好在自己也没有那么在意。

弗朗西斯科·郗士[①]给余世存[②]的著作《非常道Ⅱ：20世纪中国视野中的世界话语》写序时说道："这也许就是人类灵魂最深沉的悲剧——对自

[①] 弗朗西斯科·郗士，意大利驻中国大使馆前文化参赞。
[②] 余世存，现为自由撰稿人，居北京。当代最重要的思想者，多次入选年度华人百名公共知识分子，被称为"当代中国最富有思想冲击力、最具有历史使命感和知识分子气质的思想者之一"。

身命运永远怀有愤懑与哀思。"他的话语没有说中我,在周围虽然散布了无数的职业忧愁与困顿,真的,我却实在没有过多的心酸。我一点都没有这种异常的觉醒,好像睡在了圣母身旁一样,糊涂着惬意着。可能是我不敏感,抑或是太知道自己的处境,干脆不去想它,免得惹起内心的不平,甚而极端地不平,打破宁静的小屋而难过。如此如此,就是30年,其中裸教了21年,还有9年是一边从事教育科学研究和管理,一边在大学里给研究生讲课、给骨干教师们做培训,自己的教师心理没有变卦。看到那些云里雾里、似透非透的人生,我就庆幸自己没有沾上那些古怪郁闷,所以直到今天,只管一直走,在一条路上,淡淡地……

******

据说,一个人一生至少要干过四至六个不同性质的工作比较好,一个中小学教师最好历经至少两个以上不同的学段学科教学比较好,大学教授至少讲授过六至八门课程比较好。依据到底是什么呢?以最为正常的道理,多些教书经历可以了解不同的内容、学理和操作技术,当然还有那些不同工作圈里的人群。因为干过的工作类别多,可以比较鉴别,求同存异,好像还有求新求异的心理祈求的满足。我大学毕业教中师"文选与习作""语文基础知识",还有"小学语文教材教法",而后教过电视大学的汉语言文学专业的"文学概论""形式逻辑",这里总共用去了8年时间。尔后,进入湖南中学四大名校之———长郡中学教高中语文13年,送走过7届毕业生。再后来,进入大学带语文课程教学论研究生,还参与了本专业博士生的培养。由于不同学段的教书经历,我颇能侃些教书经。比如语言教学,小学应当重视语言感受与体验,主要求助于记性。随着年纪增大,悟性渐渐强于记性,语言的欣赏力慢慢占主要。今天的母语教学少慢差费,是由于忽视"言语模仿和先用后析"的内在规律,故语文教学质量不高。再说教导学生作文吧,纯粹的道理阐释常常会让学生作文水平事倍功半。我的教学体会是,以言语事例带动仿写,以仿写带动创新写作。我对李泽厚先生的谈创作颇有同感,他说:从事文学创作的人,可以少看些文学理论的书籍,看得多对自己没有什么好处。教学生写作文,就是多写,多精细地阅读自己能够感觉得到内容美、形式美的文章。真是这样的，教书多接触不同学段、不同层次的学生而教之，多接触不同的教材、不同的方法而尝试之，不能说不是促成自我成长的好机遇。孟子就说嘛，"得天下英才而教育之"，是一大乐啊，但只有多教些才可能遇上更多更好的学生。所以啊，当老师若有机会的话，尽量多教些学科，多教些学段，多教些时间，还有多担当些学校里的管理工作，肯定是一件好事。

******

教书的好处就是有时间阅读，这种观点很多的教师不会同意。一般以为，教书只能读与教学内容相关的书籍，没法去读离自己专业更为遥远且喜爱的领域。这好像也有道理，其依据是读其他领域的书籍仿佛是世外读书，是真阅读，而专业之内是当然的读书，依稀算不得阅读，就像做家务不算工作。消解这种误区，得把准所谓的远领域阅读与工作性阅读之间的关系，让它们彼此补充、交融，当然，这需要一种大智慧。比如李泽厚，精通哲学、美学、思想史、学术史，博古通今、融通中外。但他也说"自己的科学领域的阅读贫乏，影响了后来的学术研究"。那么，是不是可以这样来作出判断——跨领域即远领域的大阅读，利于专业成长，可以帮助教师成为专家型教师、学者型教师呢？好像有几分道理！因为，具有大阅读经历的教师，不至于滑入极度狭小的专业小陷阱，从而易于关注世界的其他方面，又从而培养好奇心、探究心和追求心。对于教师的成长，阅读是门大学问。研究一个问题，需要读些什么样的书籍，其中道理大大的。比如研究"艺术课程教师跨域能力培养"，我们就应该读读——人才学、教师学、艺术学、心理学和课程教学论等方面的书籍，这是由这个专门性的问题决定的，划分出关键词并予以界定便可以知道。

我的阅读的背景是汉语言文学，在北师大读本科和湖南师大攻读研究生课程时，蜗居在中文系和文学院，文学作品、文学史语言史、文学理论语言理论等方面的书籍要读得多一点。教书当中需要查询资料，慢慢地阅读了些哲学、美学、历史尤其科学史方面的书籍。因为工作原因，阅读了些编辑学、管理学、史志学方面的书籍。还有基于特定问题研究的阅读，比如，教师专业发展的研究性书籍、审美阅读方面的方法论书籍、书册阅读方面的指导性书籍、研究知识分子尤其是20世纪前40年的知识分子状态的书籍，尤其是知识分子随笔。随着互联网的发展，也喜欢微信阅读、电子刊物阅读，喜欢看电影。长期演练，我有了自己的阅读习惯和基本方法，属于自己的，有些"宝贝"不敢示人。比如我这本小册子里，就包含了不少教育理论书籍阅读、作家作品阅读、教材教学阅读和政策法规阅读，当然，是有文字信息可观的内容。读了就会思考，思考便想演说，写作也就伴随而至了。读书、写作是教师的本分，是教育的真谛所在。"君子务本，其命维新"。既要守住本分，还要不断创新，也得讲求方法，经受学术训练。比如写理论文章吧，就要懂点平面几何，要做到概念清楚，符合逻辑，简明扼要。

写后记，也可能犯话唠。不能再长了，止笔吧！

感谢为笔者的职业幸福贡献力量的亲人、朋友、学生，还有为笔者提供学术营养的学者，感谢我的挚友肖川君为笔者的小册子写序，那么真诚、那么诗意、那么学术。

生命的个性千姿百态，作为一名教师，我也愿自成一格！

借一直喜欢的诗人王海桑①那首《树葬》里的"树"的形象，诠释心里长久追寻思索，那伴我一生也不变味的默契！

等我死了／就把我葬成一棵树吧／葬我成一棵普通的树／但要会开花。会开花多好看呀／哪怕然后落花，哪怕然后落叶／更哪怕落叶落得只剩下枝丫和枝丫／如果小鸟愿意，就在我的手上来筑巢／如果孩子愿意，就爬在我的头上偷走鸟蛋／我不会再说些什么／我已经是一棵树了

我是一棵树了／我愿意住在许多树中间／这样你们就可以手拉手，于其中／散步和思考，野餐和恋爱／做一些自由自在的事／说一些无关紧要的话／所以，等我死了／就把我葬成一棵树吧／仅仅这样想，我已幸福得不知所措／所以，在我死去之前／我要自己刨好树坑，那是我的家／我要自己选好树苗，那就是我！

2015年10月26日晚
于长沙书香名邸山疑斋

---

① 王海桑，出生于河南太行山区的一个贫困农村，大学时对诗歌着迷，成为诗歌虔诚的教徒，曾十年间卖血三四十次，出版了自己的第一本诗集《月亮在说你说我》。王海桑说他只说两句话：第一句，诗歌不需要超越，诗歌需要回来，回到生命，回到爱，向着光回来；第二句，我不会技巧，我甚至没有才华，但我的心灵会唱歌。

图书在版编目（CIP）数据

走在教书的路上：特级教师的修养与境界 / 刘建琼著 . —上海：华东师范大学出版社，2015.9
ISBN 978 - 7 - 5675 - 4134 - 4

Ⅰ.①走... Ⅱ.①刘... Ⅲ.①中小学教育—文集 Ⅳ.① G63-53

中国版本图书馆 CIP 数据核字（2015）第 227637 号

大夏书系·教师专业发展

走在教书的路上
——特级教师的修养与境界

著　者	刘建琼
策划编辑	李永梅
审读编辑	卢风保
封面设计	戚开刚

出版发行	华东师范大学出版社
社　址	上海市中山北路3663号　邮编　200062
网　址	www.ecnupress.com.cn
电　话	021－60821666　行政传真　021－62572105
客服电话	021－62865537
邮购电话	021－62869887　地址　上海市中山北路3663号华东师范大学校内先锋路口
网　店	http://hdsdcbs.tmall.com
印 刷 者	北京季蜂印刷有限公司
开　本	700×1000　16开
插　页	1
印　张	15.5
字　数	246千字
版　次	2015年11月第一版
印　次	2022年1月第三次
印　数	8 101-10 100
书　号	ISBN 978－7－5675－4134－4/G·8668
定　价	35.00元
出 版 人	王　焰

（如发现本版图书有印订质量问题，请寄回本社市场部调换或电话021-62865537联系）